Marga Sánchez Romero

Lo que el cuerpo nos cuenta

imago mundi

Marga Sánchez Romero

Lo que el cuerpo nos cuenta

Un recorrido físico y político de las mujeres desde la prehistoria hasta hoy

Ediciones Destino Colección Imago Mundi **Volumen 385**

Ediciones Destino, un sello editorial de Editorial Planeta, S. A.
Avda. Diagonal, 662-664, 08034 Barcelona (España)
www.planetadelibros.com
www.edestino.es

Primera edición: mayo de 2025
ISBN: 978-84-233-6771-9
Depósito legal: B. 6.862-2025
Composición: Realización Planeta
Impresión y encuadernación: CPI Black Print
Printed in Spain - Impreso en España

Para las que caemos en contradicciones
sobre nuestro cuerpo todo el tiempo,
para que seamos amables con nosotras mismas

El cuerpo no es una cosa, es una situación: es nuestra comprensión del mundo y el boceto de nuestro proyecto.

Simone de Beauvoir

ÍNDICE

	2000	2008 Femen
		1936 Eloísa Martín Cantal
Edad Contemporánea		1668 Hagåtña (Guam)
Edad Moderna		1521 Circunnavegación de Magallanes
	1000	Siglo XI d. C. Cementerios vikingos en Gotland // Iluminadora de Dalheim
Edad Media		Siglo X d. C. Níshapur
Antigüedad	0	79 d. C. Erupción Vesubio
		Siglos IV-III a. C. Cueva de la Lobera
		Siglo IV a. C. Ukok
Edad del Hierro		Siglo V a. C. Wicina // Turuñuelo
	1000 a. C.	1000 a. C. Deir el-Medina
		1200 a. C. Tuvixeddu
		1300 a. C. Lazarides // La Hoya
		1500 a. C. La Saga
	2000 a. C.	2000 a. C. Castellón Alto // Mán Bạc
Edad del Bronce		2500 a. C. Camino del Molino // Peñacalera // Fulau
	3000 a. C.	
Edad del Cobre		3500 a. C. Panoría // Pintalabios de Kerman // Cueva de la Pileta
		3700 a. C. Hazleton North
		3900 a. C. Sandalias Cueva de «los Murciélagos»
	4000 a. C.	4000 a. C. Necrópolis neolítica de Campo de Hockey // Valdaro
		4700 a. C. Gurgy «Les Noisats» // Monéteau «Macherin» // Chichery «Sur les Pâtureaux»
		4800 a. C. Can Tintorer
	5000 a. C.	5000 a. C. Gøngehusvej
		5300 a. C. Cueva de Els Trocs
		5500 a. C. Cueva del Toro
		5700 a. C. Lokomotiv
	6000 a. C.	
	7000 a. C.	7000 a. C. Wilamaya Patjxa
Neolítico	8000 a. C.	
	9000 a. C.	9000 a. C. Labrets de Boncuklu Tarla
Epipaleolítico	±10000 a. p.	
		16700 a. p. Dama Roja de El Mirón
		16700 a. p. Tron Bon Lei
		30000 a. p. Liang Tebo
Paleolítico superior		35000 a. p. Hohle Fels
	±40000 a. p.	42000 a. p. Lady Mungo
		100000 a. p. Qafzeh
Paleolítico medio	±250000 a. p.	250000 a. p. Maastricht-Belvédère
		600000 a. p. Twin Rivers
Paleolítico inferior	±2500000 a. p.	

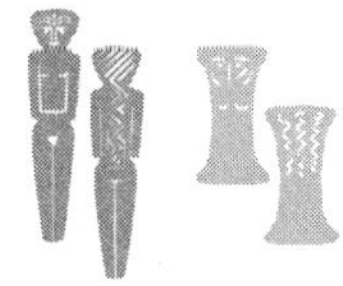

Abreviaturas:
a. C.: antes de Cristo
a. p.: antes del presente

INTRODUCCIÓN

¡A mí dejadme en paz, que soy una señora mayor! Digo de vez en cuando, cuando quiero que no me molesten o alguien me pide que haga algo que no quiero hacer. Rápidamente alguien dice: ¡tú qué vas a ser mayor, mujer! Como si ser mayor fuera algo insultante. Yo, que cuando se publique este libro tendré cincuenta y tres años, lo digo con mucho orgullo, sobre todo porque opino que mi edad —mis experiencias, mi trayectoria— es lo que me permite hacer y decir determinadas cosas, como por ejemplo plantearme este libro. Un libro que no hubiera podido escribir hace dos décadas, no solo por conocimientos, sino, sobre todo, por carecer de una cierta seguridad que me he ganado a pulso durante todo este tiempo. Soy consciente de que en nuestros días se valora mucho la juventud, en especial nuestra juventud, la de las mujeres. Has oído a muchas actrices decir que cuando llegan a los cuarenta se les hace saber que sus carreras están en claro declive. El ser mayor se identifica con la decadencia, sobre todo, del cuerpo. Y especialmente del nuestro. Porque el cuerpo de las mujeres ha sido objeto de discusión a lo largo de la historia.

La realidad es que el cuerpo, la materialidad del cuerpo humano, tanto en lo biológico —tejidos y huesos— como en lo social —es decir, cómo nos alimentamos, nos adornamos, nos vestimos o lo ejercitamos—, refleja perfectamente las experiencias que vivimos, cómo interactuamos con el mundo que nos rodea. Analizar tanto los restos óseos de seres humanos como los objetos que usamos en relación con nuestro cuerpo nos permite conocer aspectos relacionados con la alimentación, el estado de salud, la esperanza de vida, el esfuerzo físico que realizamos, las actividades desarrolladas o las manifestaciones materiales de las identidades de género, edad, el estatus social, las creencias religiosas. A través de esos mecanismos construimos nuestra identidad, tanto la individual, consciente, deseada, como la grupal, la social, impuesta de manera más o menos consciente.

Mi propósito en estas páginas es seguir conociendo a las mujeres de la prehistoria y, por tanto, a nosotras mismas. Quiero hacerlo a través del análisis de los cuerpos desde múltiples perspectivas perfectamente imbricadas y a veces hasta imposibles de entender las unas sin las otras; desde lo biológico, con la incorporación de la bioarqueología y la enorme cantidad de información que los propios cuerpos nos aportan a partir de analíticas como las de los isótopos estables de carbono, nitrógeno, oxígeno y estroncio, el ADN o distintas proteínas, estos avances científicos han revolucionado la información que podemos obtener sobre las personas en el pasado: sobre cómo se alimentan, en qué lugares nacieron, qué cantidad y qué tipo de esfuerzo físico realizaron, qué enfermedades padecieron, qué traumatismos sufrieron...; o desde lo cultural: el estudio de la indumentaria y ornamentos (collares, brazaletes, agujas, botones, anillos), que nos permitirá explorar los llamados «mapas corporales», es decir, cómo su uso y su colocación en determinadas partes nos hablan de identidades concretas, ya que terminan considerándose como una extensión del cuerpo y una manera de construir la apariencia, que se modifica a lo largo del ciclo vital. Son cuerpos que a veces se transforman en lienzos y se decoran mediante diversas técnicas, en ocasiones más efímeras, como los dibujos corporales, y en otras permanentes, como las escarificaciones, tatuajes o modificaciones óseas. Y no se nos pueden olvidar las representaciones de cuerpos, sobre todo de mujeres, en diferentes soportes y formatos, porque en ellos se plasma tanto lo ideal, el estándar, lo normativo, como aquello que extraña y que perturba.

En definitiva, cuerpos enfermos, curados, cuidados, tatuados, pintados, vestidos, adornados, mutilados, esculpidos, dibujados, alimentados, maltratados o transformados, observados desde la prehistoria hasta la actualidad, que nos permiten acercarnos a las experiencias de las mujeres, a su capacidad de acción o a la necesidad que se tiene de controlarlas. Y quizá te plantees: ¿por qué debería importarme el cuerpo de las mujeres de la prehistoria? Porque intentaré demostrar que en las sociedades del pasado, al igual que en la actualidad, el cuerpo también se utilizaba de forma política, para expresar sentimientos de pertenencia o resistencia a los cambios, o identidades individualizadas..., y además porque las lecturas que hemos hecho desde la arqueología han usado el cuerpo de las mujeres en la prehistoria para hacer política en la contemporaneidad.

En este libro hay dos mantras. El primero: a las mujeres se nos juzga mucho más por nuestra apariencia física que a los hombres, y esto tiene consecuencias importantes para nosotras. Segundo: hace unos meses se hizo viral en redes sociales un reto que consiste en escuchar confesiones de otra persona, pero sin opinar; escuchamos, pero no juzgamos. Bueno, pues en este libro yo hago algo parecido: escribo pero no juzgo. Estoy segura de que te vas a ver reflejada en algunas de las cosas que cuento, pero no te sientas juzgada. Yo estoy cayendo en contradicciones sobre mi cuerpo todo el rato, así que lo mismo que procuro ser amable conmigo, también lo quiero ser contigo. Entiéndelo como una forma de reflexionar en voz alta sobre lo que nos pasa a nosotras. Aunque un poco sí opino, en realidad. Me estoy refiriendo a las sociedades en las que vivimos, que nos ponen a las mujeres en determinadas tesituras sobre nuestro cuerpo con consecuencias, a veces, terribles.

En este libro verás que, en algunos capítulos, he incluido las voces de otras mujeres, algunas arqueólogas, otras no. La mayor parte ya eran amigas antes de escribir el libro (y siguen siéndolo a pesar de la lata que les he dado); otras lo son desde ahora, porque, casi sin conocerme, me han demostrado su generosidad compartiendo su opinión. En muchas ocasiones solo las presento, pero en el capítulo que dedico a explicar dónde he obtenido la información, que ya sabes que no me gusta hacer alusiones a las fuentes en el texto, las puedes conocer mejor. En ese capítulo, casi al final, tienes todas las referencias bibliográficas que he utilizado, todos los recursos de divulgación, a través de los cuales puedes ampliar información, y los nombres de todas las personas a las que he asaltado para que repasen y corrijan textos o me aconsejen sobre determinados hallazgos que sustentaran lo que deseaba contar.

Otra cosa. Yo sé (seguramente muy poco) de lo que sé: de prehistoria y metodología arqueológica. Por eso la mayor parte de los ejemplos que utilizo proceden de ese periodo. Alguna vez haré una incursión a otros momentos históricos, pero será solo cuando se aplique la metodología o las técnicas arqueológicas que conozco. Y lo que cuento sobre el presente es siempre una experiencia personal y, por tanto, probablemente distinta a la tuya. Estoy segura de que tú sabes de otros ejemplos, de época clásica, medieval, moderna o incluso contemporánea. Por la misma razón, tampoco exploro la enorme cantidad de expresiones corporales que tienen las mujeres en otras épocas históricas y en otros lugares del mundo (por ejemplo, la América prehispánica). Pero si tú conoces esas experiencias, me encantaría que me las compartieses a través de esas mismas redes sociales que en algunas ocasiones, estas sí, nos juzgan tanto. Llenemos las redes de experiencias sobre nuestros cuerpos, en el presente y en el pasado, en cualquier lugar del mundo. ¿Qué tal el *hashtag* #loqueelcuerponoscuenta? Te espero.

Tampoco agoto los ejemplos de las sociedades prehistóricas, algunos porque ni siquiera los conozco, otros porque me parece que saturar con demasiada información puede hacer que nos desviemos del objetivo esencial del libro: saber que lo que nos pasa, por supuesto con todas las diferencias y matices, nos pasa desde hace mucho tiempo; que nuestro cuerpo (alerta, mantra), el de las mujeres, se ha usado de manera mucho más intensa que el de los hombres para definirnos. Y no estoy diciendo que siempre nos haya perjudicado; en ocasiones es simplemente eso, una forma de expresar nuestra identidad mucho más visible y rotunda que la de los hombres. Y, en muchos de los casos que te voy a contar, significa una forma maravillosa de acercarnos al conocimiento de las mujeres del pasado, porque son precisamente sus cuerpos, identificados con las metodologías científicas más innovadoras, los que nos dicen que ellas están ahí.

Otro apunte. Tampoco agoto todo lo que nos sucede a las mujeres y a nuestros cuerpos en la contemporaneidad. Sería imposible hacerlo y poco factible para mí sin el respaldo de los datos que me proporciona la investigación arqueológica de las sociedades prehistóricas. Las mujeres nos hemos visto sometidas a otras muchas situaciones relativas a nuestros cuerpos que han surgido de la modernidad, es decir, de todos aquellos procesos sociales e históricos que tienen sus orígenes en Europa a partir de los cambios sociales y políticos del Renacimiento. Por tanto, existen asuntos poco comparables que no se exploran aquí, aunque creo que tengo suficientes ejemplos como para sustentar mi argumento principal.

Dentro de la elección de los casos que te cuento, también he priorizado los que tenemos más cerca. Siempre que se ha presentado la posibilidad he elegido los ejemplos que proceden de yacimientos arqueológicos de nuestro país. No solo porque los conozco mejor y tengo más posibilidades de acudir a las fuentes directas, de pedir consejo a las mujeres y hombres que los han excavado e investigado, sino, sobre todo, porque la investigación arqueológica que se hace aquí es de primer nivel. Tenemos yacimientos alucinantes investigados por gente listísima y cada vez más preparada. Así que aprovecho para reivindicar lo que hacemos en nuestro territorio, que es mucho y muy bueno.

Esta vez también te he dejado una línea del tiempo, para que veas dónde están situados temporalmente todos los ejemplos que voy poniendo, desde el Paleolítico inferior hasta la actualidad. La ha diseñado Ana Herranz, investigadora en el Instituto Universitario de Investigación en Arqueología Ibérica de la Universidad de Jaén. Uno de sus empeños más notables es transmitir la información que generamos en nuestras excavaciones y laboratorios de la forma más eficaz e inclusiva posible a la ciudadanía. Y me ha hecho el honor de construir esta línea del tiempo para ti.

Cuando escribí *Prehistorias de mujeres* quería demostrar que las desigualdades existentes entre mujeres y hombres no eran naturales ni biológicas sino culturales, que eran construidas. En estas páginas quiero contarte que esas estrategias culturales utilizan algo tan íntimo y cercano como nuestro cuerpo para sustentarlas. Y, otra vez, el dato científico es lo que me permite hacerlo. Espero que estas mujeres y sus cuerpos te ayuden a entenderte y a entender el tuyo. Así que acompaña a esta señora mayor a conocerlas.

I

EL CUERPO Y LA CULTURA

Obsérvate por un instante. Puede que estés leyendo esto un domingo por la tarde, en casa, con el pijama ese que tienes desgastadísimo pero que no puedes tirar porque ¡estás tan a gusto con él! O puede que estés leyendo esto en el metro, vas a trabajar y hoy te has puesto traje de chaqueta porque tienes una reunión importante, llevas los tacones en el bolso y vas con zapatillas porque te da pereza subir y bajar las escaleras de las estaciones taconeando, pero tienes que (o quieres) mantener una imagen. O estás en la hora del café en tu puesto de trabajo en el supermercado y llevas uniforme, has salido un momento a la parte de atrás del edificio a que te dé un poco ese sol de un miércoles de noviembre por la mañana.

A lo mejor estás un poco mustia, no sabes si es porque te va a venir la regla o porque estás incubando algo, tu criatura no para de traer virus a casa y tú los acoges todos, eres así de generosa. O a lo mejor estás feliz porque hoy te has puesto los pantalones que hace tres meses no te abrochaban y después de unas semanas de dieta y gimnasio sí lo hacen y por un momento piensas que vale, que sí, que me abrochan pero que para qué me habré metido yo en esto, qué hartura de «operación bikini», cuando llegue a casa me salto la dieta con lo primero que pille, que me lo merezco.

O quizá lo que te pase es que te duele la cabeza porque ayer saliste y hoy notas los efectos de que pusieran *Soltera* de Shakira más veces de lo conveniente, le hiciste caso a lo que dice la canción y te viniste arriba y hoy lo notas, claro. O tal vez esta mañana, cuando te has mirado al espejo, has visto que ya te hace falta otra vez el tinte, pero ¿cómo te puede crecer el pelo tan rápido? Estás pensando en dejarte las canas definitivamente, la verdad es que en Instagram hay mujeres como tú que las llevan y quedan muy bien, y piensas: ¿me atreveré?

No sigo. Creo que te habrás identificado con alguna de estas situaciones o al menos con una parecida. Yo, con muchas, en distintos momentos de mi vida: tacones, pijamas, malestares, uniforme, enfermedades, menstruación, gimnasio, tintes, dietas, baile, trajes, zapatillas... Y con otras tantas que no he mencionado: uñas, menopausia, anillo, embarazos, consulta de ginecología, aborto, edad, pintalabios, faja... Por muy distintas que creas que son todas estas situaciones, experiencias y objetos, que lo son, todas tienen algo en común: tu cuerpo. Todo lo que te pasa o todo lo que quieres expresar pasa por tu cuerpo, un cuerpo con el que muchas veces tienes una relación difícil. Hay días en los que no te gusta nada, querrías tener una varita mágica con la que quitar de aquí y poner allí; otros te encanta porque te das cuenta, finalmente, de que «a quién le importa lo que yo haga [...], yo soy así y así seguiré, nunca cambiaré». Es una relación con altos y bajos por la que pasamos todas y cada una de nosotras. ¿Los hombres también? Sí, los hombres también, cada vez más —desgraciadamente—, pero a ellos no se les observa tanto, no se les exige tanto, esto no los define tanto como a nosotras. Aunque es probable, querido amigo, que tú también hayas esbozado una media sonrisa con algunas de las situaciones que he descrito, pensando: ahí me veo. En definitiva, a través de nuestro cuerpo manifestamos nuestra identidad, en el sentido más amplio: nuestro género, nuestro estatus social, nuestra edad, nuestro sistema de creencias, nuestra ideología, hasta cuál es el equipo de fútbol que nos gusta, que ayer te vi con la bufanda... Un cuerpo sobre el que a veces tenemos cierto control de lo que le pasa, y en otras poco o ninguno.

Pues bien, como sabes, yo soy arqueóloga. Una arqueóloga que se dedica a las poblaciones de la prehistoria, esas de las que no tenemos escritura y que solo podemos estudiar a través de los cuerpos, los objetos y los lugares en los que esas comunidades vivieron y murieron. Durante mucho tiempo, en nuestro desempeño arqueológico nos estuvimos fijando más en los objetos y en los lugares que en los cuerpos, pero lo cierto es que, desde hace unos años, se ha convertido en un elemento central de la investigación.

Nuevas metodologías y analíticas, nuevas posibilidades de obtener información y, sobre todo, las nuevas preguntas que les estamos haciendo a esos cuerpos nos han abierto un mundo de posibilidades emocionante. Tanto es así que, a principios del siglo XXI, empezamos a pensar en una «arqueología del cuerpo», una arqueología que reflexionara sobre la relevancia que tiene el estudio del cuerpo de las personas del pasado, para reflejar las experiencias que vivieron y sus relaciones con el mundo. Y el feminismo ha sabido aprovechar ese enorme caudal de información que estamos generando para reivindicar la posición de las mujeres en las sociedades y contar otras historias, para construir un relato mucho más completo de lo que somos. Reivindicar el cuerpo como objeto de investigación ha significado descubrirnos a nosotras mismas, porque, como bien sabes, debemos demostrar científicamente la presencia de las mujeres en las sociedades del pasado, de lo contrario, no aparecemos en ningún sitio.

Como ya he comentado, a través del cuerpo manifestamos nuestra identidad, contamos quiénes somos, y lo hacemos además desde muchas dimensiones. La primera es la identidad propia, la individual, el cómo queremos aparecer, que nos vean. Ojo, que este es un privilegio que no todas las mujeres tenemos (o más bien creemos que tenemos). Pero vamos a rizar un poco más el rizo, vamos a complicar esto un poco más. Más allá del cuerpo individual, de la experiencia consciente, propia de cada individuo, la antropología ha definido otras dos dimensiones. Por un lado existe el cuerpo social, ese cuerpo que representa la interacción entre la naturaleza, la sociedad y la cultura, que hace que, dependiendo de la existencia de una ética o una moral compartida, o de unas u otras modas culturales y estéticas, nos digan cómo deberíamos comportarnos con nuestro cuerpo, cómo debería ser nuestro cuerpo. Por otro lado está el cuerpo político, casi un *artefacto* que puede ser utilizado como instrumento de organización y control político y social a partir de normas y leyes que marquen nuestra toma de decisiones; por ejemplo, sobre nuestra salud sexual y reproductiva, por poner el caso más frecuente y mejor muestra de que «lo que tú sientes se llama obsesión» de unos señores empeñados en decirnos qué debemos hacer.

Sigamos. La arqueología del cuerpo usa el concepto antropológico de *embodiment* o «corporización» (he de reconocer, muy a mi pesar, que me gusta más la palabra inglesa) como una forma de tratar el cuerpo como auténtico campo para la cultura. Nuestra existencia no es disociable del cuerpo con el que experimentamos la vida —es decir, nuestra capacidad para encajar y orientarnos en el mundo—, así que no debemos separar lo biológico de lo cultural. Son dos facetas de lo mismo, no hay nada que no quede reflejado en los huesos que no sea fruto de una experiencia cultural humana; no hay nada que podamos expresar con nuestro cuerpo que no tenga que ver con lo biológico. A pesar de lo que te he dicho, en este capítulo me voy a centrar más en las experiencias culturales y en el siguiente en la capacidad que tenemos de conocer nuestros cuerpos a través de la bioarqueología, y, aunque parezca una contradicción, vas a comprobar cómo no podré hablar solo de una cosa o de la otra.

Como has visto, la construcción de la identidad a través del cuerpo y las formas de representarla es un camino de doble sentido; tiene que ver, por una parte, con cómo nos percibimos, y por otra por cómo percibimos a los demás miembros de nuestro grupo o de otros grupos externos. Es absolutamente imprescindible un ejercicio de comunicación. Y esa comunicación se realiza a través de ropas, adornos y accesorios. Es necesario que despleguemos toda una serie de estrategias que puedan ser identificadas dentro de los parámetros y los códigos sociales de cada grupo.

Me explico. Si hoy sales a la calle vas a ver a mucha gente vestida y adornada de forma muy diferente dependiendo del concepto que tengan sobre quiénes son y el grupo al que quieren parecerse o pertenecer. Porque sí, somos muy individualistas, pero nos encanta formar parte de un grupo, no podríamos sobrevivir sin esas relaciones. Verás cómo expresan algunas personas su pertenencia, por ejemplo, a una tribu urbana. Y sí, voy a caer en el estereotipo, pero es un estereotipo reconocido y usado, eso sí, con más o menos intensidad o sutileza. Por ejemplo: el pelo largo, la ropa de colores psicodélicos o las sandalias de las tribus hippies; las crestas, los alfileres y los pantalones pitillos de las punks; la inspiración medieval o victoriana más el negro del lápiz de labios y la sombra de ojos del universo gótico; la gomina en el pelo, el jersey anudado al cuello y los náuticos de los pijos (o Cayetanos, que ahí me pierdo); las camisetas ilustradas con manga o con dibujos de su anime favorito de las otakus, o la ropa ancha y cómoda de los chicos y los tops y las minifaldas de las chicas de la tribu reguetonera, por nombrarte solo algunas, hay muchas más. Ciertos grupos están más definidos en su imagen por la identidad de género, otros por el estatus social, otros por una conciencia ecológica, y priorizarán más o menos esos rasgos de identidad frente a otros a la hora de vestir. No hace falta el pack completo para reconocerlos, o no es necesario (o posible) llevarlo todo el tiempo, pero tú, que observas o practicas, serás capaz de contar muchas cosas de esas personas sin tener que intercambiar una palabra con ellas.

Ahora bien, es necesaria la práctica, no podemos dejar de manifestarnos, porque esa experiencia corporal se constituye culturalmente a través de patrones regulares de uso; es decir, de la repetición constante de uso de ropa, maquillajes o adornos. Además, estas prácticas requieren aprendizajes y conocimientos y, muy importante, en la mayor parte de los casos representan facetas de nuestra identidad que son cambiantes. ¿O no has visto tú alguna foto antigua de compañeras o compañeros de trabajo con atuendos que ahora considerarías pura fantasía?

Pues bien, esto de usar el cuerpo para manifestar, crear o controlar quiénes somos lo llevamos haciendo desde hace miles de años, desde la prehistoria. Algunos ejemplos los vas a ver en los siguientes capítulos. Veremos cómo se usa el vestido, el color, el maquillaje o el adorno como elementos materiales y culturales que se añaden o aplican al cuerpo. Entre lo cultural y lo biológico están todas las prácticas de modificación del cuerpo que poseen una fuerte carga cultural, pero que suponen transformaciones en lo biológico, en los huesos o en la piel. Los tatuajes, las escarificaciones, las modificaciones óseas forman parte de esas estrategias y pretenden mostrar una determinada identidad utilizando lo más distintivo, personal e íntimo que tenemos: nuestro cuerpo. Pero antes quiero contarte cómo la expresión cotidiana de la identidad a través del cuerpo —esas cosas que hacemos todos los días— también queda impresa en nuestros huesos y en nuestros tejidos. Así que hablemos de bioarqueología.

2

EL CUERPO Y LO BIOLÓGICO

El conjunto de métodos, técnicas y analíticas que aplicamos a los restos humanos para conocer a las sociedades del pasado se llama «bioarqueología». Se trata de un ámbito de trabajo que ha experimentado un enorme crecimiento en los últimos años, entre otras razones porque se han podido adaptar complejas técnicas procedentes de otras disciplinas científicas, como la química y la medicina, a las particularidades y características de los restos arqueológicos. Pero además porque, para serte sincera, la aplicación de estas técnicas y métodos se ha abaratado mucho en los últimos años y ahora podemos hacer un montón de nuevas pesquisas a partir de los exiguos presupuestos de que en ocasiones disponemos para hacer investigación arqueológica. Pero, detrás de estas dos casuísticas, en el fondo, lo que ha provocado su enorme desarrollo ha sido el interés por parte de la disciplina en acercarnos a las experiencias únicas de las personas del pasado.

La bioarqueología permite contar historias concretas, y eso nos encanta. Soy muy consciente de que hay gente a la que si no le dices el nombre de la persona y el año exacto en el que ocurrieron las cosas, pues no le parece que estés contando un hecho histórico. Creen que eso entra más en la especulación, que ahí hay más ficción de la que debería.

Craso error, amor. El estudio de las sociedades de la prehistoria está tan lleno de certezas y dudas, de desconocimiento e información, como lo está cualquier otro periodo histórico. A veces me colgaría un cartel que dijera: «¡La prehistoria también es historia!». Ahí, con un buen megáfono, que se me escuchara bien alto. Y no, la bioarqueología no nos va a proporcionar el nombre de una persona concreta, y sí, cada vez estamos más cerca de conocer el momento en que las cosas sucedieron, pero créeme cuando te digo que en la prehistoria ya estaba todo inventado, o al menos estaban puestas las bases más importantes para que se inventara, en lo tecnológico y en lo cultural. Sigue leyendo, que te lo voy a demostrar.

Terminado este momento reivindicativo disciplinar, sigo. Como te estaba contando, los estudios bioarqueológicos nos permiten, de alguna manera, conectarnos con las experiencias vividas por las personas en el pasado. Yo no hubiera podido escribir este libro jamás sin las investigaciones que se han realizado en los últimos años. Sin esos datos me sería muy difícil desmontar los prejuicios y estereotipos generados sobre nosotras. Todos y cada uno de los ejemplos que vas a conocer tienen que ver con el cuerpo, y nuestra aproximación, además de los elementos culturales que te he descrito en el capítulo anterior, solo es posible con un profundo conocimiento de lo que nos pasa también desde lo biológico, de las consecuencias que tienen para nuestro cuerpo todas las decisiones políticas, económicas y culturales que se toman. Sin ese conocimiento sería imposible desmontar las ideas preconcebidas que una vez se fabricaron de la nada, sin ningún conocimiento científico detrás, pero que han calado tan profundamente en el imaginario colectivo que cuesta muchísimo demostrar que son inventadas. Es como las noticias falsas y los bulos de la actualidad, ¡qué fácil es generarlos y qué complicado demostrar su falsedad!, sobre todo cuando coincide con nuestras opiniones o juega con nuestros miedos o incompetencias. Y, como te he dicho ya (alerta, mantra), el cuerpo de las mujeres se ha utilizado de manera insistente para generar todo tipo de ideas preconcebidas y juicios sobre nosotras.

La bioarqueología nos permite acceder a un conocimiento importante sobre las vidas pasadas y sus condiciones. Podemos conocer aspectos relacionados con la desigualdad social y sobre cómo se corporizan, es decir, se incorporan y son capaces de transformar nuestro cuerpo, las identidades de clase y género, el uso de la violencia, el impacto de la salud e incluso, te diría, también el bienestar. Tiene, además, un papel importante que desempeñar en la investigación sobre cómo se forman, se mantienen y se manipulan las identidades, observando los cambios a través del tiempo.

¿Cómo se realiza una investigación bioarqueológica? ¿Por dónde empezar? Pues quizá el elemento básico sea la evaluación de dos características fundamentales: el sexo de la persona y la edad que tenía al morir. Esos son los dos primeros datos que esperamos obtener cuando estudiamos una población del pasado. Como verás, en algunos de los ejemplos que te pongo en los próximos capítulos, conocer el sexo de una persona adulta es relativamente fácil cuando tenemos un esqueleto más o menos completo y bien conservado. Esta situación se complica más cuando hablamos de criaturas o adolescentes que no han formado completamente sus cuerpos y por tanto no podemos observar las diferencias existentes entre los huesos de las mujeres y los huesos de los hombres, no podemos reconocer lo que se denomina «dimorfismo sexual». El estudio osteológico, es decir, el que se encarga de conocer los cuerpos de las personas a través de la observación y examen de sus huesos, tiene en este sentido algunas limitaciones. Pero, además de los esfuerzos que se están haciendo para mejorar esa metodología, estos análisis se pueden complementar ahora con la información que nos proporciona el ADN antiguo y, en los últimos tiempos, la amelogenina. La amelogenina es una proteína que tenemos en el esmalte dental vinculada en su origen al cromosoma X, lo que nos permite sexar a las personas a través de sus piezas dentales.

Pero además del sexo, nos interesa la edad de esas personas, sobre todo para reconstruir sus ciclos de vida. Es fundamental detectar cómo los cambios que se producen en lo biológico se manifiestan a través de acciones sociales y culturales. Desde el nacimiento y el paso a la adolescencia y los cambios corporales que ello conlleva, hasta el reconocimiento de una cuestión tan invisibilizada en el pasado —y también en el presente— como la vejez. Veremos en estas páginas los empeños actuales en generar métodos que nos permitan estimar el desarrollo fetal y neonatal, conocer el momento y el desarrollo del parto, e incluso reconocer las muertes neonatales, que nos proporcionan una información muy relevante sobre la salud de las criaturas y sus madres. En ese mismo sentido, en los últimos años se están comenzando a estudiar los indicadores que aparecen en los esqueletos durante la adolescencia para comprender el momento en el que se inicia la pubertad. Se estudian las fluctuaciones hormonales y cómo esos cambios quedan reflejados en los huesos. Esto nos posibilita no solo reconstruir el cambio en la adolescencia, con eventos tales como la menarquia, sino también en la menopausia y la vejez. Sobre esta última etapa, permíteme recordar aquí que las personas de edad avanzada han pasado completamente desapercibidas en el registro arqueológico. De nuevo una idea errónea sobre las poblaciones del pasado que ha calado, nunca mejor dicho, hasta los huesos: la creencia de que en el pasado los humanos no vivían hasta edades avanzadas. Con sinceridad te digo que esto, en buena medida, es culpa de quienes hacemos arqueología: nos hemos hartado de decir que la media de edad en las poblaciones prehistóricas es de treinta y cinco años y, como no lo hemos explicado adecuadamente, la gente ha supuesto que con treinta y cinco años ya te podías ir despidiendo. Pues no, la media es de unos treinta y cinco años porque muchas criaturas fallecían muy pronto y pocos adultos llegaban a la vejez, así que, si haces la media, te da esa cifra. De nuevo, el estudio osteológico está empezando a mostrarnos que un número razonable de personas en el pasado superaron los sesenta años.

Una vez que conocemos el sexo y la edad de las personas, se nos abren multitud de posibilidades. Por ejemplo, conocer las relaciones de parentesco. Un poco más adelante en el libro te voy a poner algunos ejemplos alucinantes de lo que se puede conocer sobre las relaciones genéticas entre las personas. Para su estudio, hasta hace unos años solo disponíamos de la observación de los huesos, es decir, se podía inferir la pertenencia a una misma familia a través de las características heredadas de los huesos y de los dientes. Nuestra genética determina buena parte de nuestras características esqueléticas. Por ejemplo, la relación entre la longitud de los brazos y las piernas o el tamaño y la forma de los dientes son rasgos que se pueden heredar y, por tanto, si tenemos la evidencia ósea adecuada podríamos inferir relaciones de parentesco entre las personas que muestran estas mismas características dentro de una población concreta. Desde una perspectiva osteológica, hay elementos que no podemos observar; por ejemplo, que tú tengas los mismos ojos verdes que tu abuela; pero otras sí, como que hayas heredado tener un número de dientes mayor al habitual o una posibilidad más elevada de desarrollar una artritis en la rodilla. Obviamente, los estudios de ADN son los más eficaces a la hora dilucidar las relaciones de parentesco biológico, de poder establecer el árbol genealógico de las personas halladas en el transcurso de una excavación arqueológica. Y esto es importante porque el estatus socioeconómico, o la dieta y la salud, están vinculados, sobre todo en la prehistoria, a las condiciones de los primeros años de vida y a la familia, en términos genéticos, a la que pertenecemos.

Y, hablando de relaciones genéticas, estas técnicas bioarqueológicas nos hablan además de otro tipo de comportamientos sociales de enorme relevancia, como las migraciones. La movilidad humana ha sido uno de los grandes temas de estudio de la prehistoria, desde que hace ya más de dos millones de años iniciamos la dispersión original del género *Homo* desde África. Y no nos hemos dejado de mover nunca. En la mochila llevamos tecnología, conocimientos, objetos y, por supuesto, nuestra carga genética. Y conocer esto es extremadamente importante. No sé si recuerdas una campaña hacia el año 2016 de una web de viajes danesa que invitó a 67 personas procedentes de todos los rincones del planeta a analizar su ADN y conocer más a fondo sus ancestros genéticos. Se les preguntaba sobre sus orígenes, se les pedía incluso que hablaran de cómo veían a poblaciones de otros orígenes y, unas semanas después, se les entregaban los resultados. En la bibliografía comentada te dejo los datos para que puedas ver el pequeño documental que se realizó. Es absolutamente significativo ver las expresiones de sorpresa, incredulidad y emoción al descubrir de dónde venían. En la mayoría de las ocasiones con procedencias insospechadas. A ver si nos enteramos de una vez de que somos la suma de mucho. A lo mejor se nos quitaba alguna que otra tontería de encima.

Pero sigamos conociendo la capacidad de entender el

mundo a través de nuestro cuerpo. Ahora, podemos saber cómo la especie humana reacciona y se adapta ante desafíos enormes como el del cambio climático; cómo lo perciben y comprenden y cómo influye en su cotidianeidad el cambio en las condiciones medioambientales, desde alteraciones en la dieta humana, al desaparecer algunos recursos y tener que utilizar otros distintos, o la mayor frecuencia de brotes de enfermedades infecciosas o el cambio en la distribución de patógenos, que facilita la aparición y propagación de nuevas enfermedades. Son transformaciones que terminan generando inestabilidad social —que no se te olvide que siempre hay gente que tiene más capacidad de protección y resistencia frente a las crisis— y que provocan reacciones que van desde la migración por causas climáticas, que tan presente está hoy en nuestro entorno, hasta un aumento del riesgo de violencia interpersonal.

Y así es como llegamos al ejercicio de la violencia; una violencia que tiene distintas formas de manifestarse. La violencia física se detecta en osteología a través del estudio de los traumas óseos anteriores a la muerte de la persona. La osteología es capaz de identificar traumatismos por proyectiles, golpes propinados con determinados objetos, roturas y fracturas, episodios de canibalismo, evidencias de tortura o de masacres o sospechas de sacrificios. Pero existe otro tipo de violencia: la estructural, la que usan las instituciones o el poder para limitar o condicionar la vida de las personas y que las pone en situaciones de alimentación deficiente, menor acceso a los cuidados ante la enfermedad, o falta de recursos para mantener una calidad de vida adecuada, y eso también deja huellas de estrés en los huesos. El estudio de los isótopos de carbono, nitrógeno o azufre son excelentes aliados para conocer estas desigualdades económicas, políticas y sociales.

A lo largo de las siguientes páginas vamos a ver ejemplos de cómo podemos detectar la enfermedad y la violencia, pero también, y eso es lo que más me gusta, de cómo podemos detectar el cuidado, el tratamiento o la cura. Porque eso también forma parte, la más importante, de la naturaleza humana.

Y, ahora, pon todo lo que he dicho en una coctelera, agita bien fuerte y verás como todas esas identidades que podemos vislumbrar a través de la bioarqueología —el estatus social, el sexo, la etnia, la capacidad o la edad— se conectan entre sí generando otras identidades. Su intersección y su importancia en distintos momentos de la vida provocan cambios en nuestra dieta, en la actividad física, en el trabajo que realizamos o en nuestra salud. Por tanto, el desafío está en pasar de esos datos, de esos atributos biológicos que detectamos en los cuerpos, a la construcción social. Porque, y esto lo quiero dejar muy claro, el dato aislado no sirve, el resultado del laboratorio no nos vale para nada si no está puesto en contexto y lo empleamos para contar una historia. Solo cuando entendemos cómo estos aspectos de la identidad fueron moldeados culturalmente, percibidos socialmente y experimentados personalmente, podemos cruzar el umbral para reconstruir los estilos de vida pasados.

Y ahora sí, una vez conocidas las herramientas culturales y bioarqueológicas de las que disponemos en arqueología, vamos a pasar a descubrir esas historias que tienen que ver con nuestro cuerpo. Y (otra vez alerta, mantra) sobre cómo todo esto tiene que ver principalmente con el cuerpo de las mujeres.

3

LOS TACONES DE LETIZIA

El 17 de marzo de 2024, durante la visita de los monarcas españoles a Países Bajos, se produjo una imagen notable. En el besamanos previo a la cena de gala ofrecida por los reyes anfitriones en el Palacio Real de Ámsterdam, la reina Letizia apareció sentada. ¿La razón? La metatarsalgia, una afección que produce dolor o inflamación en la planta de los pies, cerca del inicio de los dedos. Los metatarsianos son ese conjunto de huesos largos que conectan el talón con los dedos, y el metatarso es la zona del pie sobre la que más peso apoyamos cuando corremos o caminamos. Si soportan mucha presión al andar o al correr, terminan lastimándose.

¡Ay, los tacones! Ojo, que yo la entiendo, que conste. ¿Te gustan? A mí sí, mucho. ¿Me los pongo? Cada vez menos. Me da pereza. En mi caso, comentarios del tipo «Un tacón es que viste mucho», que confieso que yo asumo, se están transformando en «Me parece que hoy me voy a vestir un poquito menos». Bueno, y eso cuando no los llevo en el bolso, que a veces cuando tengo que ir a un acto me los cambio justo antes de entrar. ¿Alternativas? Las *sneakers*, que son como se llama ahora a las zapatillas de toda la vida, pero que cómo nos dices tú a nosotras que lo que tenemos que llevar son «deportivas»... *Sneakers*, mucho mejor, ¡dónde va a parar! Ahora además las tienes (las tengo) en montones de colores, tejidos e incluso estampados. Pero... qué quieres que te diga, a veces no me puedo resistir y sigo utilizando el tacón como una inconsciente, aunque me arrepienta al ratito.

¿A quién se le ocurriría esto del tacón? Indago, me parece interesante y contacto (benditas redes sociales) con Elizabeth Semmelhack, que es la directora y conservadora jefa del Bata Shoe Museum en Toronto, un museo dedicado al zapato, pero ¡no te puedes imaginar qué museo!, en un edificio espectacular con forma de caja de zapatos, obra del arquitecto Raymond Moriyama. El museo lo fundó Sonja Bata, una mujer fascinante que empezó a estudiar arquitectura y se casó con el heredero de la compañía zapatera de origen checo Bata. A lo largo de su vida, mientras trabajaba como diseñadora para salvar la empresa familiar, empezó a coleccionar las piezas que componen actualmente los fondos del museo. No se dejó un continente sin visitar, lo que hizo que conociera distintas maneras de calzarse y concebir el calzado como una forma de entender «la cultura, la antropología, la artesanía y el ingenio». Eso sí, cuando murió en 2018, en alguna revista se publicó el titular: «Fallece Sonja Bata, la mujer que tenía más zapatos que Imelda Marcos». Sin comentarios, como si fuese lo mismo... En fin... Pero bueno, vuelvo a nuestro tema, que me despisto. Lo siento, me puede esa forma tan simplona de anular la participación, la aportación y la contribución de las mujeres en cualquier ámbito.

Como te iba contando, este museo exhibe en su colección más de 1.000 zapatos y artefactos relacionados, seleccionados de una colección de casi 15.000 objetos que recorren los últimos 4.500 años de historia. Su misión, tal y como figura en su página web, es «comunicar el papel central del calzado en la configuración de nuestra vida social y cultural. Mediante la adquisición, conservación, investigación, interpretación y exhibición de evidencia material de la historia del calzado y su fabricación, el museo ilustra los hábitos, estilos de vida, cultura y costumbres cambiantes de todo el mundo». Hacen unas exposiciones espectaculares.

Le pregunto a Elizabeth Semmelhack por los tacones, por las primeras evidencias de su uso, y me cuenta que es muy probable que su origen esté vinculado a montar a caballo. Una de las primeras representaciones conocidas de este accesorio es la que aparece en un cuenco del siglo x d. C. procedente de la ciudad de Nishapur, en la actual Irán, y que en la actualidad se encuentra en el Museo de Bellas Artes de Boston. En él se representa a un hombre a caballo preparado para la caza o para la guerra con las riendas en una mano y flechas en la otra. Calza un zapato con tacón que se engancha con facilidad en el estribo. El tacón posee una función práctica, es una mejora en el diseño que proporciona la suficiente seguridad como para no tener que sujetar las riendas y usar los brazos, por ejemplo, para disparar una flecha.

Así que sí, los tacones empezaron siendo un elemento de la indumentaria masculina, más concretamente de la vestimenta de los hombres de las élites en el área de Oriente Próximo hace más de mil años.

Según me cuenta Semmelhack y recoge en su libro *Shoes. The meaning of style*, durante los siguientes seiscientos años su uso se extendió hasta otros grupos de esforzados jinetes como los otomanos, los cosacos polacos y ucranianos, los húngaros, los tártaros de Crimea o los persas, pero los tacones encontraron cierta resistencia en los hombres de la Europa occidental. De hecho, su uso no se generaliza hasta el siglo xvii, y sí, al principio los llevaban los hombres de las élites para montar a caballo, pero muy poco después empezaron a usarlos también en sus vestimentas de gala, y pasó de ser una evidencia de poder en el ámbito ecuestre para transformarse en una señal de riqueza y estatus entre hombres europeos que los incorporaron como elemento exótico y de lujo.

Y ahí es donde entramos nosotras. Es en las primeras décadas del siglo XVII cuando empiezan a ser utilizados por las mujeres europeas. En su intento de reclamar su espacio en la sociedad, ellas comienzan a imitar la indumentaria de los hombres porque les aporta un punto de exotismo y poder, así que, las que pueden, se visten con prendas similares a los hombres y, en ese paquete, entran los tacones. Por supuesto, esto lleva aparejada su correspondiente reacción negativa, no te creas. En determinados ámbitos religiosos y conservadores se critica a las mujeres que «llevan zapatos masculinos», o que «quieren ser hombres de los pies a la cabeza». A pesar de todo, siguió siendo un accesorio prioritariamente usado por las élites masculinas hasta bien entrado el siglo XVIII, aunque ya se empiezan a ver algunas diferencias en su forma y en su estética entre hombres y mujeres.

Y entonces entran en juego asuntos políticos y eclesiásticos. Por ejemplo, los británicos comienzan a querer diferenciarse de las modas llegadas de Francia, y llevar tacones empieza a considerarse «poco patriótico». Algunos religiosos comienzan a argumentar que querer hacer el cuerpo más alto artificialmente es ofender a Dios. Así, el uso de tacones por parte de los hombres empieza a disminuir drásticamente. Y ¿qué pasa con nosotras? ¿No nos importa la patria ni Dios? Bueno, nosotras estamos perdonadas, porque, como bien señala el pensamiento ilustrado, recién nacido en Europa, las mujeres nos guiamos por el instinto, la sensualidad y las pasiones irracionales, de modo que nuestro gusto por los tacones es buena muestra de nuestra debilidad y futilidad. Somos, al fin y al cabo, simples víctimas de la moda.

En los últimos dos siglos, a partir de la asimilación del tacón por parte de las mujeres de forma casi exclusiva, comienzan una serie de peripecias y de relación de amor-odio entre nosotras y esos accesorios que continúan en la actualidad. Los tacones empoderan, esclavizan, liberan, erotizan, son objetos de deseo, inspiran diseño, suben hasta alturas imposibles y, en cualquier caso, han seguido siendo un objeto cotidiano y de debate para muchas mujeres en el mundo. Nos definen tanto que si alguien quiere aparentar o definirse como mujer, los tacones serán uno de los objetos que se utilicen para representarse.

A mí me interesan los tacones por dos razones arqueológicas. La primera, su propia materialidad, el objeto en sí y cómo su diseño nos explica cosas, desde lo funcional a lo estético. La segunda, las huellas que causa en el cuerpo, conocer si podemos detectar el uso de tacones de manera repetitiva y constante en las modificaciones producidas en los huesos del pie.

Como podemos observar, a veces las modificaciones en los huesos se producen a consecuencia del uso de determinados objetos con fines específicamente estéticos, pero no se busca conseguir ese efecto, es una secuela. En otras ocasiones, lo que se pretende es precisamente la transformación de los huesos a través de su manipulación, de manera que se modifiquen para conseguir formas o tamaños determinados íntimamente vinculados a la identidad social de las personas.

Una buena muestra de lo que te cuento son las modificaciones craneales que encontramos en tres mujeres enterradas en la segunda mitad del siglo XI d. C. en los cementerios vikingos en Kvie, Ire y Havor en Gotland (Suecia). Las tres mujeres, que murieron entre los veinticinco y los sesenta años, fueron enterradas según los ritos funerarios de ese periodo y aparecen adornadas y vestidas con broches y collares típicos de las mujeres en esa cultura. La única diferencia con las demás mujeres enterradas en esa época es que sus cabezas son excepcionalmente alargadas, casi oblongas, diría, fruto de una manipulación muy temprana realizada con vendajes y tablas de madera cuando el cráneo de las criaturas aún no está completamente fusionado.

Esta costumbre de modificar cráneos culturalmente está documentada en muchos lugares del mundo durante miles de años, no es inusual. ¿Cuál es la hipótesis en nuestro caso? Se sabe que existen contactos comerciales muy estrechos entre Escandinavia y los territorios de Europa del Este y del mar Negro, donde sabemos que esta práctica se lleva a cabo con frecuencia. Se realiza, sobre todo aunque no de forma exclusiva, a las mujeres y se entiende como una forma de manifestar un alto estatus social. No está muy claro cómo llegó la costumbre de la modificación del cráneo a la Suecia medieval. La hipótesis más probable es que estas tres mujeres de Havor, Ire y Kvie nacieran en el sudeste de Europa, hijas de comerciantes procedentes del área del Báltico y mujeres del área del mar Negro, como indica su ADN. Sus cráneos fueron modificados en los primeros momentos de sus vidas, bien en los lugares de origen de sus madres, bien una vez en Gotland. La intención es clara: representan una estrategia, basada en el cuerpo, con la que mantener en la memoria los orígenes maternos de estas mujeres. En cualquier caso, es una costumbre que ya no se adopta en las siguientes generaciones, bien porque no se posea la habilidad y el conocimiento técnico para hacerlo fuera de esos lugares de origen (porque no es nada fácil hacerlo), bien porque manifestar tan claramente esa diferencia en los orígenes de las personas ya no tenga un valor especial en la comunidad.

Volvamos al principio. Un ejemplo más, el del vendado de pies en China. Una práctica que consistía en quebrar los huesos de los dedos de las niñas al atarlos a la planta del pie con telas, con el enorme dolor que suponía. Una costumbre que se inició hace más de mil años durante la dinastía Song (960-1279), primero en la corte, después en las élites y finalmente en las poblaciones campesinas. Las excavaciones arqueológicas en el poblado de Yangguanzhai, en la provincia de Shaanxi, han documentado el vendado en algunas mujeres de la élite de la dinastía Ming, hace setecientos años. Durante mucho tiempo, esos pies pequeños y deformados fueron considerados como símbolos sexuales. A mí me parece más bien que esa práctica se realiza para limitar la movilidad. Bajo el pretexto de lo erótico se esconde el «que no puedas ir muy lejos». De hecho, las nuevas hipótesis respecto al vendado lo vinculan también a la movilidad. El estudio que se ha realizado sobre las comunidades de principios del siglo XX en zonas rurales del norte de China, con entrevistas a mujeres que aún llevaron los pies vendados en su infancia, apunta a que esta práctica era una forma de conseguir que niñas muy jóvenes se sentaran quietas y trabajaran con las manos. A medida que el vendaje iba dando forma a sus pies, que iba limitando su capacidad para andar, las madres las enseñaban a hilar y tejer, un trabajo fundamental para el mantenimiento económico de estas poblaciones. Solo el fin de la actividad económica acabó con la práctica del vendado.

Estos son solo algunos ejemplos de cómo, ya sea de forma intencional, ya a consecuencia del uso de determinados objetos, se modifican los cuerpos con una clara intención: manifestar identidad. Es muy cierto que podemos encontrar algunos tipos de modificaciones óseas en ciertos hombres, pero se produce con mucha más frecuencia en las mujeres y de formas también más diversas. Ellas, nosotras, expresan esas identidades de género, de estatus social o de procedencia cultural a través de las modificaciones corporales que, a veces, también implican otras consecuencias derivadas del trabajo que realizaron las mujeres e incluso de su capacidad de movilidad, dos factores fundamentales para las vidas y los cuerpos de las mujeres que vamos a explorar más adelante.

4

EL VESTIDO DE CRISTINA

Todas las Nocheviejas desde el año 2014 mucha gente espera expectante a conocer el vestido que llevará ese año Cristina Pedroche para presentar las campanadas. Es una tradición de Navidad más. Al día siguiente, decenas de medios de comunicación, trabajen sobre moda o no, dedicarán páginas a comentar quién lo diseñó, quién hizo el estilismo o qué mensaje se quería transmitir con el vestido elegido. Las redes sociales se llenarán de comentarios y memes desde el primer minuto y probablemente será *trending topic*, es decir, tendencia, durante algunos días.

Más allá de una cuidada y exitosa estrategia de marketing, lo que me interesa es lo que significa el vestido en sí. Su acompañante en la presentación de las campanadas, en los últimos años Alberto Chicote, vestirá un correcto traje de chaqueta o esmoquin, quizá con algún detalle algo extravagante que probablemente nadie recordará al día siguiente. De hecho, si repasamos los distintos años, la vestimenta de su compañero es casi invisible, porque no importa. En contraste, los vestidos de Cristina se han convertido en símbolos icónicos, las creaciones que utiliza son en muchas ocasiones piezas de museo y representan en buena medida las formas culturales actuales, te guste o no te guste. Estoy segura de que en el proceso de creación de su vestido hay muchas horas de trabajo, muchísimas, hay mucha creatividad, mucho talento y mucha reflexión, por más que desde fuera nos quedemos con el elemento anecdótico o banal del momento. Y entiendo que eso también pueda generar algún tipo de frustración en quienes realizan ese proceso, porque comprendo que nada de su atuendo se deja al azar, todo está pensado y medido para transmitir un mensaje concreto.

Y no voy a entrar en qué me parece, porque no lo sé, quizá tú lo tengas claro en un sentido o en otro. Y como no me voy a decantar, supongo que no contentaré a nadie. Pero tampoco lo pretendo, prefiero seguir dudando a sentenciar. En algunos momentos pienso que ¡claro que sí!, claro que se expone un cuerpo de mujer muy determinado, pienso en cómo influirá en la mirada de otras mujeres, niñas y adolescentes ese ideal de cuerpo femenino bastante inalcanzable para la mayoría y luego me pregunto si no estaré (estaremos) siendo algo hipócritas. ¿Es que el resto de los días del año nos comportamos de otra manera? ¿Es que el resto del año somos tan conscientes de lo que supone para las mujeres y por tanto no mostramos esos cuerpos en anuncios, series de televisión, revistas de moda o tiktoks? Lo hacemos constantemente, todos los días, ¿y solo nos preocupa el día 31 de diciembre? ¿Ese es justo el día en que esto afecta? No lo tengo claro, pero seguimos y vuelvo después a esto.

Como te he dicho, a mí lo que me interesa de todo este tema es cómo el vestido y el adorno funcionan en los cuerpos de las mujeres. Una vez más el mantra, sí, sé que insisto mucho, pero repito: el cuerpo nos define mucho más a las mujeres que a los hombres y por eso estamos hablando de este tema. En nosotras, el vestido, lo que nos ponemos, significa mucho más, representa en buena medida las formas culturales exitosas, rebeldes, rompedoras o tradicionales, porque el peso de sostener la cultura y la tradición también recae en nosotras y en lo que nos ponemos.

La vestimenta ha sido, sin duda, una forma de control. Recuerda aquella famosa copla de Manolo Escobar: «No me gusta que a los toros te pongas la minifalda». ¡Uy, lo que ha dicho! Sí, pero es que era 1971, eso ahora no pasa... Espera, espera, que te pongo la de Myke Towers: «Esa falda chiquitita qué bonita te queda...», de 2023, y ambas con el mismo argumento: «Ten *cuidao*, que te van a mirar». Eso sí, con distintas consecuencias: Manolo va a tener que pelearse con alguien, mientras que Myke presume de propiedad. Pero la culpa la tiene Cristina Pedroche en Nochevieja.

El cómo se entiende el cuerpo de las mujeres desde el adorno, desde el vestido o desde la modificación del cuerpo representa cuáles son los aspectos más destacados de la estética, la cultura y la identidad en todas y cada una de las sociedades, normalmente como una forma de garantizarlas, de sostenerlas. El cuerpo de las mujeres siempre se utiliza, en cualquier lugar del mundo, con más o menos consentimiento, con más o menos consciencia, pero con mecanismos muy similares.

Te voy a poner un ejemplo a miles de kilómetros de la Puerta del Sol de Madrid. Buena muestra de este comportamiento es lo que sucede con el tratamiento de los cuerpos de las mujeres de las tribus gumuz y dats'in, dos sociedades orales que viven en la zona de Metema, en el noroeste de Etiopía, junto a la frontera con Sudán. Y aquí quien me acompaña es la siempre sabia Almudena Hernando, catedrática de Prehistoria de la Universidad Complutense de Madrid, que analiza de manera magistral las distintas manifestaciones materiales de la identidad en las poblaciones del pasado.

Los estudios que ha realizado sobre estas poblaciones han puesto de manifiesto la doble subordinación de sus mujeres. Primero porque pertenecían a grupos perseguidos en incursiones esclavistas que buscaban, fundamentalmente, mujeres. Segundo, por la dominación de los hombres dentro de su propio grupo. Y esta desigualdad se manifiesta y reproduce a través del tratamiento de sus cuerpos y de la cultura material, es decir, de los adornos y otras estrategias corporales. En algunas ocasiones estas estrategias se utilizan tanto por parte de los hombres como de las mujeres, pero en el caso de estas últimas, la intensidad con la que aparecen es mucho mayor. Almudena Hernando centra su análisis en el análisis del papel que juegan las escarificaciones entre la gente gumuz y las cuentas de colores entre la dats'in, y en cómo a través de ambas se inscribe la identidad del grupo en el cuerpo de las mujeres.

Aunque por los constantes contactos entre ambas poblaciones esto está empezando a cambiar, tradicionalmente las mujeres gumuz se han caracterizado por llevar en el cuerpo abundantes escarificaciones, así como grandes pendientes de níquel con diseños geométricos, mientras que las dats'in lo han hecho por decorar su cabeza con sofisticados diseños de cuentas de colores. Las escarificaciones son cortes en la piel que no se dejan cicatrizar para que formen lesiones abultadas, cicatrices con las que se van generando diseños geométricos, con la misma función que un tatuaje en una piel clara. Aunque los hombres las llevaban en el pasado en las mejillas (por lo visto en el presente ya no las llevan), las mujeres las lucían y las siguen luciendo tanto en las mejillas como en los brazos o incluso la espalda o el estómago. Sin duda, el cuerpo de las mujeres es un cuerpo mucho más inscrito que el de los hombres.

De acuerdo con los estudios de Almudena Hernando, las ornamentaciones pueden ser permanentes (escarificaciones y tatuajes) o no permanentes (pintura corporal, cuentas de colores o peinados), y se puede comprobar que cuanto más encerrada en sí misma esté una sociedad, más permanentes serán sus ornamentaciones, y cuanto más abierta y más relaciones tenga con el exterior, menos permanentes serán. Lo mismo sucede en un grupo, es decir, que las personas que dentro de las comunidades se encargan de sostener las relaciones familiares o consanguíneas, aquellas que están más vinculadas al mantenimiento de sus grupos, es decir, las mujeres, serán quienes muestren de manera más evidente los signos de identidad permanentes. Y esto es lo que, como acabamos de ver, sucede con las escarificaciones gumuz. Pero no solo: ¡ah, casualidad!, también con las cuentas de colores dats'in.

Entre la gente dats'in, cuando nace una criatura, sea niño o niña, se le cubre inmediatamente con cuentas de colores en el cuello, en la cintura, en las manos o en los tobillos, con mucha frecuencia de color rojo, un color que se usa para conjurar el mal de ojo, porque las cuentas poseen una función protectora. Eso sí, en cuanto empiezan a andar, los niños no vuelven a llevar cuentas, y sin embargo las niñas las mantendrán a lo largo de toda su vida adulta. Incluso tras la muerte, su cuerpo se entierra con un par de hileras en el cuello, repartiéndose el resto entre las hijas. El cuerpo de las mujeres está íntimamente relacionado con las cuentas de colores, y al tener estas un valor preventivo, de amparo o curativo, generan el mensaje de que son mucho más vulnerables y necesitadas de protección que los hombres.

Estas mujeres extreman la decoración y cuidado del cuerpo al llegar a la adolescencia, usan aceite corporal para darle brillo y collares, pulseras o tobilleras en el cuerpo, pero lo que más destaca es la decoración de la cabeza. A partir de esta edad se realizan sofisticados peinados que usan conchas y cuentas con los más diversos e imaginativos motivos, entretejiéndolos en el pelo mediante una aguja de ganchillo. Los peinados manifiestan su identidad de manera clara. De hecho, la cabeza de una dats'in no se presenta nunca sin decoración de cuentas, excepto cuando ha sido repudiada por su marido o en las mujeres de edad avanzada, a las cuales los hombres ya no miran (otra vez la identidad de las mujeres vinculada exclusivamente a la reproducción), y en ese caso se adornan con una banda de algún color llamativo.

Como vemos, las mujeres desempeñan un claro papel aglutinador y reservorio de la identidad más tradicional (o la más exitosa) del grupo, una estrategia que se repite en todas partes del mundo y de todas las formas posibles. Observa si no a tu alrededor: da igual el sistema de creencias o la religión, todas funcionan igual, lo único que varía es la intensidad. Observa quién guarda más las formas tradicionales en la vestimenta, las más representativas de las distintas culturas cuando caminas por la calle: ¿los hombres o las mujeres? E, insisto, me dan igual las creencias, solo es una cuestión de intensidad y de necesidad de visibilizar quiénes somos.

Procesos similares de manifestación de la identidad a través de la modificación de nuestra apariencia aparecen en muchas sociedades prehistóricas. Te planteo algo: ¿cuáles crees que son los primeros objetos que se fabrican cuando se empieza a producir metal? ¿A qué se da prioridad? ¿Armas? ¿Herramientas? Creo que te va a sorprender. Los primeros objetos que se producen son adornos. Son los elementos vinculados al cuerpo que se utilizan para expresar identidad, para manifestar estatus social, género o edad. Por tanto, estas expresiones de la identidad deben ser extremadamente relevantes para estas poblaciones, que hacen un esfuerzo de recursos y tecnológico muy importante. La orfebrería es el origen de la metalurgia: brazaletes, aretes, pulseras, pendientes, collares, coleteros, anillos utilizados tanto por hombres como por mujeres, por personas de todas las edades. Esto es especialmente apreciable en sociedades como las argáricas, que es como denominamos a las sociedades de la Edad del Bronce del sureste de la península ibérica hace aproximadamente unos 4.500 años. Así, a los adornos de piedra, hueso o concha se suman ahora objetos de oro, plata, cobre o bronce que aparecen vinculados al cuerpo en las sepulturas a partir de este momento. Pero fíjate qué curioso: a pesar de que, como he comentado, los adornos los utilizan tanto hombres como mujeres, cuando se trata de expresar un determinado estatus social vinculado al género, las mujeres vuelven a estar definidas por el uso de elementos que transforman su apariencia. Así, mientras que los hombres de las élites poseen como elementos distintivos y exclusivos las espadas y las alabardas, en el caso de las mujeres el elemento específico es la diadema, de oro o de plata, un elemento de adorno. Otra vez la modificación del cuerpo como señal de identidad.

Lo interesante de estos últimos años es que muchas mujeres nos hemos percatado de la capacidad reivindicativa de nuestros cuerpos y de que si alguien va a hacer política con ellos, mejor que seamos nosotras. Lo veremos a continuación cuando hablemos del desnudo. De pronto, nos hemos dado cuenta —¡oh, sorpresa!— de la existencia de cuerpos diversos y distintos a los de las vallas publicitarias. Y esta consciencia está empezando a calar, eso sí, insuficientemente aún, en la publicidad, en la moda o en los medios de comunicación. Es esta incoherencia de que los cuerpos considerados aceptables o bellos no son los cuerpos que tenemos o que observamos a nuestro alrededor, unos cuerpos que son amados, deseados, inspiradores, pero que, mira tú por dónde, no son como deberían ser. Que no entran en una talla 38, o que no tienen una copa determinada de sujetador. ¿Cómo, o mejor, por qué consentimos, sobre todo las mujeres, que nos sigan imponiendo modelos que muy probablemente no vamos a poder alcanzar? Pues porque, como he comentado desde el principio, se trata de una cuestión estructural. El control del cuerpo de las mujeres ha sido casi (y sin casi) una cuestión de Estado: controlar la reproducción, controlar su aspecto, controlar su movilidad han sido elementos clave en las sociedades patriarcales desde sus inicios. Todo disfrazado, eso sí, de estética, de moda, de construir una identidad femenina normativa que nos defina, de lo que es saludable y lo que no... Así que aceptamos esos modelos por la presión social, por las exigencias profesionales, porque hemos estado cientos de años socializándonos en estas dinámicas, porque existe una industria muy potente que no quiere cambiar estas prácticas y que se lo trabaja muy bien... ¡Qué frustración! ¡Qué presión! ¡Qué pereza! Es verdad que en nuestra cotidianeidad la mayoría de nosotras no pensamos en esto constantemente, pero lo hacemos de vez en cuando y, en muchas ocasiones, no nos hace sentir bien. Desde mi propia incoherencia te propongo: ¿y si paráramos un momento y nos diéramos la oportunidad de reconciliarnos con nuestro cuerpo, de cuidarnos, por supuesto, pero teniendo en cuenta cómo somos y no cómo nos han dicho que deberíamos ser, de tener una relación amable con él?

5

EL CUERPO DESNUDO

El primer contacto entre las comunidades que habitaban en Guam y los europeos se produjo durante la circunnavegación de Magallanes en 1521. Guam es una pequeña isla de Micronesia en el archipiélago de las Marianas. Durante ese viaje se hicieron las primeras descripciones de estas poblaciones chamorras, que es como las poblaciones de Guam y las Marianas se refieren a sí mismas hoy en día. En esa crónica se menciona por primera vez que las personas de estas comunidades iban desnudas, pero este hecho se trata sin ninguna declaración moral explícita, simplemente es otro rasgo más de la descripción de esas gentes.

Sin embargo, un siglo después, cuando en 1668 se establece la primera misión en Agaña (Hagåtña, en chamorro), la cosa cambia. Esta misión está promovida por los jesuitas y, a partir de ese momento, la desnudez se consideró una expresión de la barbarie. Los misioneros entendieron la vestimenta como el principal elemento «civilizador» de esta empresa colonizadora. Imagínate, no creo que haya nada más opuesto en el siglo XVII que las poblaciones chamorras y los jesuitas. Pertenecían a mundos extremadamente diferentes y sus expresiones materiales de la identidad eran también opuestas.

Te resumo sus formas de vida. Las poblaciones chamorras practicaban la horticultura y explotaban los recursos de la selva, además de la pesca y el marisqueo. Según se describe en las crónicas, no parece que hubiera una especialización laboral más allá de la división del trabajo entre hombres y mujeres. Son poblaciones en las que no existe un poder institucionalizado, ni tienen una religión; su sistema de creencias se basa en el culto a los antepasados. En las diferentes crónicas que se escribieron sobre estas comunidades a lo largo de los años, además del desnudo, que se menciona de forma reiterada, se describen otras particularidades que tienen que ver con sus cuerpos. Se detallan peinados, diferenciados en algunas ocasiones entre mujeres y hombres; se especifican las diferentes formas de cubrir las zonas púbicas de las mujeres; se enumeran adornos en concha y piedra en forma de cuentas y colgantes o se detallan adornos y prendas específicas utilizadas en ocasiones especiales, como las faldas de las mujeres. De estas últimas, además, se cuenta el proceso por el cual tiñen sus dientes de negro. Tras los estudios arqueológicos llevados a cabo en algunos cementerios de esa época se ha detectado la presencia en los dientes de algunos hombres y mujeres adultas de pulidos e incisiones verticales, diagonales y reticulares.

Como ves, la presentación de esos cuerpos tan distintos y tan diversos ante los ojos de los europeos debió ser de lo más impactante. Para ellos, los cuerpos desnudos eran antagónicos a todos los valores que querían imponer a esas poblaciones: la decencia, la virtud, la vergüenza y el decoro, y, como siempre ocurre, las mujeres eran percibidas como una amenaza más importante para las «almas puras» de los misioneros y los soldados, pobres... (Entiendo yo que algunos cuerpos masculinos también despertaran pasiones, pero eso ni mencionarlo, claro.) Como comprenderás, vestir esos cuerpos no solo era una cuestión de cubrirlos, sino de someterlos.

La representación de los cuerpos, qué es lícito llevar y qué no, o quién puede o debe llevar qué, es fundamental para comprender la cultura y la historia de cualquier comunidad y, por tanto, puede ser utilizado como un instrumento de control y poder.

Estas sociedades nativas chamorras no tienen el concepto de cuerpo. Simplemente no existe. Parece que las comunidades precoloniales de Guam no tenían una palabra que significase «cuerpo» como algo separado de la persona, y con frecuencia usaban términos relacionados con sus cuerpos para nombrar elementos similares de la naturaleza. Esta es una constante en poblaciones que establecen unas relaciones con el entorno casi simbióticas y que no tienen escritura. En Guam la palabra *piel*, por ejemplo, se usa tanto para la piel humana como para la corteza de los árboles. Hay una preciosa anécdota que cuenta una conversación entre el antropólogo y misionero Maurice Leenhardt y Boesoú, un kanak de Nueva Caledonia. Leenhardt comentaba que los misioneros les habían traído la noción de espíritu a esas comunidades, a lo que Boesoú contestó: «¡Bah! No nos habéis aportado el espíritu; conocíamos ya su existencia. Lo que nos habéis aportado es el cuerpo». Me encanta. Estas poblaciones no «sabían» que tenían un cuerpo que los individualizaba y, por tanto, que los diferenciara entre sí. Para estas comunidades, que se entienden siempre en relación con los demás y nunca como personas individuales, debió ser una transformación total (y brutal). Cuando hablamos de globalización no estamos entendiendo que imponer nuestras formas de estar en el mundo a poblaciones que tienen estrategias completamente distintas a las nuestras no solo destruye formas culturales distintas, ricas y exitosas, sino que estamos negándonos la oportunidad de aprender otras formas de relacionarnos con el entorno y de solucionar los conflictos humanos.

Pero volvamos a nuestras poblaciones chamorras. Como has visto, la desnudez se entiende como falta de civilización y, por supuesto, para aquellos que acuden a «civilizar», vestir esos cuerpos era una cuestión prioritaria. Las estrategias para hacerlo pasan por meter a niñas y niños en escuelas y cambiar radicalmente sus formas de vestir y de alimentarse. Tanto unos como otras se introducen en la fabricación textil; a las niñas se les enseñaba a usar husos para hilar y a los niños se les instruía en el uso de tornos, en ambos casos vinculados al trabajo del algodón. Pero, como siempre, con las niñas se iba un paso más allá: al tiempo que se les enseñaba a coser, se les prohibía salir de las escuelas a menos que fuera para asistir a misa. Ellas sufrieron un triple enclaustramiento: en los nuevos poblados, en las escuelas y en las nuevas formas de vestir. Porque en estas nuevas formas de vida, el cristianismo apuntó específicamente a las mujeres. A Guam y a otros territorios de colonización, no solo se exportó la idea del cuerpo, sino la de un cuerpo con género. Y el vestido no es solo una forma de cubrir el cuerpo, sino también un medio para hacer entender a esas niñas quiénes son y cuál es su papel en la vida. Significa la construcción de un nuevo modelo de feminidad completamente opuesto al que ellas habían vivido hasta ese momento. Se traslada la idea europea del escaso valor de las actividades vinculadas al mantenimiento, cuidado, alimentación, vestido, higiene, salud o socialización de las criaturas, y se imponen como deberes familiares exclusivos de las mujeres.

Un apunte. Cuando hablamos de los cuerpos desnudos de las poblaciones chamorras, lo hacemos desde el punto de vista de quienes los observaban, los misioneros europeos. En realidad, estas poblaciones no consideraban que estuviesen desnudas, sino que presentaban sus cuerpos de otras formas; igual que no tienen el concepto de cuerpo, tampoco tienen el de desnudo tal y como lo entendemos en la actualidad, como oposición al cuerpo vestido. Pero en cualquier caso, el vestir a las comunidades chamorras supuso una técnica de biopolítica muy efectiva. A través de ella, se va eliminando la identidad original que se expresaba a través de cuerpos, adornos y peinados. Al perder capacidad de expresión, pierde sentido esa identidad. Además se imponen roles de género y se generan prácticas de comportamiento que están especialmente dirigidas a las niñas y a las mujeres. Pero hay otra cosa importante que destacar: que no se les olvide a estas poblaciones quién manda y qué posición ocupan estas comunidades en relación con los europeos. La indumentaria seleccionada para vestir sus cuerpos era la que se denominaba en las crónicas «vestidos de gente pobre». No vayan a creerse estas gentes que están en igualdad de condiciones y pueden hablarnos de tú a tú.

He introducido aquí el término *biopolítica*, o *biopoder*, que creo que representa mucho de lo que estoy contando en este libro. El término *biopolítica* se hizo relevante en el siglo xx con el filósofo Michel Foucault, que lo utilizaba para identificar una forma de ejercer el poder sobre la vida de las personas y las poblaciones. Para ello se emplean tecnologías, prácticas, estrategias y discursos políticos que tienen como objetivo el gobierno de la vida, ya sea desde la medicina, la moda, o la necesidad de aparecer de determinada manera ante el mundo, de decir cómo deben ser los cuerpos, las relaciones sexuales o la apariencia, qué es lo normativo, lo adecuado, y qué no. Pero lo cierto es que no todo el mundo ha tenido la misma capacidad para la biopolítica. Reconozcamos (alerta, mantra) que nuestro cuerpo nos define a las mujeres mucho más de lo que habla de los hombres; nos define y nos estereotipa. Las ¿normas?, ¿gustos?, ¿modas?, ¿imposiciones?, estéticas de cada momento definen cómo debemos ser, pensar, aparecer, aparentar... y, en muchas ocasiones, terminamos cediendo y accediendo a lo que se espera de nosotras, lo que termina siendo un poderoso instrumento político que se utiliza, como en tantas ocasiones, en nuestra contra.

Y lo ha hecho recurriendo, una vez más, a la naturalización de los comportamientos. Y de esto sabemos mucho en arqueología porque desde esta disciplina se ha ayudado a usar el cuerpo de las mujeres en la prehistoria para hacer política en la contemporaneidad.

Te recuerdo brevemente nuestro conflicto con la denominación de las venus paleolíticas. Así es como llamamos en la cultura popular a cualquier cuerpo femenino de la época. El problema es que, al llamarla «venus» a ella y a cualquier figura femenina de la prehistoria, nuestros referentes son otros que no tienen nada que ver con ellas y que responden a una filosofía, una ética y una moral que no responden a lo que sucedía hace 12.000, 15.000 o 20.000 años. Eso sí, generan la idea estereotipada de que las mujeres en la prehistoria solo teníamos relevancia en la reproducción o en la sexualidad, opinión que seguimos manteniendo en la actualidad. Es cierto que no vas a encontrar ya ninguna referencia al término *venus* en artículos científicos, pero el titular del *ABC* del 14 de mayo de 2009 que hablaba acerca del descubrimiento de una nueva figura femenina en el yacimiento Hohle Fels en Alemania no deja nada a la imaginación: «Sin tetas no hay Paleolítico».

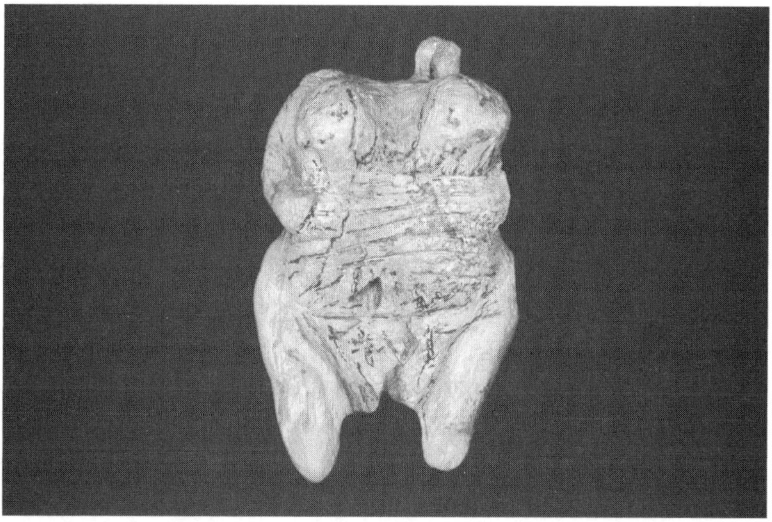

Así se resume el magnífico descubrimiento de una escultura femenina de 6 centímetros de altura, 3,5 de anchura y 3 de profundidad, con un peso de 33 gramos esculpida en el marfil procedente de una hembra de mamut, hasta ahora una de las más antiguas, datada hace entre 35.000 y 40.000 años. Que sí, que ya lo sé, que nos hemos dado cuenta claramente de que presenta unos atributos sexuales muy marcados, que tiene muy grandes los senos, las caderas y la vulva. Pero, alma de cántaro, que no te puedes quedar ahí. Esa simplificación en la descripción ignora además el gran detalle con el que se representan las manos y los dedos, ignora que sitúa los brazos bajo el pecho en un gesto, ignora los posibles dibujos corporales o tatuajes que posee la escultura, o ignora el posible significado cultural de que la cabeza cuenta con una protuberancia perforada, lo cual indica su probable uso como amuleto colgante. Estos rasgos nos hablan de algo más allá de lo biológico. Pero otra vez preferimos ignorar la variedad de cuerpos y de edades, las vestimentas, peinados, tatuajes o adornos que muestran la importancia de estos objetos para acercarnos a las vidas de las mujeres en la prehistoria.

Sin embargo, todas estas reflexiones sobre lo que significa el biopoder, o sobre cómo se nos explica nuestro propio cuerpo, también nos han proporcionado la consciencia y la certeza de lo que las mujeres podemos hacer. Que lejos de estas consideraciones sobre el desnudo y las venus paleolíticas que inciden en generar cuerpos ahistóricos, pasivos, sin elementos culturales, podemos reconocer los cuerpos como lugares de resistencia y de contestación en diferentes ámbitos económicos, políticos, sexuales, estéticos e intelectuales. De acuerdo: el cuerpo ha sido utilizado como un lugar de discriminación, pero a poco que nos demos cuenta es también un lugar para la resistencia, la reacción y la transformación de la realidad.

Si hay alguien que representa el uso del cuerpo femenino desnudo como instrumento biopolítico, ese es el movimiento Femen. Femen surgió en Ucrania en 2008 y poco a poco fue expandiéndose a nivel internacional; a España llegó en el año 2013. En su página web definen su forma de actuar como «sextremismo»: «El sextremismo es la sexualidad femenina que se rebela contra el patriarcado mediante acciones políticas frontales y radicales». Este tipo de activismo consiste en utilizar el cuerpo femenino, sus pechos desnudos, para protestar, para reivindicar, para luchar contra el machismo que inunda todos y cada uno de los rincones de este patriarcado global. Acciones directas, pacíficas y de resistencia activa. Con estrategias corporales claras: postura combativa; rostros enfadados y pechos que gritan consignas políticas. Y se centran en derribar tres pilares básicos: las dictaduras, la industria del sexo y las religiones. Es, en definitiva, una apropiación del propio cuerpo por parte de las mujeres.

Como ves, nuestro cuerpo, también desnudo, teóricamente desprovisto de cultura, teóricamente observado solo desde la biología, se convierte en un elemento vertebrador y definidor de nuestra identidad. Sobre él, se articulan prejuicios, obligaciones, recelos, deseos que no siempre controlamos o decidimos nosotras. Quizá sea el momento de hacerlo.

6

LA FASCINACIÓN DE UN ROSTRO

En abril de 2023 en Guareña (Badajoz) se realizó uno de esos descubrimientos que te dejan sin palabras. Durante las excavaciones arqueológicas llevadas a cabo en El Turuñuelo, uno de los yacimientos más excepcionales de la península ibérica por la calidad y la cantidad de materiales hallados, aparecieron los fragmentos de cinco esculturas, concretamente cinco rostros, de época tartésica.

Te pongo en antecedentes. El Turuñuelo es un yacimiento espectacular que en los últimos años ha proporcionado una información interesantísima sobre lo que conocemos como mundo tartésico. Seguro que te suena Tarteso. En muchas ocasiones se ha asociado, para su desgracia, con la enigmática Atlántida (desgracia para Tarteso, no para la Atlántida) y, a pesar de que la investigación científica hace años que lo descartó, de vez en cuando aparecen documentales o publicaciones que vuelven a vincular un lugar con el otro, causando lo que se hace cuando algo se mitifica: que nos perdemos todo lo interesante. En realidad, Tarteso es una cultura formada en el suroeste de la península ibérica a partir de la mezcla de los pueblos indígenas que ya vivían aquí y los grupos griegos y fenicios que llegaron a la península en el siglo IX a. C., es decir, hace aproximadamente unos 3.000 años.

El Turuñuelo demuestra precisamente la complejidad de esta cultura. En este lugar se está excavando un edificio magníficamente conservado del que se ha podido documentar su momento final. Yo te lo voy a resumir aquí rápidamente, pero puedes consultar la web <construyendotartesso.com> porque contiene muchísima información muy interesante. El edificio excavado tiene dos plantas comunicadas por una escalera monumental y, hasta ahora, se han excavado varios espacios o estancias, entre los que sobresalen una sala de grandes dimensiones y un patio. En algún momento del siglo v a. C. en esa sala se preparó y se consumió un gran banquete. Se sabe porque se han encontrado vasijas cerámicas para cocinar, un caldero de bronce, una parrilla y cuchillos de hierro, además de una gran cantidad de cerámicas de lujo utilizadas para el consumo de alimentos y bebidas. Mientras tanto, en el patio se realizó un sacrificio de animales, entre los que se encontraban 41 caballos, 4 vacas, 4 cerdos y 1 perro. Cuando terminaron el banquete, las gentes que habían vivido durante años en ese edificio lo incendiaron y lo enterraron bajo una capa de arcilla. Y se marcharon. ¿Las razones? Aún no están claras, aunque no parece que fuese resultado de un episodio bélico o violento, ya que les dio tiempo a celebrar y a clausurar. Y además parece ser un hecho bastante común en ese momento para ese territorio: hay evidencias de otros edificios que también se incendiaron y abandonaron. Un cambio en las condiciones climáticas, que les impidiera continuar con sus formas de vida y de producción y que los obligara a buscar nuevos lugares para asentarse, puede ser una hipótesis razonable, veremos lo que nos dice la investigación en los próximos años.

En este mismo contexto de destrucción intencionada se encontraron los restos de estas esculturas sobre las que te quiero hablar; algunos forman parte de dos caras femeninas; lo demás, muy fragmentado, permite saber que conformaban otros rostros, hasta cinco, pero nada más.

Las caras quedaron fragmentadas por un golpe que todas recibieron entre ceja y ceja, sobre la nariz, de ahí que algunas no conserven bien los ojos. Luego los fragmentos, como ocurre con otros objetos, se arrojaron dentro del edificio, pero sin orden ni concierto. Ese es el motivo de que unos estén quemados y otros no. Todo el conjunto fue arrojado desde una altura considerable, lo que provocó su fragmentación, y es probable que pertenecieran a esculturas de cuerpo entero que formarían parte de un gran relieve. Las excavaciones de los próximos años en el sitio nos lo aclararán. Estoy expectante.

Esas caras me fascinan. Los dos relieves más completos nos muestran rostros enmarcados por cabellos con diferentes peinados y adornados con arracadas, unos aretes grandes. En ambos percibimos una ligera sonrisa. Son caras de hace 2.500 años. No me importa si pertenecían a personajes protagonistas de un relato mítico o eran personas concretas. Son rostros que nos muestran, como ningún otro elemento que podamos encontrar en una excavación arqueológica, a las personas.

Como arqueóloga comprendo la emoción del descubrimiento. Así que le pregunto a Esther Rodríguez, codirectora desde hace más de diez años, junto a Sebastián Celestino, de las excavaciones. Y lo que me cuenta me hace esbozar una sonrisa, porque la entiendo: «Después de muchos años dedicada a la investigación sobre Tarteso, sobre las personas que habitaron ese lugar en el siglo v a. C., es la primera vez que puedo mirar a una de ellas a los ojos. Me estremece. Tengo infinidad de preguntas que sé que no me pueden contestar. Pero seguiré preguntándoles». La comprendo porque, aunque como arqueólogas nuestro propósito no es buscar ese hallazgo prodigioso, en El Turuñuelo ha obtenido documentación de la que no aparece en las portadas de los periódicos, pero que nos ofrece información extremadamente interesante sobre esas gentes. Y, sin embargo..., qué bien sienta ser capaces de mirar a los ojos lo excepcional, observar esas caras únicas...

Porque nuestro rostro nos hace irrepetibles. Ya sabes que ahora el reconocimiento facial va a ser una medida de seguridad en los aeropuertos, es casi como una huella digital. Lo curioso es que nuestra cara, ese elemento nuestro tan definidor, el que da nuestra primera impresión a quienes conocemos, resulte hasta cierto punto inaccesible. Tú te puedes aproximar a tu rostro a través de un espejo o una fotografía, pero tu cara, piénsalo, tu cara no la has visto nunca. No directamente, no de la misma manera que ves tu mano o tu pie. Para el rostro siempre necesitas mediación, y esa mediación te devuelve una imagen distorsionada. ¿No te ha pasado que te has hecho un selfi y al voltear la imagen para que, por ejemplo, se lea bien el título de un libro o el rótulo de una tienda te ha sorprendido cómo te ves?

Y como todo lo que hacemos con nuestro cuerpo, también intentamos transformarlo para elevar los pómulos, disimular el párpado caído, hacer los labios más gruesos, disimular la papada, hacemos *contouring* y *strobing* y utilizamos brochas y esponjitas de todos los tipos imaginables y cuyo uso correcto soy incapaz de retener de una vez para otra, colorete, base, prebase, máscara de pestañas, delineador, corrector, sombra de ojos..., una cosmética que se inventó, como todo lo importante, en la prehistoria.

No sé si usas mucho las redes sociales, pero el fenómeno de los posts sobre maquillaje es muy curioso. Para conocer mejor este aspecto, le pido a la bloguera y creadora de contenido sobre maquillaje Marikowskaya que me cuente cómo entiende ella hoy la cosmética y su trabajo en redes. Me explica los cambios sobre el concepto del maquillaje a nivel social y personal. Se ha pasado de querer crear máscaras que taparan lo que no gustaba o que camuflaran esos defectos a los ojos de los demás a intentar convertir el proceso de maquillaje en una experiencia satisfactoria, algo a lo que han ayudado las redes sociales, que han convertido el proporcionar información, contenidos y consejos sobre cosmética en un tipo de negocio muy concreto, señala. Yo, que, como he dicho, soy una auténtica nulidad para todo lo que tenga que ver con el maquillaje, me quedo hipnotizada viendo cómo aplica cremas, usa brochas o maneja los colores. Pero, tras unos años de experiencia, hay cosas que se está empezando a plantear relativas a la salud mental y que está tratando de incorporar en sus contenidos: «Frente al aspecto más salvaje y explotado que no solo afecta al maquillaje, sino a un estilo de vida global en el que la perfección y el constante reflejo de compararnos con lo que vemos nos frustra —dice—, pretendo que las mujeres tengan conciencia de su propio cuerpo, para quererlo tal y como es, sin importar que nuestra piel no sea perfecta, porque, sencillamente, no es posible».

La existencia de cosméticos la podemos rastrear al menos hasta hace unos 5.500 años, durante la Edad del Bronce. En Egipto, Anatolia, Irán o Mesopotamia aparecen con mucha frecuencia pequeños frasquitos de piedra que contienen este tipo de sustancias y que muestran unas técnicas de elaboración y conocimiento químico tremendamente complejos, relacionados con la innovación en otras producciones, como la metalurgia inicial. La química es química y no es más complejo saber alear metales que fabricar un pintalabios, que conste. Por ejemplo, un labial como el aparecido en la provincia de Kerman, en el sudeste de Irán. El frasquito está fabricado en un esquisto verdoso y su decoración es muy similar a otros elementos de piedra de la época, con unas incisiones muy finas que parece que imitaran un trocito de caña de pantano. Contiene una preparación cosmética de color rojo intenso. La analítica ha determinado que los componentes minerales de la sustancia rojiza son hematita pura, cuyo alto contenido es el responsable del color rojo intenso, oscurecida con manganita y braunita, y trazas de galena y anglesita, mezclada con ceras vegetales y otras sustancias orgánicas. Una amalgama que curiosamente es muy parecida a las recetas de los labiales actuales.

Pero mientras que las bases de maquillaje, las sombras de ojos y los coloretes de la Antigüedad estaban compuestos principalmente de carbonatos de plomo que resultan en colores blancos o claros, o delineadores de ojos de kohl negros, este labial tiene cantidades mínimas de ese mineral. ¿La razón? No pasa nada si lo aplicas sobre la piel, pero el plomo supone un peligro potencial si lo ingieres, o sea que mejor no ponértelo en los labios.

El tamaño y la forma del frasco nos sugieren que se habría sostenido con una mano junto con el mango de un espejo de cobre o bronce, dejando la otra mano libre para usar un pincel u otro tipo de aplicador. Un fragmento del famoso papiro de Turín, encontrado en Deir el-Medina (Egipto) y datado en el siglo XII a. C., muestra a una mujer joven que se pinta los labios con un pincel largo o un aplicador en la mano derecha, mientras sostiene al mismo tiempo con la izquierda un gran espejo redondo junto con un frasco cosmético cilíndrico.

Y aunque en la actualidad, y otra vez, relacionemos el maquillaje casi exclusivamente con las mujeres, el uso de cosméticos en sus inicios era común tanto en mujeres como en hombres.

Volvamos a la prehistoria. Donde otros rostros también cuentan historias. Uno realmente interesante es el aparecido en Dolní Věstonice, en la región checa de Moravia. Es la escultura de una cabeza de mujer tallada hace unos 26.000 años sobre marfil de mamut, muy pequeña, de unos 4 centímetros. Es un rostro muy peculiar. Tiene un ojo herido o deformado, con el párpado caído, y con la mejilla izquierda y ese lado del cráneo hinchados. Ya me parecería interesante por sí mismo, pero lo más sugerente es que cerca del lugar donde apareció se halló el enterramiento de una mujer de unos cuarenta años, con unas lesiones muy concretas. El análisis antropológico del cráneo de la mujer muestra una asimetría significativa en su rostro como resultado de una lesión traumática en la infancia, entre los nueve y doce años. Una asimetría que, precisamente por estar en fase de crecimiento, se acentuó con el paso de los años. La misma asimetría que se representa en la escultura.

Del cráneo de esta mujer se ha realizado un análisis de tomografía computarizada y un escaneo 3D. Tras la reconstrucción facial artística, aunque la asimetría del rostro en los huesos es evidente, parece que no tenía un rostro tan deformado como muestra la pequeña escultura, aunque, como todo, puede ser cuestión de percepción. La representación de este rostro, su elección hace 25.000 años entre todos los que se podían representar, nos muestra lo especial que debió ser esta mujer. Hay quienes apuntan a que tal vez fuese una chamana, y, ¡ojo!, entiende con esto una mujer con determinadas habilidades o una mediadora con el más allá.

En arqueología, sobre todo la prehistórica, nos interesan los rostros, nos parece que es la forma más significativa de hacer entender la humanidad de cada una de las personas que descubrimos en nuestro pasado, de reconocer su individualidad. Por eso en los últimos años las reconstrucciones faciales para usos divulgativos en museos se han convertido casi en una obligación y se hacen aplicando las más modernas tecnologías y con un profundo conocimiento de la anatomía. Porque mirarnos a la cara sigue siendo una fuente de información insustituible.

7

EL CUERPO Y EL COLOR

El 5 de diciembre de 2024 a las 16.30 (hora española) estaba impaciente con mi móvil en la mano esperando a que empezara la retransmisión del evento de Pantone «Color of the Year 2025». Desde el año 2000, la empresa Pantone selecciona un color que se convertirá en el del año. Lo hace a través de un meticuloso proceso de selección llevado a cabo por un comité con amplia experiencia en diseño, compuesto por cuarenta profesionales con alta cualificación. Este grupo examina detenidamente las tendencias artísticas, culturales, sociales, políticas y los eventos de más relevancia para captar la esencia del color del año próximo.

Pantone es una empresa fundada en 1962 que empezó haciendo algo que puede parecer muy simple, pero que tiene mucha importancia: estandarizar los colores. Supuso el primer sistema de identificación de los colores a través de un código numérico. Imagínate la trascendencia que tiene esto para el diseño o la ilustración, no es solo elegir un color que represente lo que quieres expresar, sino mantener ese color, crear una identidad asociada. Usar un color adecuado puede captar la atención de la gente y es el elemento de diseño más importante a la hora de reflejar el estado de ánimo y el estilo. Le pregunto a Lola Moral, colorista gráfica y artista multidisciplinar, que me explica que para ella el color es una herramienta que sirve para contar una historia, para filtrar o falsear la realidad hasta conseguir una apariencia determinada que la haga comprensible, que le dé profundidad a la historia que se cuenta. Necesitamos el color, vivimos el color, nos comunicamos a través del color o de la falta de color. Nos aporta información sobre nuestro entorno, nos advierte de peligros, modela nuestro estado de ánimo; es, ante todo, un lenguaje, señala.

Así que allí estaba yo, esperando saber cuál era el color que sustituiría al elegido en 2024, el Peach Fuzz 13-1023. No te engañaré: cuando me enteré de que el seleccionado para el 2025 era el Mocha Mousse 17-1230 no me emocionó. A mí que me gustan los colores algo más llamativos, me decepcionó un poco; al fin y al cabo, veníamos de un color melocotón, me hubiera gustado algo un poco más vibrante. Pero, a juicio de quienes lo eligieron, el Mocha Mousse 17-1230 es «una cálida tonalidad marrón imbuida de una riqueza inherente que transmite la deliciosa calidad del cacao, el chocolate y el café, apelando a nuestro deseo de bienestar. Un marrón suave y cálido que apela a nuestro deseo de comodidad y placeres sencillos». Y la verdad es que, después de esta explicación, me convencieron, porque de bienestar, comodidad y sencillez siempre andamos escasos.

Pero vamos a lo importante. Detrás de esta elección aparentemente estética, hay mucho más y te afecta directamente, aunque creas que no. Este año en los escaparates de las tiendas de moda y complementos veremos mucho Mocha Mousse, también lo encontraremos en los complementos para la decoración del hogar y más de una (e incluso más de uno) reflexionará sobre si el Mocha Mousse entra dentro de su colorimetría. Esto de la colorimetría me tiene fascinada. María Francés, consultora de imagen, me cuenta que las personas que acuden a su consulta buscan usar el color para proyectar autoridad, confianza o cercanía, dependiendo de sus objetivos personales o profesionales. Es una cuestión que en los últimos años ha trascendido de lo estético para convertirse en una herramienta de comunicación, ya que los colores que elegimos pueden influir en cómo nos perciben los demás y cómo nos sentimos. Con pequeños cambios en el uso del color se puede transformar la forma en que una persona se presenta al mundo.

Esto me confirma que, como bien señala Pantone, esta decisión no es meramente estética: detrás hay muchas industrias dispuestas a hacer lo necesario para que no se nos olvide el Mocha Mousse. De hecho, ya puedes encontrar empresas de telefonía, de interiorismo, de cosmética, de ropa o incluso de pósits (esas notas autoadhesivas) que ofrecen productos en ese color. Ya nos lo demostró Miranda Priestly (o lo que es lo mismo, Meryl Streep) con el azul cerúleo en *El diablo viste de Prada*. Que cada cual elija, o no, vestir este año de color Mocha Mousse (es decir, moca) será el fruto de una serie de decisiones más o menos pensadas y motivadas por diversas circunstancias personales y sociales, pero que tienen que ver con nuestro cuerpo y cómo queremos que nos perciban.

Y te preguntarás: ¿y esto qué tiene que ver con la prehistoria? Obviamente, la visión y la concepción moderna acerca de lo que significa el color aplicado al cuerpo difiere mucho de la concepción prehistórica. En la prehistoria no había posibilidad de vestir de Peach Fuzz o azul cerúleo, aunque el moca sería menos complicado, pero a pesar de ello uno de los indicadores que se emplea para demostrar la conducta simbólica de las poblaciones del pasado es la utilización de los pigmentos en distintos rituales, o para procesar pieles, o como pintura del cuerpo, o para tintar tejidos, eso sí, con colores limitados: marrones, negros, rojos, blancos... Colores aplicados en ropa, en adornos o directamente sobre la piel que pueden ser considerados como prescindibles pero que llevamos usando desde el Paleolítico superior. ¿Son realmente tan innecesarios? Es verdad que el tejido con el que hacemos una prenda de vestir no abriga más o menos porque tenga un color u otro, pero ¿es esa su única función?

Si hay algún pigmento que nos ha acompañado desde nuestros orígenes como especie ese es el ocre. El ocre es un mineral de óxido de hierro hidratado frecuentemente mezclado con arcilla, que se usaba (y se sigue usando en muchos lugares del mundo) con múltiples funciones, desde la pintura corporal hasta la protección solar o la higiene capilar, pasando por su uso como pigmento, como adhesivo, como abrasivo, como medicina, como ingrediente para curtir pieles o para conservar alimentos y, como veremos, también para prácticas funerarias. Y por supuesto también, en el arte rupestre.

Las primeras evidencias seguras de su explotación son los 176 fragmentos de este material aparecidos en el yacimiento de Twin Rivers en Zambia, que pueden tener una antigüedad de hasta 600.000 años. Estos fragmentos, con una gama de colores que va desde el amarillo al púrpura oscuro, sugieren la existencia de una paleta variada con diversos matices de color. En Europa, los primeros hallazgos se vinculan al uso de estos pigmentos por parte de poblaciones neandertales, aunque, como en el caso africano, no está clara aún su funcionalidad, para qué lo usaban. Entre las hipótesis sobre los usos que las poblaciones neandertales pudieron darle al ocre, puede estar la producción de fuego desde hace al menos 250.000 años. Se ha documentado su presencia en yacimientos arqueológicos como los de Maastricht-Belvédère, al sur de los Países Bajos, o varios yacimientos franceses como Pech de l'Azé.

En cualquier caso, parece claro que la explotación del ocre se produce de manera indudable con nuestra especie, es decir, humanos anatómicamente modernos que los empezarán a usar en representaciones figurativas, huellas de manos en negativo y positivo, signos, líneas o puntos sobre las paredes de abrigos y cuevas o para decorar objetos. Es decir, nuestra capacidad simbólica se expresa también a través del color, de colorear lugares, objetos y cuerpos. De hecho, el uso del ocre por parte de las poblaciones cazadoras y recolectoras se asocia con la aparición de la complejidad cognitiva.

Eso sí, demostrar arqueológicamente el uso del ocre como pigmento para decorar el cuerpo es difícil no, lo siguiente. Podemos hacerlo a través de inferencias. Si a partir del Paleolítico se usan adornos personales es muy probable que en algún momento el ocre también se aplique con la misma intención sobre la piel humana para crear elementos figurativos o geométricos. Y también podemos recurrir a la etnografía: existen muchos ejemplos de poblaciones actuales, sobre todo en lugares del África subsahariana y de Australia, en las que pintarse el cuerpo con ocre expresa multitud de significados, desde comunicar estatus social a atraer la fertilidad, o se usa en ritos de iniciación.

En cualquier caso, su uso decorativo sobre el cuerpo ha sido propuesto también en yacimientos de la península ibérica tales como la Cueva del Toro (Antequera, Málaga) en los inicios del Neolítico, cuando las poblaciones adoptan la agricultura y la ganadería como formas de obtener el alimento. Los objetos usados para el adorno del cuerpo, como brazaletes, colgantes o cuentas de collar, están impregnados de este material rojizo, y las hipótesis planteadas van desde que se empleara como material abrasivo en la fabricación de estos objetos a que fuesen coloreados intencionalmente o que se haya producido una transferencia accidental desde los cuerpos pintados a los objetos, sobre todo cuando esa transferencia ocurre en los lugares en los que los adornos rozan o están sujetos a alguna parte del cuerpo constantemente.

Pero quizá donde sea más fácil observar las características simbólicas del uso del color sobre el cuerpo sea en el ámbito funerario, como parte de rituales de enterramiento, una actividad que tenemos registrada desde el Paleolítico superior. Una de las muestras más conocidas es la Dama Roja de la Cueva de El Mirón (Ramales de la Victoria, Cantabria), enterrada hace unos 18.700 años con un ritual muy elaborado que incluía una serie de grabados asociados al sexo femenino, entre ellos un motivo en forma de V que podría simbolizar un triángulo púbico. Su cuerpo se dejó descomponer al aire libre y después, antes de enterrarlo, lo cubrieron con ocre. En un momento posterior, la sepultura se volvió a abrir y se extrajeron los huesos largos y el cráneo, y el resto del cuerpo fue cubierto de nuevo con ocre antes de volverla a enterrar. Sin duda se trata de un enterramiento extraordinario, vinculado a una persona que también lo fue.

Ejemplos de estos usos hay muchos. A finales de los años ochenta se excavó la necrópolis del asentamiento mesolítico de Gøngehusvej 7 en Vedbæk (Dinamarca). Estas poblaciones mesolíticas son las últimas cazadoras y recolectoras previas a las sociedades neolíticas que ya producen alimentos mediante la agricultura y la ganadería. Pues bien, durante los trabajos arqueológicos se documentaron varias sepulturas datadas hace 7.000 años entre las que destacan la tumba doble de una mujer de unos cuarenta años y una criatura de unos tres años. La mujer habría sobrevivido a un fuerte golpe en la nuca, una lesión tan grave que podría haberle causado algún daño cerebral y potencialmente haberle provocado una disminución de la audición o la visión. Sus cuerpos habían sido rociados con ocre y se colocaron cuentas hechas a partir de dientes de ciervo rojo y corzo, jabalí, alce, oso y uro. Junto a la cabeza de la mujer había una horquilla de hueso y es posible que llevara un gorro confeccionado con la piel y plumas de un ave, probablemente un somormujo, del que hoy solo se conserva el pico. Sobre su pecho había dos agujas de tejer y unas pezuñas de corzo que formarían parte de la capa con la que habrían envuelto el cuerpo.

Y aún un último ejemplo del uso del color en las poblaciones prehistóricas que vuelve a vincularnos a las mujeres, un poco más, a la aplicación del adorno, en este caso del color, sobre nuestros cuerpos. Nos trasladamos al sureste de la península ibérica durante la Edad del Bronce, a la cultura de El Argar, hace unos 4.000 años. El uso de sustancias colorantes lo podemos atestiguar por la presencia de pigmentos en morteros de piedra o cerámica en yacimientos como San Antón (Orihuela, Alicante) o el Cerro del Cuchillo (Almansa, Albacete). El que encontremos estos pigmentos tiñendo los huesos y otros restos en las sepulturas nos permite vincular directamente al uso como elemento de manifestación de identidad. Las razones por las que esos huesos estaban teñidos pueden ser fundamentalmente dos: que provinieran de los tintes aplicados a los tejidos que bien como sudarios, bien como vestimentas, llevaban las personas fallecidas, o que los cuerpos fuesen impregnados con ocre o cinabrio al enterrarlos según un ritual determinado. Al desaparecer los tejidos, tanto los textiles como los humanos, ese pigmento terminó depositándose en los huesos.

En cualquiera de los dos casos, y por lo que nos muestra hasta ahora la evidencia arqueológica, los residuos de pigmentos, como el ocre o el cinabrio, que aparecen en las tumbas argáricas se asocian de forma muy evidente a los enterramientos femeninos. De hecho, cuando se han detectado estos pigmentos en un enterramiento, de hombre y mujer, son los restos de la mujer los que presentan las tinciones. El estudio realizado sobre varias necrópolis de ese momento muestra que los restos de colorante aparecen situados en la frente, la mandíbula, los hombros, los codos, las caderas, las rodillas y los tobillos de las mujeres, mientras que en el caso de que la tinción aparezca en una sepultura masculina solo se limita a la zona de la frente. Esta profusión y cantidad de lugares en los que aparece podría incluir tanto el teñido de ropa, el maquillaje corporal o la decoración de otros elementos de adornos como brazaletes, cintas o anillos de diversos materiales. Un dato más: esa utilización del color rojo sobre los cuerpos de las mujeres se vincula a enterramientos con ajuares de relevancia, lo que mostraría que, además de su identidad de género, el estatus social de estas mujeres también formaría parte del proceso de reconocimiento de su identidad. Este ejemplo evidencia de nuevo el mayor uso del cuerpo de las mujeres para manifestar su identidad. Como vimos en un capítulo anterior, a esto hay que sumar que las mujeres de las élites argáricas, las de estatus más elevado, vinculaban su identidad al uso de diademas, relacionadas con sus cuerpos, mientras que los hombres lo hacían con otros objetos, digamos, extrasomáticos, como las espadas o las alabardas. Ambos ejemplos nos muestran esa idea repetida de que los hombres se identifican con objetos y tecnología, es decir, con la cultura, para contar quiénes son, mientras que las mujeres se vinculan a sus cuerpos, o sea, a lo natural y biológico, para expresarse.

8

TU CUERPO ES UN MAPA

Yo llevo el anillo de casada en la mano izquierda. Me he informado. La costumbre dice que, en nuestro país, el anillo de casada va en el dedo anular de la mano derecha, excepto en la Comunidad Valenciana y Cataluña, que se lleva en la mano izquierda. Hay una antigua creencia romana según la cual este dedo, el anular de la mano izquierda, está conectado directamente con el corazón a través de una vena llamada «vena amoris» o «vena del amor». Le pregunto a mi colega del mundo romano de referencia, Néstor F. Marqués, y me dice que posiblemente esa es una interpretación de época medieval e incluso moderna, y que ese concepto como tal no aparece en la tradición romana. Pero me cuenta que Macrobio en las *Saturnales* (Libro VII, 13) hace referencia a esta idea cuando se dice que «alguna contestación nos había llegado de Egipto, sobre lo que yo dudaba si denominarlo fábula o verdadera razón, pero lo he encontrado como verdadero posteriormente en los libros de los anatomistas consultados: un nervio nacido del corazón prosigue hasta el dedo de la mano izquierda menos cercano y allí acaba enredado con los demás nervios del mismo dedo; y por ello pareció a los antiguos que aquel dedo debía rodearse con un anillo como si fuera una corona».

Mis razones para llevarlo en la mano izquierda no tienen nada que ver con eso. Yo lo llevo en esa mano porque en la derecha me gusta usar anillos grandes, y me estorbaría. Así que me lo coloco en la izquierda, motivo banal que espero que no dé muchos quebraderos de cabeza a quienes hagan arqueología en el futuro. Aunque creo que, como optaré por la incineración, tampoco va a importar mucho. ¡Qué arqueóloga tan poco solidaria con sus compañeros y compañeras del futuro!, me dirás. ¡Es lo que hay!, te responderé yo.

Volvamos al tema que nos ocupa. Cuando hablamos del adorno, tan importante es lo que te pones como dónde te lo pones, porque un mismo objeto en lugares diferentes del cuerpo puede estar dándonos distinta información sobre la identidad: de género, de edad, de procedencia o de estatus social. Y a esto hay que sumar además que cuando hablamos del adorno debemos atender a tres niveles que pueden tener significados distintos. El primero, el del objeto en sí, a través de su forma, su color o su diseño. El segundo, el que determinados objetos solo se entienden como conjuntos; es decir, por ejemplo, los aretes o pendientes deben (o al menos suelen) ir en pares. De hecho, en algunas sepulturas de la Edad del Bronce en Europa hace alrededor de 3.500 años, esto de ir en pares no se limita a los aretes, porque encontramos brazaletes iguales que se colocan en ambos brazos y que por sus características parece que se diseñaron para ser usados de esa manera y no por separado. Te diré más: en algunas ocasiones sus usos son aún más específicos, ya que ciertos tipos de pulseras o brazaletes estaban diseñados específicamente para ir bien en la parte superior del brazo, bien en la parte inferior. Y así los hemos encontrado.

Y el tercer nivel de significado es el que se relaciona con la forma en la que los objetos se componen y organizan sobre el cuerpo y se usan a la vez. Esto se ha documentado, por ejemplo, en sepulturas femeninas de la Edad del Bronce en Dinamarca, en las que encontramos por un lado objetos que se manufacturaron a la vez para aparecer como conjuntos, es decir, brazaletes, alfileres, aretes, etc., que tienen el mismo diseño y que se crean para ser llevados juntos; en otras ocasiones, lo que aparece es una combinación de adornos que se produjeron en varios talleres y con diferentes grados de desgaste por el uso, pero que se utilizan como si fueran un conjunto. La ubicación en el cuerpo y el patrón similar de desgaste en estos objetos indican que tanto los fabricados como conjuntos como los que se componían con adornos usados se utilizaban de manera similar y con los mismos tipos de ropa. Si no puedes disponer de un conjunto fabricado ex profeso, te lo haces con lo que tengas en casa. Pero te lo haces, porque llevarlo posee cierto significado para esas sociedades.

De hecho hay un ejemplo precioso de cómo estos tres niveles de significado funcionan y nos ofrecen distinta información. El estudio a gran escala que se realizó sobre los cuerpos de mujeres y sus adornos en varios territorios distintos entre sí de la Edad del Bronce en el sur de Alemania supone una buena muestra de cómo estos adornos femeninos reflejan la complejidad de las identidades sociales y cómo se comunican. En el primer nivel, el del objeto. Cada uno de los objetos por separado nos informa sobre el lugar de origen de la persona. En el diseño de estos adornos podemos ver las particularidades regionales de fabricación, por la forma o si contienen determinados símbolos propios de una cultura en particular. El segundo nivel, el que habla sobre cómo se combinan los objetos, nos muestra, en este caso, la capacidad que tenía quien los llevaba de mantener contactos con otras personas de otros lugares; es decir, en ocasiones, además de los objetos y diseños representativos de la zona, esas mujeres llevaban otros que pueden considerarse «exóticos», lo que supone que habían tenido la posibilidad de entrar en contacto con otras personas o de intercambiar esos adornos. En estos dos primeros niveles debemos tener en cuenta además que las diferencias en el número de objetos y la calidad de los materiales o la complejidad de su diseño nos están indicando la posición social dentro de la comunidad de cada una de estas mujeres. Pero lo más curioso es que, independientemente del lugar del que procedieran, hay una cosa que las homogeniza, y es ese tercer nivel de significado: cómo se colocan los objetos sobre el cuerpo. Aquí encontramos dos modelos. Las mujeres que llevan los adornos centrados sobre todo en la zona del pecho y las que los agrupan en el área de la cintura, lo que crea una división visual de las mujeres en dos grupos, independientemente del lugar del que procedan. ¿Qué te parece? Es cierto que no sabemos el significado de esa localización, pero lo importante es que la identidad femenina es más potente que la territorial o geográfica.

¿Sucede lo mismo con los hombres? Los hombres se adornan mucho menos, pero lo hacen también; sí que usan este tipo de objetos y también manifiestan riqueza o acceso a objetos de prestigio, pero lo que está claro es que no existe esa división en dos grupos tan claros como en el caso de las mujeres. Aunque también te digo que el adorno de los hombres, la cultura material, no ha sido estudiado con el mismo detalle que el de las mujeres. Se persiste en la idea de que en nuestro caso sí que importa cuál es nuestra apariencia porque nos define, pero en los hombres no es necesario estudiarla porque los definen otros objetos. Otra vez un sesgo hecho desde nuestro presente que posiblemente nos esté haciendo perder información tremendamente interesante.

Como has podido observar, en arqueología, conocer

cómo se usan y colocan estos adornos, tanto los que se ponen directamente sobre el cuerpo (brazaletes, aretes, anillos, collares) como los que forman parte de una vestimenta concreta (botones, alfileres), nos puede aportar distinta información. Porque, sin ninguna duda, la construcción de la apariencia tiene que ver con comunicar algo concreto. Algunas combinaciones y composiciones parecen asociarse en exclusiva con el género; otras pudieron estar vinculadas a una edad o un grupo social en particular. Es lo que se llama «tecnología de la apariencia». Una tecnología que efectivamente nos informa sobre la identidad, pero, sobre todo, sobre los cambios en esa identidad. Te cuento.

Tú no te has adornado siempre igual y ya no se trata de gustos o modas, que también, sino de que en muchas ocasiones atiendes a imposiciones. Y de nuevo el cuerpo de las mujeres está mucho más «marcado» por esas estrategias. Por ejemplo, si eres mujer y tienes una determinada edad, los agujeros de las orejas casi venían de serie porque una de las primeras transformaciones que sufrimos en nuestro cuerpo es precisamente ese: con apenas horas o días de vida, ¡zasca!, los agujeritos para que te pudieran poner tus primeros pendientes. Es cierto que eso no pasa ya, o no con la misma intensidad, pero a muchas de nosotras nos pasó.

Pues en las sociedades prehistóricas sucede igual, el dónde y, principalmente, el cómo se combinan o se conjuntan esos elementos de adorno nos ofrece mucha información. Sobre todo porque la capacidad de elección de las mujeres en la Edad del Bronce de elegir y combinar era mucho más limitada; por la variedad de objetos disponible, sí, pero en especial a causa de las imposiciones sociales. Tú ahora te quitas los pendientes y ya está, igual que te pones el anillo de casada donde te apetece o no te lo pones en ningún sitio, y no pierdes tu condición. Pero ellas no tenían esa misma posibilidad.

Sin embargo, lo más interesante de todo esto es que, al igual que tú —aunque, como he dicho, ellas de manera mucho más dirigida—, lo que están mostrando es una identidad sirviéndose de su apariencia, una apariencia que está diseñada para que se vea, para que desde el primer momento la gente pueda formarse una opinión. Le pregunto a mi amiga Eloísa, que diseña joyas y adornos, en qué piensa cuando las hace, y me cuenta que para ella funcionan a muchos niveles porque cree que a la gente que las llevará también le sugerirán cosas distintas. «Para mí —me dice— es importante que no solo sea bonito, sino que cuente una historia, que comunique algo sobre la persona que lo lleva y que esa persona al llevarlo también revele quién es, que estos accesorios le sirvan si quiere, incluso, para salir de la norma.»

Fíjate qué curioso: nosotras, vosotros, que tenemos una capacidad de elección como no hemos tenido nunca en la historia, también necesitamos del adorno, no solo para ajustarnos a la identidad normativa o *fashionista*, sino también, o sobre todo, para salirnos de esa norma. Tienes que mostrar que perteneces a un grupo, pero a la vez debes ser original y destacar. Al expresarse todo esto con objetos, tenemos la capacidad de reconocer, clasificar e investigar esos códigos ahora y en el pasado.

Volvamos a la prehistoria. Como te he comentado, en esos cuerpos también podemos ver el cambio en la identidad de las personas, y ese cambio a veces tiene que ver con la edad. Vamos a dejar la Edad del Bronce por un momento y nos vamos a ir algo más atrás y a otro lugar, a la Turquía neolítica, a ver cómo se usaban los labrets o piercings labiales.

El yacimiento neolítico de Boncuklu Tarla, situado en el sureste de Turquía, tiene una antigüedad de unos 11.000 años. Las excavaciones realizadas durante más de una década han sacado a la luz unos cien mil elementos decorativos, una cantidad increíble sobre todo de cuentas, que se utilizan en pulseras, colgantes con forma de animal, adornos para la ropa... No creo que haya un sitio donde la gente se haya adornado más que aquí.

Pues bien, en algunas de estas sepulturas se han encontrado hasta 85 adornos para ser usados en perforaciones cerca de las orejas y de la boca de la gente enterrada. Estaban fabricados en materiales como piedra, cobre y obsidiana, y, aunque se podía intuir su función, sobre todo como aretes o pendientes, las investigaciones sobre los cuerpos han desvelado un uso distinto. Se utilizaban como labrets, esos adornos que se colocan entre el labio inferior y el mentón. Y ¿sabes cómo lo han averiguado? Por las marcas que dejaban estos objetos en los dientes, por el desgaste dental en los incisivos inferiores, que corresponde a los patrones de abrasión de este tipo de adorno.

Pero, además, de este yacimiento hemos aprendido no solo cómo se usaban, sino quiénes los usaban, y esto tiene que ver con el cambio en la vida de las personas. Aunque las criaturas, los niños y las niñas, se enterraron con colgantes y cuentas, no se han encontrado labrets en sus sepulturas, así que es muy probable que no usaran estos adornos y que llevarlos hubiera marcado rituales relacionados con la adultez en estos grupos neolíticos.

Volvamos una vez más a la Edad del Bronce, nos movemos hasta hace unos 3.500 años y volvemos a ver cómo lo que se espera de nosotras vuelve a manifestarse en el uso de nuestro cuerpo.

Uno de los elementos de adorno, aunque aquí la verdad es que me cuesta usar esta palabra porque casi lo considero más un objeto de tortura, es la aparición a finales de la Edad del Bronce en Europa central de una serie de nuevas piezas ornamentales muy elaboradas y únicas que debieron haber creado un efecto sorprendente, simbólico, visual y audible. En un momento determinado, las mujeres empiezan a utilizar pares de anillos o espirales unidos por una cadena que se sitúan en las piernas —a modo de esposas, sí, lo habías entendido—, lo que, como imaginas, debió haber afectado drásticamente a los movimientos de estas mujeres y provocado una forma distintiva de caminar. A mí no me cabe duda de que esto es una manifestación simbólica y material de control social sobre las mujeres. ¿Te has parado a pensar porqué las esposas (de las fuerzas y cuerpos de seguridad) se llaman así? ¿Será porque inmovilizan?

Y no, no pienses que probablemente solo se utilizarían a la hora de enterrarlas —ojo, que ya me parecería fuerte desde el punto de vista simbólico—, es que sabemos que las usaban a diario. Lo sabemos ya no solo por el desgaste que causan estos objetos al rozar con las piernas, lo que indica un uso muy prolongado y no puntual, sino también porque hace unos 2.500 años, en el asentamiento fortificado de Wicina, en Polonia, se produjo un asalto muy violento en el que murió buena parte de la población y estos elementos aparecen en los cuerpos de las mujeres que murieron en ese ataque. Los llevaban puestos siempre.

Más allá de la vertiente glamurosa y divertida del adorno en la actualidad, de las obligaciones más vinculadas a lo estético pero siempre relacionadas con la identidad y de las reivindicaciones sobre cómo debemos parecer en el presente, estos objetos de la Edad del Bronce bellos, sofisticados y costosos suponían para estas mujeres una marca más en el mapa de sus cuerpos. En lo que eran, quisieran o no.

9

EL CUERPO Y LOS SENTIDOS

El cuerpo es también lo que experimentamos con él: el frío, el calor..., el escalofrío, la emoción que hace que se nos erice el vello, la lagrimilla que se te escapa cuando alguien te dice algo bonito, el dolor de pillarte el dedo con el cajón, el miedo que sientes en el cogote, las risas que provocan (a veces) las cosquillas, el olor que nos avisa de que algo no va bien, la dentera que sientes cuando alguien arrastra las uñas por la pizarra, el umami, que yo sinceramente no he logrado saber qué gusto es, o el asco que le produce a mi hijo el brócoli, con lo que a mí me gusta.

Las emociones se manifiestan todas a través del cuerpo, que reacciona ante el miedo, el placer, la satisfacción, el dolor... Todas se expresan a través de mecanismos corporales. Pero tus emociones son manipulables, lo sabes, ¿verdad? Así funciona el marketing o la política, por ejemplo. Buscan utilizar nuestras emociones para convencernos de algo, y esa emoción al usar nuestro cuerpo para expresarla, tan inseparable de lo que somos, la sentimos como una verdad, aunque no lo sea.

Pero ¿y en la prehistoria? ¿Podemos intentar entender cómo se experimentaban o se usaban las emociones? Ya te digo yo que sí. Lo podemos hacer mediante dos tipos de evidencia. Por un lado, los esfuerzos que se hacen desde quienes quieren provocar las emociones y que se materializan en la construcción de lugares u objetos, y, por otro lado, la respuesta a esa emoción provocada, que también se manifiesta en elementos materiales.

Imagina. Equinoccio de otoño. Hace 5.000 años, interior del dolmen de Viera (Antequera). Amanece. Estás dentro del dolmen. Ves cómo la luz empieza a entrar por el corredor, probablemente te estremezcas; paulatinamente va llenando todo el espacio, poco a poco avanza y te alcanza, sigue su camino sin que le importes mucho y, de pronto, se para. Se detiene justo en el umbral de la cámara donde se deposita a quienes mueren. De ahí no pasa la luz. Como si no se atreviera, como si ese no fuera su mundo. Tú, que no conoces cómo giramos alrededor del sol, que no entiendes la física que hay detrás de todo esto, te mueves entre el asombro y el alivio: el asombro por que esto haya vuelto a pasar, el alivio por que esto haya vuelto a pasar. Significa que el ciclo comienza de nuevo. Que está todo bien.

El que el sol en su ciclo anual alcance determinados lugares es natural; la construcción que conduce al sol de determinada manera para provocar ese efecto no lo es. Es humana. Premeditada, medida, buscada. No es casualidad que los tres monumentos que conforman el Conjunto Arqueológico Dólmenes de Antequera —el dolmen de Menga, el de Viera y el tholos de El Romeral— estén unidos por un hilo invisible. Si trazáramos una línea desde el centro de Viera y la hiciésemos pasar por el centro de Menga, llegaríamos al centro de El Romeral, a pesar de estar separados por unos cuantos kilómetros de distancia y por dos mil años en su construcción. La expresión de las emociones en el paisaje es la misma. Se usan el territorio y la arquitectura para provocar emociones, emociones que crean sentido de pertenencia, de comunidad, de identidad, y que a veces enmascaran otras estrategias de poder y de control por parte de un grupo determinado.

Pero si existe algún ejemplo paradigmático del uso del cuerpo y los sentidos para motivar reacciones emocionales a determinadas creencias ese es el del mundo ibero. No en vano, las principales y más frecuentes ofrendas que se realizan en sus santuarios son precisamente representaciones de cuerpos en miniatura, normalmente en bronce, a las que denominamos «exvotos». Así que me voy en busca de mi compañera y amiga Carmen Rueda, sin duda una de las mayores especialistas en exvotos iberos que tenemos en nuestro país, y le pido que me explique cómo esas pequeñas figurillas de bronce suponen una ventana al conocimiento de las formas en las que estos pobladores de la península ibérica experimentaban sus creencias religiosas hace 2.400 años.

Y me cuenta que los exvotos son objetos que se diseñan y manufacturan única y exclusivamente para su uso ritual y que solo se encuentran y se entienden en estos espacios rituales: no son retratos, no son juguetes... Unos objetos realizados de manera individualizada, particular, con esquemas y modelos que reproducir, por supuesto, pero que no se producen en serie. No hay moldes, son únicos. Cada uno de estos exvotos representa exactamente lo que quiere representar, con más o menos detalle, pero con una alta calidad muy estandarizada. Con estas figurillas se personifican todo tipo de identidades —de edad, de género, de creencias...— y encarnan además a un rango muy amplio de la población: aquí no están solo las élites, se representa a la ciudadanía. Estos exvotos no son diosas ni dioses —estos se manifiestan de otra manera, más etérea, lo verás algo más adelante—. Los exvotos representan grupos sociales, personas.

En ellos podemos vislumbrar gestos, posiciones corporales, ropajes, adornos, peinados, máscaras, pinturas corporales, rostros; en ocasiones parece que se movieran, todos de una enorme heterogeneidad, para plasmar momentos esenciales de la vida de las personas: el rito de paso de la adolescencia a la adultez, el matrimonio, el embarazo y la reproducción, o la enfermedad y la sanación. Estas representaciones han sido especialmente útiles para reconstruir las vidas y las identidades de las mujeres en época ibera. Ellas son las protagonistas tanto de eventos simbólicos y rituales como de actividades cotidianas.

En ocasiones, los cuerpos aparecen con algunos de sus miembros representados de forma exagerada; en otras solo encontramos determinadas partes del cuerpo. Y se resaltan precisamente aquellos rasgos que tienen que ver con los sentidos, con la percepción, con la capacidad de comunicarse con la divinidad. Algunos santuarios se sitúan en cuevas, como los de Collado de los Jardines y la Cueva de la Lobera, a ellos solo se puede acceder después de un largo itinerario siempre ascendente, siempre hacia arriba, y en estos lugares hallamos imágenes que miran hacia las alturas, un gesto que las personas que acuden a estos lugares seguramente han repetido una y otra vez hasta llegar al lugar sagrado: cada vez que alzan los ojos, están más cerca de su objetivo.

Son figuras que se representan descalzas, porque estar en ese lugar sagrado también se relaciona con el tacto, con la sensación que hace conectar con lo telúrico, con la tierra que pisan. Y, por último, se representan grandes ojos y orejas —la vista y el oído—: la vista, que permite experimentar la aparición de la divinidad; el oído, que recoge cantos, músicas y sonidos que se repiten, en ocasiones una y otra vez, y que llenan los santuarios en días especiales. Son procesos con una enorme carga sensorial. La prueba de que esos exvotos representan el deseo de comunicarse es precisamente que esos grandes ojos y esas grandes orejas representan, además, el gesto de estar orando.

Ojos que quieren atrapar fenómenos visuales como la hierofanía, una particular manifestación de la divinidad. Porque en uno de esos santuarios, el de la Cueva de la Lobera (Castellar, Jaén), en los equinoccios, al igual que en Viera desde hace cientos de años, el sol también juega con las emociones y, en un momento determinado, al entrar por las aberturas de la cueva y llegar a la pared del fondo, deja ver la silueta de la diosa. Es solo un instante, aparece y desaparece, y no todo el mundo tiene acceso a esa visión, no todos pueden verla, pero cada una de las personas que se ha desplazado desde Cástulo o desde Baécula, la ciudad más cercana, o desde otros pequeños caseríos de la zona espera que le digan que el fenómeno ha vuelto a suceder. Porque, al igual que el de Viera, probablemente les asombre tanto como les alivie. Y, al igual que en Viera, en la Cueva de la Lobera hace 2.400 años también se ayuda al sol en su recorrido y se talla en la roca el perfil de la diosa. Echémosle una mano a la divinidad.

Las mujeres, lo femenino, forma una parte esencial de estos rituales. En muchas ocasiones el rito no se entiende si no es en pareja, una pareja ataviada de la misma forma, con ligeras variaciones que distinguen el género; mujeres y hombres jóvenes que se dirigen juntos en procesión hacia el santuario donde participarán en el rito de paso que los convertirá en adultos; mujeres y hombres que se unen en ceremonias nupciales. Pero además ellas tienen sus propios miedos, deseos y preocupaciones, relacionadas, sobre todo, con la reproducción. Son mujeres que tienen primero el deseo de quedarse embarazadas, después el deseo de que el embarazo vaya bien, finalmente el deseo de que el parto se produzca sin incidencias. Y todas esas peticiones, todos esos deseos van acompañados de la materialidad de los exvotos. El santuario de Collado de los Jardines (Santa Elena, Jaén) nos ha proporcionado un riquísimo catálogo de exvotos femeninos, como el que representa a una mujer que cruza sus brazos, la mano derecha descansando sobre el vientre, la izquierda sobre el pecho. El primer gesto se refiere a la gestación; el segundo, a la alimentación de las criaturas. Pero también aparecen en este mismo lugar exvotos que son úteros, exvotos que representan mujeres embarazadas, exvotos que, con grandes ojos y grandes orejas, piden y ofrecen.

Sin embargo, también las mujeres forman parte de la divinidad. A ellas se les implora, se les ruega, se las hace protagonistas de rituales sensoriales. Lo hemos visto con la diosa que se «aparece» en la Cueva de la Lobera. Y lo podemos ver también en el oppidum de Puente Tablas, en las inmediaciones de la ciudad de Jaén, un poblado situado en un cerro amesetado y bien fortificado. Allí cada año, en los equinoccios de primavera y otoño, se vuelve a producir el prodigio. La diosa toma cuerpo en una estela en piedra escasamente trabajada pero en la que podemos distinguir el manto, los brazos esculpidos sobre el vientre, sus manos sosteniendo un elemento circular, quizá un sol, y una tiara que cubre su cabeza. Mide algo más de un metro de altura.

Hace 2.400 años la diosa fue colocada en el centro de una de las puertas de entrada al poblado. La que ahora llamamos Puerta del Sol. Está enmarcada entre dos bastiones y junto a ella se levanta el santuario dedicado a la divinidad solar. Allí, en ese refugio, la diosa permanece la mayor parte del tiempo. Hasta que comienza el nuevo ciclo, llega el equinoccio y reclama su protagonismo. La estela recibe la primera luz del amanecer, el sol sale por la cima de una pequeña colina, penetra por el corredor que forma la puerta e ilumina a la diosa. Imagina el momento para quienes estuvieran allí. Cuando unos minutos después el sol sigue alzándose, la luz se mueve y, al encontrarse con el dintel de la puerta que impide su paso, este proyecta una sombra que deja a oscuras a la diosa, mientras a su alrededor recibe la luz. Un segundo efecto sensorial. El sol sigue moviéndose y ahora penetra en el santuario, donde después volverá la diosa. Todo ello genera una escenografía impactante y emocionante de lo sagrado, una experiencia que ayuda a fortalecer las identidades colectivas, que se sienten parte de un acontecimiento mítico, de una historia que es la suya. Una en la que las mujeres forman parte en lo cotidiano y en lo simbólico.

10

CUERPOS MATERNOS

«La alta mortalidad infantil en la prehistoria no se debió a negligencia materna, revela un nuevo estudio», rezaba un titular del 21 de noviembre de 2021 en la revista *National Geographic*.

«Mátame, camión», pensé de inmediato.

El cuerpo del artículo continuaba: «Un estudio llevado a cabo por la Australian National University (ANU) ha puesto sobre la mesa la posibilidad de que las altas tasas de mortalidad infantil en la prehistoria tuvieran su causa en las altas tasas de nacimientos de niños y no tanto en un cuidado deficiente hacia ellos. Esto pone en duda las teorías acerca de las muertes infantiles que afirman que una supuesta negligencia maternal era la causa de ello».

Pero ¿qué teorías? ¿Es que alguien de verdad había pensado que el elevado número de muertes de criaturas durante la prehistoria se debió a que las madres no sabían (o no les daba la gana) cuidar de ellas? En conclusión, que en la prehistoria las mujeres nos dedicábamos a nuestras cosas sin importancia y encima lo poco que hacíamos, lo hacíamos mal.

En realidad el análisis de los datos de mortalidad infantil publicados señala que el número de fallecimientos antes de la pubertad hasta bien entrado el siglo XVIII en todo el mundo era de entre el 40 y el 50 por ciento. Teniendo en cuenta estos números, significaría que no hemos «aprendido» a ser buenas madres hasta hace relativamente poco tiempo y tampoco en todas partes del mundo, no te creas.

Respiremos un poco. Lo que ese estudio científico señala es que el que nazca un número tan elevado de criaturas hace que la cifra de muertes también sea muy alta. Y chimpún. Ya estaría. Pero que nadie deje pasar la oportunidad de ponernos en la picota como madres... Vamos a pensar un poco. Las condiciones de vida durante la prehistoria no eran fáciles, eso seguro, y desde luego no se disponía de todas las herramientas tecnológicas y sanitarias de las que disponemos hoy en día. De modo que sí, morían muchas criaturas por problemas derivados del paso de la alimentación mediante leche materna a la alimentación adulta en condiciones higiénicas sanitarias muy deficientes. Pero que no te quepa duda: la inversión emocional, de trabajo y de tiempo que implicaba el cuidado infantil en las sociedades del pasado era significativa e implicaba exigencias cognitivas muy complejas y habilidades especializadas, y además fue exitosa. Si no, no estaríamos aquí.

La realidad es que nos cuesta lidiar con la maternidad, colectiva e individualmente. Aunque parezca increíble, es un asunto difícil de encajar en una sociedad como la nuestra. También para el feminismo ha sido complejo trabajar sobre la maternidad. Los conceptos centrales de la teoría feminista —el sexo, el género, el cuerpo, el deseo, la conciencia, la experiencia, la representación, la opresión, la igualdad o la libertad— están implicados en su análisis desde distintas perspectivas. Así, la maternidad ha pasado por varios momentos, desde posiciones que argumentan que la maternidad está en la base y justifica el rol subordinado de las mujeres en la sociedad debido a que es la experiencia en la que sufren más la tiranía de la naturaleza, la biología y el control por parte de los hombres, hasta considerarla como una opción de las mujeres, que forma parte de su propia identidad y que no debe suponer un obstáculo para el desarrollo personal. Y en esos debates seguimos, sin saber cómo encajar la conciliación y la corresponsabilidad en nuestras vidas.

Pero lo que tenemos claro es que si hay alguna acción humana que transforma los cuerpos esa es sin duda la maternidad. Y esa transformación tiene consecuencias, acerca de cómo nos vemos nosotras pero también acerca de cómo nos observa la sociedad. Desde el momento en el que nos quedamos embarazadas se ponen en marcha mecanismos, tabúes y estrategias sociales que tienen que ver, sobre todo, con el cuerpo y que nos llevan a tomar unas decisiones y no otras. Sobre, por ejemplo, qué comer y qué no, o qué ejercicio hacer y cuál no, e incluso qué ropa ponernos y cuál no. Aún recuerdo que mi amiga Elena me trajo un maravilloso regalo cuando di a luz: jamón. Llevaba todo el embarazo quejándome por no poderlo comer —una gran tontería, pero qué quieres que te diga, me obsesioné—. No veas cómo me sentó aquel jamón buenísimo metido dentro del bollo de pan tan insípido del hospital. ¡Me supo a gloria!

Pero, además, en el cuerpo de la mujer embarazada se producen importantes cambios anatómicos y fisiológicos diseñados para hacer frente a las mayores demandas metabólicas del embarazo, garantizar el desarrollo exitoso del feto y permitir la supervivencia de ambos. Por resumir: los sistemas cardiovascular, respiratorio, hematológico, renal, gastrointestinal y endocrino sufren importantes adaptaciones fisiológicas, que también afectan al sistema musculoesquelético. Por ejemplo, la acción de la relaxina y la progesterona en los cartílagos y los tejidos conectivos de las articulaciones hace que estas sean más móviles. Además, las articulaciones sacroilíacas y de la sínfisis púbica se modifican de manera que el diámetro de la cavidad pélvica pueda aumentar para facilitar el crecimiento del útero a medida que avanza el embarazo y para ayudar en la salida del feto durante el parto. Y no solo eso: el útero en crecimiento ejerce presión sobre las vísceras abdominales, lo que hace que el diafragma se eleve unos 4-5 centímetros, mientras que la acción hormonal provoca una relajación de los ligamentos que conectan las costillas al esternón. Esto da como resultado un aumento de la caja torácica y de la circunferencia del pecho. La presión abdominal generada por la elevación del diafragma afecta predominantemente a las costillas inferiores y hace que se eleven y se expandan a medida que crean espacio para los pulmones. Estos cambios en la cintura pélvica y el tórax como consecuencia del embarazo se pueden reconocer cuando se examina el esqueleto de una mujer embarazada en una sepultura.

Pero en el embarazo y el parto no todo es biología. El conjunto de aspectos que tienen que ver con las experiencias de las mujeres tienden a naturalizarse, de manera que, como no corresponden a procesos culturales o sociales, no hay que explicarlos. Son así y ya está. Las actividades de mantenimiento, esas tareas relacionadas con el cuidado y la conservación de los grupos humanos, esas que solemos denominar «trabajo doméstico» en la actualidad, normalmente aparecen categorizadas ahí. Cosas sin importancia que nosotras hacemos porque está en nuestra naturaleza. Yo acostumbro a poner el ejemplo del parto para explicar que no es cierto. Uso el parto porque, *a priori*, nada puede ser más biológico que parir, pero entonces planteo una pregunta: ¿todas las mujeres en el mundo paren igual? En los mismos lugares, con la misma compañía, en la misma postura, con la misma atención médica... No, ¿verdad? Porque el parto también implica decisiones culturales y sociales dependiendo de las condiciones económicas, políticas o religiosas de las sociedades en las que se produce.

Una vez comprendida tanto la parte biológica como la cultural en el desarrollo de los embarazos y los partos, en los últimos años en arqueología se está empezando a indagar sobre la transformación de los dos cuerpos (no olvidemos el que se está gestando) y el nexo entre las madres y las criaturas durante el embarazo y en los primeros momentos de vida. Ahora tenemos estudios que tratan sobre salud infantil y materna, sobre la lactancia y la nutrición, sobre las primeras interacciones sociales y cognitivas en la vida temprana, y también sobre la ruptura del nexo y el desarrollo de enfoques para la muerte fetal y perinatal en el registro arqueológico, o a enfrentarse a la muerte de la madre y la criatura. Todo ello en las poblaciones de la prehistoria.

Aquí te voy a contar cosas sobre esta última línea de trabajo, la que tiene que ver con cómo lidian las distintas comunidades con los procesos de pérdida de las criaturas o de las madres y las criaturas. Te explico rápidamente la metodología. Para poder conocer cómo se experimentan socialmente y expresan materialmente condiciones culturales, sociales o religiosas, en arqueología se puede usar la —atenta a la palabra— *arqueotanatología*, es decir, el estudio de las transformaciones que empieza a sufrir un cuerpo desde el momento en que muere. Hay que tener en cuenta tanto los procesos de descomposición hasta la posición en la que se coloca en la sepultura, o la inclusión de objetos dentro de la tumba, todo lo cual está relacionado con la gestión de la muerte por parte de quienes se quedan. Voy a ponerte un ejemplo de cómo algunas comunidades púnicas gestionaron la muerte durante el parto de madres y criaturas.

En la necrópolis de época púnica de Tuvixeddu (Cerdeña) encontramos una sepultura, la 173, fechada hace unos 2.200 años y en la que se entierra a una mujer de unos 25 años con un feto de unas 36 semanas situado en la pelvis. La tumba también contenía fragmentos del cráneo y el húmero de una segunda criatura, cuya edad se estima entre tres y cinco meses. A los cuerpos los acompañan como ajuar una moneda, dos copas y tres ungüentarios que contenían aceites utilizados en la limpieza y la purificación ritual. Dos de los ungüentarios se colocaron al lado de la pelvis. Junto al cuerpo se encendió un fuego ritual, una práctica relacionada también con la purificación. Justo antes del cierre de la sepultura, sobre la pelvis se colocó una gran piedra, un gesto interpretado en otras necrópolis como una acción dirigida a contener el espíritu de los muertos en sus tumbas y a evitar que salieran y se acercaran a los vivos. Esta es una práctica que está relacionada con una muerte desdichada. Las comunidades fenicias y púnicas percibían estos cuerpos maternales —y a sus espíritus— como especialmente poderosos y por ello, también, potencialmente peligrosos. El ritual funerario que podemos observar en esta tumba parece demostrar que este cuerpo recibió un tratamiento funerario especial: es casi como si quisieran descontaminar, restringir y contener las consecuencias de las muertes en los partos.

Es cierto que este tipo de enterramientos no son muy frecuentes, pero parece que la mayoría de estos cuerpos se depositaban en áreas distintas y aisladas de los cementerios. En algunos de los textos religiosos contemporáneos a estas sepulturas, en otras partes del Mediterráneo, se nos describe a mujeres de determinados grupos sociales que permanecen en áreas separadas de la casa hasta semanas después del parto, con acceso restringido a determinados espacios colectivos y ceremoniales hasta que su cuerpo fuese purificado y descontaminado. Pareciera, por tanto, que esas limitaciones y prácticas de control social de los cuerpos de las mujeres en la vida cotidiana se trasladan al mundo de la muerte.

Lo curioso es que ese miedo aparece solo cuando la muerte se produce durante el parto. En esa misma necrópolis se ha documentado a otra embarazada con menos tiempo de gestación que murió por otras causas y que no fue sometida al mismo ritual, lo que nos habla del parto como un momento crucial que tiene consecuencias no solo para las mujeres, sino también, y como es obvio, para toda la comunidad.

La muerte durante el parto es una de las explicaciones que podemos extraer cuando encontramos un esqueleto femenino adulto con los restos de un feto en la cavidad pélvica. Pero cuando los cuerpos son tan pequeños, podemos encontrar otras dos explicaciones.

Una, que la muerte se haya producido cuando el parto estaba muy cerca. Es el caso del enterramiento neolítico datado hace unos 7.700 años en Lokomotiv (Siberia) de una mujer de unos veinte años con un embarazo gemelar. La muerte de la madre se pudo producir poco tiempo antes del parto o quizá en sus momentos iniciales. Durante la excavación de los tres cuerpos se observó que una de las criaturas tenía los huesos largos y los fragmentos del arco vertebral fuera del área uterina, mientras que otros huesos fetales poscraneales estaban ubicados en el área abdominal. En este caso, la hipótesis es que se produjo lo que se denomina «parto en ataúd», es decir, las criaturas aún estaban en el útero materno cuando la madre falleció y acabaron siendo expulsadas de él por los procesos de descomposición del cuerpo de la mujer.

La segunda de las opciones es que la madre y la criatura murieran poco después del nacimiento. Es lo que sucede, por ejemplo, con la tumba AY21 del yacimiento argárico de

La Almoloya (Pliego, Murcia), donde hace unos 4.000 años se enterraron los restos de una mujer y una criatura. El brazo derecho de ella estaba situado sobre la cabeza de la niña, y la pierna de esta reposa sobre la pierna izquierda de la mujer. La hipótesis principal sobre este hallazgo es que estamos ante la sepultura de una madre con su criatura recién nacida. Junto a los cuerpos, como ajuar, aparecieron un punzón de cobre, un puñal también de este material y dos ofrendas cárnicas: dos porciones de carne de oveja.

Solo a través de una excavación muy pormenorizada, de registrar muy bien el proceso de extracción de los huesos, de hacer fotografías y dibujos, con la descripción precisa y la observación de la posición de los huesos de cada cuerpo, podremos diferenciar en cuál de las situaciones estamos: una muerte previa al parto, durante el parto o una vez que este se haya producido. Estudiar así esos cuerpos es esencial para entender la condición y la consideración de las madres, las criaturas y los procesos en los que se implican. Cómo son sus relaciones y cómo se perciben estas cuestiones por parte del resto de la sociedad. Al fin y al cabo, es el resto del grupo el que decide cómo se depositarán esos cuerpos en la sepultura. Hacerlo, como en los casos que hemos visto, con cuidado, con respeto o con temor nos habla de la relevancia de esta materia para las sociedades del pasado.

11

EL CUERPO Y LA TECNOLOGÍA

Siempre es igual. En el momento en que intento explicar cómo se construyen las desigualdades entre mujeres y hombres en la prehistoria alguien me dice: «A ver, es normal: los hombres son más fuertes que las mujeres. Así que es lógico que en un entorno hostil, como era el de la prehistoria, esa mayor fortaleza física significara una mejor defensa ante los peligros o un mayor éxito en la obtención de alimentos; por ejemplo, con la caza. Así que es lógico que sean los hombres los que manden». A mí me pasa mucho. En reuniones, comidas y cenas, con gente de lo más diversa. En cuanto se enteran de a qué me dedico, se sienten en la obligación de explicarme que, por muchos años que lleve trabajando en este tema, hay un argumento con una lógica aplastante en el que yo, por lo que sea, no he caído: los hombres son más fuertes que las mujeres. Tema solventado, no me des las gracias, pídeme otro cubata.

Por si acaso a ti también te ha ocurrido, te voy a dar tres *tips* para solventar este trance satisfactoriamente. Si realmente te apetece, que tampoco estamos para contestar a todo. Puedes dar las gracias amablemente por esa información hasta ahora desconocida por ti y, con toda la dignidad del mundo, darte la vuelta delicadamente e ir tú a pedirte otra copa, que la noche se prevé larga.

Pero, por si acaso, te cuento. Error uno: creer que, durante la prehistoria, las circunstancias económicas, medioambientales o sociales, que sin duda fueron complejas y en ocasiones extremas, solo pudieron enfrentarse a través de la fuerza física, la supervivencia del más fuerte o la competitividad, y no mediante estrategias como el cuidado y la solidaridad, que, como sabes, son mucho más útiles para nuestra especie.

El segundo error de bulto es tener el convencimiento de que las diferencias biológicas tienen que convertirse, casi de forma inexorable, en desigualdades. Ser diferente es bueno, es ventajoso como especie, no es un problema; el problema es que a partir de esas diferencias hemos construido desigualdades, y lo hemos hecho como si no hubiera otra opción, como si nuestra supervivencia dependiera de que exista gente que debe mandar más o tener más. Y no es así: la desigualdad es siempre una opción social. Nuestra especie ha sido igualitaria durante miles de años, hasta que dejó de serlo y ya no hubo vuelta atrás. Simplemente porque quienes consiguieron algo de poder se negaron a renunciar a él.

El tercer error es creer que la biología nos coarta de manera inexorable, nos limita sin remedio, sin tener en cuenta un elemento crucial para entender nuestra relación con el mundo y entendernos como especie: los humanos somos seres culturales. ¿Podemos volar? No. ¿Volamos? Sí. Porque, gracias al conocimiento y a la tecnología, los condicionantes biológicos cada vez nos limitan menos. Nos ocurre con los avances científicos, y sí, hay seres humanos que son capaces de creer que la Tierra es plana, de negar el cambio climático o de decir que las vacunas son malas para la salud —algunos estaban en esa cena con la que comenzábamos el capítulo—, pero hay otra mucha gente que es capaz de generar remedios, recursos y tecnologías que procuran solventar, desde el conocimiento y la investigación, los grandes desafíos que afrontamos como especie.

De modo que, como ves, las diferencias biológicas entre hombres y mujeres, sobre todo en lo que a fortaleza física se refiere, no deberían ser un argumento para explicar la desigualdad, pero siguen estando en el top tres del imaginario colectivo por el que las explicamos. Es decir, asumir que los hombres cazan y las mujeres recolectan es casi una obligación moral. Nosotros, los hombres, vamos a enfrentarnos a lo salvaje y peligroso, salimos a cazar, a buscar el alimento; vosotras, mujeres, mientras tanto os dais un paseíto por el campo y vais recogiendo el postre.

Ya te he hablado de la caza en alguna otra ocasión, pero no me resisto a hacerlo de nuevo, con nuevos argumentos e investigaciones, eso sí, que este tema se ha puesto en los últimos años de lo más emocionante. Y lo hago no porque crea que demostrar que las mujeres cazan nos sitúe a nosotras en un plano superior de la existencia humana, sino porque, a pesar de toda la investigación que se ha realizado, mucha gente sigue pensando que decir que cazamos es cruzar una línea roja en el atrevimiento feminista que debería ser condenado en el fuego del infierno por los siglos de los siglos. Y te pongo un ejemplo. Hace unos meses participé en el pódcast «Queridas hermanas», dirigido por Sindy Takanashi, con mi amiga Almudena Hernando. En uno de los clips elegidos para anunciar la publicación del episodio, yo hablaba sobre la caza. Pues bien, los comentarios son brutales, de verdad que no salgo de mi asombro, ¿cómo puede sentar tan mal a algunos que digamos este tipo de cosas?

Hablaba con Sindy no hace mucho sobre el tema, sobre la negación por parte de algunos de algo que veíamos tan obvio y demostrado científicamente: «Me parece —me comentaba— que las únicas personas que quieren que la historia se cuente a su conveniencia son precisamente las que, a pesar de lo que dice la evidencia y las investigaciones más recientes, prefieren una versión a la que poder agarrarse para perpetuar nuestra opresión y para justificar que nuestra posición en el sistema es natural, biológica o innata. *Sorry*, ya no cuela. Al final, me pregunto —me decía— si lo que realmente les cuesta aceptar no es que las mujeres cazáramos hace 10.000 años, sino que tengamos voz y estemos cuestionando su narrativa en pleno 2025».

Pero recapitulemos. Desde el final de la Segunda Guerra Mundial en Estados Unidos, la idea de un hombre cazador y proveedor empezó a extenderse rápidamente como respuesta a esas mujeres que después de haber trabajado intensamente en las fábricas durante la contienda decidieron reivindicar su derecho a quedarse en los trabajos. Ilusas... La maquinaria social y cultural, los medios de comunicación e incluso el Gobierno se aliaron para hacerles ver que ese, en realidad, no era su sitio. Y la arqueología, como disciplina científica, apoyó también ese discurso. Se organizaron congresos y publicaciones en los que se hablaba del hombre cazador y de la importancia crucial de la caza no solo en la evolución humana, sino para nuestra supervivencia como especie. Y ya sabes que esto no se hizo solo desde lo académico, también desde el entretenimiento: quién no ha gritado alguna vez en su infancia: ¡¡¡Vilma, ábreme la puerta!!! Sí, *Los Picapiedra* fueron los mejores publicistas para el discurso «no te preocupes, yo traigo la comida a casa y tú te quedas aquí, tranquila. Que mira qué mona, qué lista y qué moderna eres, pero en casita estás mucho mejor». Si eso ha funcionado así desde la prehistoria... poco podemos hacer, ¿no?

Las arqueólogas y antropólogas feministas llevan años diciéndonos que sí, que las mujeres recolectan, por supuesto —su aportación a la dieta a través de ese trabajo es imprescindible—, pero que también cazan. Eso sí, mientras que para decir que las mujeres no cazan no hace falta ninguna prueba científica, porque no la hay, afirmar lo contrario, que cazan, debe ser demostrado, contrastado, publicado, debatido, republicado y revisado. Bien, vamos a ello.

Es probable que recuerdes el hallazgo que se produjo en 2018 en el yacimiento de Wilamaya Patjxa (Perú). Se trata de una sepultura en la que como ajuar funerario se hallaron varias puntas de proyectil destinadas a la caza mayor hace unos 9.000 años. Los propios arqueólogos cuentan que asumieron que era un cazador, pero, oh, sorpresa, al mandar a analizar todos los huesos de las sepulturas descubrieron que ese era el cuerpo de una mujer. En vez de aceptar, como otras tantas veces se ha hecho, que probablemente había sido un error del laboratorio y, por tanto, no debía tenerse en cuenta, o decidir que sí, que vale, que era una mujer pero que sería la rarita del pueblo y que por tanto tampoco era significativo, o pensar que todas esas armas con las que había sido enterrada eran heredadas del marido o del padre, el equipo decidió hacer una pregunta distinta: ¿habría más como ella? Así que mandaron analizar todas las sepulturas con armas de ese territorio en la misma época y descubrieron que hasta un 30 por ciento de los miembros del grupo que cazaban eran mujeres. ¿Eran las únicas que cazaban? No. ¿Eran las que más cazaban? Tampoco. Pero ¿cazaban? Sí. Y además en un número que podemos considerar estadísticamente significativo, ¿no? El artículo que publicaron dio la vuelta al mundo, se informó de la noticia en numerosísimos medios de comunicación y hubo reacciones de todo tipo, incluida la parte de quienes, en el apartado de comentarios del artículo en línea, decían: sí, claro, ellas cazando y ellos ¿qué?... ¿En la cueva esperando?

Aquí empieza lo interesante. A partir de ese «descubrimiento», otra mucha gente empezó a interesarse y a intentar aportar más información sobre este asunto. Me encanta. Así funciona la ciencia, se plantea un debate, se utiliza el método científico más adecuado, se obtienen resultados y, a partir de ahí, se pone el conocimiento sobre la mesa y se argumenta. Desde disciplinas distintas y con miradas distintas. Te pongo ejemplos de tres estudios que se han publicado en los últimos dos años.

El primero es una investigación realizada sobre 63 sociedades en todo el mundo en las que la recolección y la caza siguen suponiendo en la actualidad el grueso en sus formas de subsistencia. Ya te he comentado que observar a esas sociedades no puede entenderse como una mirada a los grupos de la prehistoria, así, sin filtro. Estas sociedades actuales poseen trayectorias históricas de miles de años, igual que la nuestra; simplemente optaron por otros caminos a la hora de organizar su producción, sus creencias o su comunidad. Pero lo cierto es que nos permite observar la variabilidad del comportamiento humano y abrirnos posibilidades para entender lo que ocurrió en las sociedades pasadas.

Pues bien, el estudio sobre estas sociedades demuestra que en el 79 por ciento de los grupos que cazan, las mujeres participan en partidas de caza mayor y cazan animales de todos los tamaños, no solo piezas pequeñas. Otro dato más: en el 70 por ciento de esas 63 sociedades, la caza que realizan las mujeres es intencional y no oportunista, es decir, salen a cazar pertrechadas como corresponde y de forma deliberada, y no cazan solo los animales que se encuentran mientras realizan otras actividades. Es más, el estudio ha puesto de manifiesto que las mujeres enseñan a cazar y, en algunas ocasiones, emplean una mayor variedad de armas y estrategias de caza que sus compañeros masculinos. Por ejemplo, cazan con honda o con trampas, que, como puedes imaginarte fácilmente, no solo es cazar, sino además usar tecnología para hacerlo.

Y, precisamente de esto, de tecnología, trata el segundo de los estudios, de entender que los seres humanos somos seres culturales y tecnológicos. A veces, para comprender cómo funcionan algunos objetos en la prehistoria, no solo utilizamos la etnografía o la antropología, sino también lo que se denomina «arqueología experimental». Es decir, se intentan replicar los procesos de fabricación y uso de algunos instrumentos para entender para qué servían o cómo funcionaban. En el caso que nos ocupa se propusieron analizar cómo funcionaban los propulsores, unos artefactos específicamente diseñados para impulsar proyectiles que facilitan la caza. Son astiles con un gancho en el extremo en el que se apoya la jabalina o la flecha y que ayudan a «alargar» artificialmente el brazo, dotándolo de más fuerza y, por tanto, logrando una mayor potencia de lanzamiento. En este experimento eligieron a 108 personas de diversas edades y ambos sexos que realizaron 2.160 lanzamientos. El experimento demostró que el propulsor iguala la velocidad del proyectil en mujeres y hombres. Imagínate la mejora tan notable que supuso para los grupos prehistóricos que inventaron el propulsor durante el Paleolítico superior. Poder usar ese útil mejoró las posibilidades de éxito de grupos pequeños y en los que la caza era una actividad significativa. El empleo de propulsores supuso una innovación tecnológica que permitió que más miembros del grupo lograran un mejor rendimiento. Otra vez, la tecnología mejorando las capacidades de los seres humanos.

Pero ricemos el rizo, ¿y si en realidad eso de ser el más fuerte no supusiera siempre una ventaja a la hora de cazar? Frente a la idea de que las mujeres no habrían sido físicamente capaces de participar en cacerías, un reciente estudio apostaría por que una serie de características asociadas a las mujeres podrían haberles proporcionado una ventaja en cuanto a resistencia. Me explico. Independientemente del sexo, tanto hombres como mujeres tenemos estrógeno y testosterona. En general, las mujeres tienen más estrógeno y los hombres más testosterona, aunque existen variaciones. La testosterona se lleva todo el mérito cuando hablamos del trabajo atlético, pero el estrógeno influye en la resistencia que tenemos ante ese trabajo. Según este estudio, las mayores concentraciones de estrógeno que las mujeres tienden a tener en sus cuerpos les confieren una ventaja, ya que esta hormona le indica al cuerpo que queme más grasa. Esto resulta beneficioso porque proporciona energía sostenida durante periodos más largos, lo que puede retrasar la fatiga durante actividades de resistencia como correr; es decir, le otorgaría la capacidad de hacer ejercicio —perseguir animales, por ejemplo— durante un periodo más prolongado sin agotarse. Además, el estrógeno inhibe una respuesta antiinflamatoria al estrés, lo cual permitiría a las mujeres recuperarse antes del esfuerzo realizado.

Pero, me hago la siguiente pregunta: si las mujeres, gracias al estrógeno, se agotan menos en esfuerzos prolongados, ¿no debería esto reflejarse en los tiempos de, por ejemplo, maratones o ultramaratones? Vas a flipar, ¡es que es así! En el informe «The State of Ultra Running 2020» que analizó 5.010.730 resultados de 15.451 carreras de más de 42 kilómetros tanto de asfalto como de montaña se concluye que, a partir de los 313 kilómetros, las mujeres son capaces de imprimir un ritmo un 0,6 por ciento más rápido que los hombres. Los datos: en 5 km, los hombres son hasta un 17,9 por ciento más rápidos que las mujeres; en pruebas de 50 km, esa ventaja baja al 5,3 por ciento; para carreras de 100 km, la diferencia de ritmos es muy pequeña, solo de un 0,5 por ciento a favor de los hombres.

Y no, no significa que haya que recorrer 300 kilómetros para cazar; simplemente quiero mostrarte la capacidad de resistencia femenina en actividades de este tipo. O sea, que a lo mejor tampoco la biología nos excluye de esta actividad.

Preguntar si las mujeres cazaban no es algo banal. La investigación, las metodologías usadas para constatar la participación de las mujeres en la caza durante la prehistoria significa sacar esta actividad del estereotipo, mejorar nuestro conocimiento sobre las mujeres de esas sociedades, por supuesto, pero además nos proporciona una información precisa y preciosa sobre las propias sociedades, sobre las estrategias que usaron para subsistir, sobre la innovación tecnológica que usaron, sobre cómo se organizaban socialmente. En definitiva, nos habla acerca de nosotras y nosotros y nuestra capacidad, gracias a la ciencia, a la tecnología y a la innovación, de volar.

12

EL CUERPO TRABAJADO

Si supieras lo contenta que me pongo yo cada vez que encontramos dientes en una sepultura, pensarías que no estoy bien. A ver, a mí me gusta encontrar esqueletos completos, bien conservados, bien colocaditos..., eso es lo mejor, sin duda, pero qué quieres que te diga, a falta de eso, pues los dientes nos prestan un servicio estupendo. De un tiempo a esta parte, la investigación bioarqueológica, como ya te he mencionado en algún capítulo, ha conseguido que a partir de estos restos tan concretos como nuestras piezas dentales, que además solemos encontrar con mucha frecuencia en el registro arqueológico porque se conservan muy bien, seamos capaces de obtener una información increíble.

Los dientes han demostrado ser un excelente recurso para el conocimiento de las sociedades del pasado. A cuestiones como la aparición de caries y pérdidas dentales que aparecen de forma recurrente mostrándonos una deficiente salud bucodental, o al estudio del cálculo dental o sarro, que nos informa sobre el consumo de distintos tipos de alimentos y empleo de plantas medicinales, ahora podemos sumar el uso de los dientes como herramientas de trabajo.

Por tanto, en este capítulo me voy a fijar no tanto en lo que podemos hacer analizando los isótopos o las proteínas que encontramos en su composición, sino en las marcas y huellas que dejan en los dientes determinadas actividades. Porque cualquier esfuerzo físico que realicemos, sobre todo si es repetitivo a lo largo de mucho tiempo, deja huella en nuestros huesos. Ya lo hemos visto antes, la realización de trabajos relacionados con la agricultura a partir del Neolítico hizo que el cuerpo de las mujeres cambiara con respecto al de las mujeres que cazaban y recolectaban en periodos anteriores. Sus brazos se hicieron, proporcionalmente, mucho más fuertes que sus piernas, ya que las nuevas tareas agrícolas, como moler el grano, aventarlo, acarrear cosas, plantar o cosechar, requieren sobre todo del uso de la parte superior del cuerpo. Es decir, el gesto repetitivo de hacer esas labores cotidianamente hizo que sus huesos quedaran modificados para siempre. Pero como eso ya te lo he contado en otro sitio, aquí me voy a centrar en lo que podemos estudiar sobre las mujeres a través de sus dientes.

Hace algunos años se publicó un artículo en el que se analizaba el desgaste dental de algunas de las mujeres enterradas en el yacimiento de Castellón Alto (Granada) hace unos 4.000 años. Entre los diferentes rasgos de desgaste destacan unos surcos, en ocasiones bastante pronunciados, que se analizaron mediante microscopía electrónica de barrido. Una vez descartado que esos surcos se debieran al consumo de un tipo concreto de alimentos, que también puede dejar una marca muy específica, hizo que se entendieran como el resultado del trabajo de fabricación de hilos. Es decir, la boca se utilizaría como una tercera mano que ayudaría a trabajar el hilo, pero el roce constante de ese hilo con los dientes terminaría provocando esos surcos. Imagínate la cantidad de horas de trabajo necesarias para provocar en los dientes esas marcas y, también, lo doloroso que en algún momento debió de ser. Desde entonces estas marcas han sido identificadas en mujeres de otros poblados de la Edad del Bronce como los de Laderas del Castillo (Callosa de Segura) o en Cabezo Redondo (Villena).

Es cierto que, como ya te cuento en otro de los capítulos, la vinculación de las mujeres con la fabricación textil es muy frecuente. Ejemplos iconográficos o elementos de ajuar colocados en las tumbas de mujeres, como punzones o pesas de telar, vinculaban al menos simbólicamente a las mujeres a esta actividad. La aparición de estos surcos en mujeres de la Edad del Bronce lo hacía de manera cierta. Sin embargo, en los últimos años somos capaces de rastrear esa vinculación algo más atrás, hasta la Edad del Cobre.

Es el caso, por ejemplo, de la necrópolis megalítica de Panoría (Darro, Granada) en la que hemos descubierto la presencia en los dientes de una persona de muescas y surcos, resultado de un desgaste anómalo, que evidenciaría su utilización en actividades textiles como la preparación de hilos y cordeles hace 4.500 años, intentamos ahora conocer el sexo de esa persona, para poder seguir avanzando en estas hipótesis. Ya te contaré. Donde sí tienen ya resultados para este periodo es en la sepultura colectiva de Camino del Molino (Caravaca de la Cruz, Murcia), donde se ha analizado el desgaste en la dentición de una muestra de 102 cuerpos, tras descartar aquellas huellas que tuvieran que ver con la alimentación. En ocho de esas personas se documentaron marcas consistentes en estrías finas y paralelas y el esmalte desconchado. El lugar donde están situadas esas marcas y el tipo de estrías que aparecen hacen pensar que se debieron a la manipulación de fibras vegetales para producir hilos. En este proceso de fabricación las mujeres sostendrían el hilo con la boca, lo que provocaría el desconchado del esmalte, y además harían el movimiento de arrastrar algún tipo de tejido vegetal fino con los incisivos, lo que provocaría los surcos. Conocemos el trabajo de las hilanderas en otros momentos históricos y el proceso documentado es parecido. Utilizan sus dientes para humedecer los hilos, unir sus extremos rotos con nudos, cortar el hilo y confeccionar la cuerda, retorciéndolo mientras los incisivos funcionaban como esa tercera mano. Incluso —fíjate en la transformación del cuerpo para adaptarse a ese trabajo— se cree que una vez producidos los surcos en los dientes por la acción repetitiva de la actividad, esos mismos surcos servirían para mantener la homogeneidad de los hilos que se fabricaban.

El reto ahora es analizar esas marcas para poder determinar qué tipo de materia prima se utilizaba en cada ocasión para producir esos hilos, ya que diferentes fibras deben dejar diferentes huellas; cáñamo, lana, lino, esparto tienen determinadas características de grosor y de dureza que, quizá, en algún momento nos permitan conocer este dato.

De las ocho personas estudiadas en Camino del Molino, siete son mujeres —el octavo parece ser un hombre, aunque en este caso no se puede asociar con seguridad el maxilar con el resto del esqueleto—. Recuerda que Camino del Molino es una sepultura colectiva y no siempre se pueden relacionar los restos de manera precisa. En cualquier caso, no sería un problema, podríamos entender de múltiples maneras la presencia de un hombre vinculado a la actividad textil, pero lo cierto es que estos datos, unidos a los posteriores de la Edad del Bronce, sí que parecen representar, por un lado, la prueba más temprana de especialización artesanal en la península ibérica y, por otro, la existencia de una división sexual del trabajo en la que la manufactura textil, o al menos la fabricación de hilos, estaría asociada a las mujeres en estas poblaciones.

Tanto en los casos de la Edad del Cobre como en los de la Edad del Bronce se demuestra que en estos poblados existía una especialización en el trabajo por la que un grupo reducido de mujeres se dedicarían a la artesanía relacionada con la confección de hilos. Cuando observamos que esas marcas aparecen en mujeres de distintas edades, con un desgaste más marcado cuanta más edad tienen, nos permite hablar de aprendizaje, de transmisión de conocimiento, y nos hace ver que ese aprendizaje, esa especialización, empezaba en la adolescencia y proseguía durante toda la vida. Por ejemplo, en Camino del Molino, la persona más joven documentada con estos surcos es una mujer de unos dieciocho años, lo que sugiere que se incorporó al trabajo durante la adolescencia. Lo mismo sucede en la serie estudiada en Castellón Alto.

Pero si hay unos dientes que me tienen completamente fascinada son los de una mujer de unos cincuenta años que murió probablemente en el siglo XI y que tenía los dientes azules. ¿Quieres conocerla?

Antes que nada, ya te he comentado al principio que yo raramente me refiero a casos que no sean de la prehistoria, porque me parece que aventurarme en otros momentos históricos sin tener conocimiento profundo del contexto en el que los hechos se producen puede llevarme a errores que no me gustaría cometer. Y no es que no lo vaya a hacer si me dedico solo a la prehistoria, que también puede ser, pero al menos en este periodo me siento mucho más respaldada por lo (poco) que sé.

En cualquier caso, a veces, con algunas mujeres me adentro en otros periodos históricos, sobre todo de época medieval, porque se estudian con la misma metodología y el mismo método científico que usamos en prehistoria. Por ello en algún foro he hablado de la mujer enterrada en Birka (Suecia) en el siglo X d. C. o, en este mismo libro, algo más atrás, de las mujeres con los cráneos deformados en Gotland, también en Suecia, en el siglo XI d. C. Es por esta razón por la que ahora te traigo a esta señora con los dientes azules que me parece de lo más interesante.

Ya sabemos que el análisis al microscopio de los cálculos dentales, lo que conocemos como sarro, nos ha proporcionado un montón de información acerca de alimentación y uso de plantas medicinales. Ahora, además, sabemos que en ese sarro pueden quedar atrapadas otras partículas que podemos relacionar con las actividades artesanales.

Y es eso precisamente lo que ocurre aquí: el estudio de los dientes de esta mujer, enterrada en el monasterio de Dalheim, en Alemania, representa la evidencia directa más antigua del uso de un pigmento, el lapislázuli, de un intenso y precioso color azul. ¿Cómo llegó el lapislázuli a los dientes de esta mujer? La hipótesis más probable es que se dedicó a la producción de manuscritos de alta calidad en ese monasterio. Ella se encargaría de escribir e ilustrar esos textos medievales repletos de letras decoradas, dibujos en los bordes y miniaturas.

Desgraciadamente, el monasterio fue destruido durante un incendio en el siglo XIV y, con él, desaparecieron todos los libros y archivos que contenía, y en los que se describiría la actividad artística de estas mujeres. Por tanto, este descubrimiento puede que sea la única prueba de que disponemos para hablar de las mujeres artistas, iluminadoras y amanuenses en este lugar.

Me explico. No es excesivamente raro que en los textos que se han conservado desde el siglo XIII hasta el XVI d. C. en Alemania aparezca la referencia a la presencia de mujeres como iluminadoras. De hecho, se han identificado más de 4.000 libros atribuidos a más de 400 mujeres amanuenses, y se han identificado lugares de producción de estos volúmenes en 48 monasterios de mujeres. Pero siempre ha sido más complicado identificar esas primeras contribuciones de las mujeres que se hicieron entre los siglos X y XI d. C. Por eso el hallazgo de esta mujer resulta excepcional.

Durante su labor como iluminadora, esta mujer debía de lamer los pinceles para crear una punta fina, una práctica muy común, así que es muy probable que, al hacerlo, se introdujeran pigmentos en la boca que terminaran atrapados en el sarro. Este procedimiento de mojar el pincel con la boca se haría de forma repetida, lo que explicaría el patrón de distribución de partículas azules en los dientes de esta mujer.

El pigmento azul estaba hecho con lapislázuli originario de Afganistán, un producto comercial de lujo, llegado a los monasterios europeos después de miles de kilómetros de viaje y, junto con el oro y la plata, cuyo uso estaba restringido a la iluminación de libros de enorme valor. Es, por tanto, aceptable señalar que solo se confiaría su producción a personas con una habilidad excepcional.

Otra de las hipótesis planteadas, que no es incompatible con la anterior, es que esta mujer no estuviese al cargo de iluminar los manuscritos —aunque quizá sería más exacto decir «aparte de iluminar los manuscritos»—, sino que fuese la responsable de preparar el pigmento, un procedimiento que se describe en muchos escritos como una tarea laboriosa —molienda, lavado y tratamiento del polvo de piedra de lapislázuli—, compleja y delicada. En este caso, es altamente probable que si las mujeres de Dalheim preparaban el pigmento, lo hicieran tanto para su propio uso como para otras mujeres amanuenses de su comunidad.

Como ves, la investigación arqueológica es capaz de recuperar la memoria del talento y la pericia de esta mujer de Dalheim, que quedó completamente oculta durante siglos, igual que hace con tantas otras que se explican casi exclusivamente a través del registro arqueológico. Una vez más, la bioarqueología, las técnicas analíticas y el hacernos preguntas que no nos hemos hecho antes nos informan sobre las vidas de mujeres que de otro modo seguirían sepultadas. Para mí, este es el mayor logro de nuestra disciplina.

13

EL CUERPO Y LO QUE COMEMOS

Tanto en la playa de Herculano como en las bóvedas de piedra que corrían paralelas a la orilla del mar y que servían como almacenes portuarios y para resguardar las barcas de pesca, un buen número de personas esperaba para escapar de la erupción del Vesubio en el año 79 d. C. La mayoría de sus habitantes, se calcula entre 3.000 y 4.000, habían logrado escapar. Pero no todos. Las excavaciones realizadas en esta área de la antigua ciudad en los años ochenta hallaron los cuerpos de unas 340 personas que murieron allí. Una nube incandescente a más de 400 °C y a 80 km por hora acabó con sus vidas de forma fulminante. Los últimos momentos de estas personas no fueron especialmente dramáticos, aunque podemos intuir la preocupación o incluso el miedo que pudieron pasar. Pero parece que la evacuación se estaba desarrollando de manera tranquila y ordenada. A la gente le dio tiempo a recoger sus pertenencias más valiosas; había criaturas y personas con problemas de movilidad que se trasladaron hasta la zona de embarque sin dificultades, y de manera ordenada iban subiendo a bordo de las distintas embarcaciones que se disponían a sacarlos de la ciudad. Hasta que llegó la nube piroclástica, que abrasó a quienes aguardaban en la playa y asfixió a quienes permanecían bajo las bóvedas.

Entre las víctimas se encontraba una mujer de unos veinticinco años que murió embarazada de ocho meses. Los huesos del feto se conservaron perfectamente. La acidez del material volcánico caliente que los enterró oxidó de manera inmediata una horquilla de hierro que la mujer llevaba prendida en el pelo y que se ha preservado considerablemente bien. Lucía un elaborado peinado, típico de las jóvenes romanas ricas y de alto rango. El examen al microscopio de cada cabello, uno por uno, documentó un huevo de piojo en uno de ellos.

Pero ¿tú no ibas a hablar de dieta y alimentación en este capítulo?, me dirás. ¿A qué viene este drama? Sí, sí, perdona. Es que no me puedo resistir a que visualices cómo una tragedia de tan grandes dimensiones, una catástrofe de este tipo, nos proporciona una información de primera mano sobre las personas que fallecieron allí. Cómo su muerte nos revela tantos detalles de sus vidas, incluso de ese piojo que tenía la mujer en el cabello. Y sí, te voy a hablar de alimentos. Espera un segundo que te lo explico.

Este acontecimiento histórico nos ha ofrecido una oportunidad única para conocer los modos de vida de una comunidad que vivió y que falleció junta. Los restos humanos encontrados en Herculano representan una muestra de una población que murió tratando de escapar de la erupción. Por los estudios que se han llevado a cabo, parece que las personas encontradas proporcionan una imagen bastante cercana a lo que pudo ser la composición de esa comunidad: hombres, mujeres, personas de edad avanzada y criaturas aparecen bien representados y, además, son personas de todas las clases sociales, desde libertos y esclavos hasta otras de un estatus social elevado. Todas están presentes entre los fallecidos.

El estudio isotópico de quienes murieron aquella madrugada nos proporciona una información muy valiosa de la dieta de esa comunidad. Específicamente, sus cuerpos han permitido estudiar la alimentación de 17 personas adultas de Herculano con una precisión sin precedentes. Y los resultados son de lo más interesante. El estudio de los isótopos de carbono y nitrógeno, realizado sobre los huesos de 11 hombres y 6 mujeres cuyos restos se encontraron dentro de las bóvedas, ha permitido observar diferencias significativas en las proporciones de los alimentos marinos y terrestres consumidos entre mujeres y hombres, lo que implica que la ingesta de alimentos en Herculano estaba diferenciada según el género.

Para comprender la dieta de estas personas se consideraron tres grupos de alimentos: cereales, animales terrestres y animales marinos. Te explico cómo funciona. Primero se obtienen muestras de referencia de animales terrestres, tanto omnívoros como herbívoros, de peces y moluscos y de vegetales y cereales procedentes de yacimientos de la misma zona y periodo que se está estudiando, es decir, siglo I d. C. en el área de Herculano y Pompeya. Una vez que conocemos bien cuál es la huella química de esos restos, la comparamos con los resultados obtenidos del análisis de los huesos de las personas que previsiblemente consumieron esos alimentos, y así podremos saber si consumieron más de uno u otro tipo. Como sabes, nuestros huesos se forman con la aportación de los alimentos y bebidas que consumimos. Pues bien, una vez que se establecieron esas comparativas, se descubrió que los hombres y las mujeres tuvieron dietas diferentes durante toda su vida. Esto significa que el acceso a los alimentos fue diferente, lo cual pudo deberse a diversas causas, desde las diferentes ocupaciones de hombres y mujeres a prohibiciones culturales que afectaran a uno u otro género, o como evidencia de una desigualdad en el poder, que restringió ciertos alimentos a las mujeres.

En el caso de Herculano, las mujeres consumieron menos pescado y cereales que los hombres y más alimentos derivados de animales terrestres (carne, huevos y lácteos). Es muy probable además que consumieran también más legumbres, leguminosas y frutos secos. Los hombres consumieron más alimentos marinos, peces y moluscos; en concreto, 1,6 veces más proteína de este tipo que las mujeres. Tiene cierta lógica: pudiera parecer que el acceso a los recursos marinos era más fácil para los hombres porque participaban directamente en la pesca y en muchas otras actividades marítimas. No obstante, pudo haber otras razones que lo expliquen. Los hombres ocupaban posiciones de privilegio en la sociedad herculana y eran liberados de la esclavitud a una edad más temprana, lo que proporcionaba un mayor acceso a productos costosos, como el pescado fresco. Otro dato interesante es que las mujeres eran más homogéneas en su alimentación que los hombres; entre ellos había más variaciones, algunos consumían menos alimentos a base de cereales que otros. Probablemente esto estuviese relacionado con diferencias en su ocupación o posición social, aunque hasta ahora los datos no permiten saber mucho más.

¿Por qué nos debe interesar cómo se consumen los alimentos por parte de las poblaciones del pasado? Es cierto que durante mucho tiempo la investigación arqueológica se ha preocupado por saber qué alimentos se consumían, pero siempre en relación con cuestiones económicas: qué se producía, cómo se producía. Pero cómo nos alimentamos ¿puede darnos otro tipo de información sobre las sociedades del pasado? Por ejemplo, ¿qué nos dice este asunto sobre las mujeres y los hombres, sus identidades y relaciones? ¿Qué nos dice sobre las criaturas? ¿Los cambios en la alimentación pueden reflejar cambios en la identidad de las personas?

Más allá de las propiedades alimenticias de lo que comemos, el alimento es un elemento básico en la conformación de la identidad. Puede servir como un marcador de diferencias de género, de edad, de estatus social, étnicas o religiosas. Esto funciona no solo cuando hablamos de la identidad individual, sino que también se refiere a la identidad de grupo, al sentido de pertenencia a un colectivo cuyos lazos también pueden reforzarse a través del alimento. La alimentación se utiliza para generar, mantener, legitimar y deconstruir la autoridad y el poder. Al fin y al cabo, somos lo que comemos, ¿verdad? Tú, por ejemplo, tomas decisiones sobre tu alimentación. Decides no consumir determinados alimentos, decides ser vegetariana o vegano, o suplementar tu alimentación con proteínas, o no comer caracoles. Decides reducir tu ingesta y consumir menos calorías. Y todo eso lo haces por razones éticas, medioambientales, religiosas, estéticas o simplemente porque, en el caso de los caracoles, te da asco. A veces no tienes tanta capacidad de decisión, y lo que ocurre es que no puedes consumir determinados alimentos porque te sientan mal o tienes una determinada alergia, o simplemente no posees los recursos económicos adecuados para consumir determinado tipo de alimentos. Aun así, tu poder de decisión es mucho más importante que el de las poblaciones del pasado. ¿Significa eso que la alimentación de aquellas personas no significa nada en términos sociales? ¿Que no podemos acceder a conocer cómo funcionan las identidades de género o edad, o de estatus social a través de su alimentación? Te voy a demostrar que sí.

Pero antes que nada quiero que conozcas cómo accedemos a ese conocimiento. Ya te he contado que lo primero que tenemos que hacer es poder comparar las características químicas de los alimentos con el reflejo que queda de ello en nuestros huesos. Y eso lo podemos hacer con el análisis de isótopos, que son los átomos que forman un elemento químico. En los últimos años se han venido desarrollando nuevos métodos de estudio que tienen su base en el análisis de los isótopos de carbono, nitrógeno y estroncio y, en menor medida, de calcio y azufre. Los isótopos de carbono indican si las proteínas de la dieta tienen un origen terrestre o marino, los de nitrógeno señalan la proporción de proteínas vegetales consumidas respecto a las de origen animal. Los isótopos de azufre son útiles para dilucidar el consumo de recursos marinos y de agua dulce. Los de calcio se utilizan para comprobar el consumo de lácteos. Todos forman parte de nuestros huesos y tienen su origen en los alimentos que ingerimos a lo largo de la vida. Pero, además, mira qué interesante: los procesos de remodelación ósea hacen que la composición de los huesos, en especial nuestro colágeno, varíe a lo largo de los años, en periodos que van de los cinco a los veinte años. Esto hace que el análisis de isótopos sobre el colágeno del hueso solo refleje el consumo de alimentos de, aproximadamente, la última década de la vida. Para saber qué pasó antes —por ejemplo, en la infancia y la adolescencia— en la dieta de esa persona recurrimos a los dientes. ¿Por qué? Porque la dentina no cambia a lo largo de la vida de una persona. La dentina es el tejido que se encuentra inmediatamente debajo del esmalte. Como los dientes se van formando a lo largo de la infancia y sabemos su ritmo de crecimiento, podemos establecer periodos de edad y conocer la dieta de esa criatura en cada momento. Esto, por ejemplo, ha sido muy útil para conocer los periodos de lactancia y destete, y nos permite saber qué consumió una persona determinada en los primeros años de vida.

Y si nos sonríe mucho la suerte y encontramos un registro funerario especialmente bien conservado en el que aún se preserve el cabello, seríamos capaces de conocer los cambios dietéticos durante las semanas o meses anteriores a la muerte, dependiendo de la longitud que tenga. Te recuerdo el caso de la mujer encontrada en Egtved (Dinamarca) porque es un buen resumen de lo que se puede conseguir con estas analíticas cuando los restos están bien conservados. El análisis de su primer premolar, formado durante los primeros años de vida, nos indica, por su consumo de alimentos y de aguas, que nació probablemente en la Selva Negra, en la actual Alemania. Por otro lado, el estudio del estroncio en el pelo y las uñas, que, como te he comentado, se acumula por lo que comemos y bebemos en los postreros meses de nuestra vida, nos dice que en los dos últimos años viajó al menos dos veces entre las actuales Alemania y Dinamarca.

Por tanto, en arqueología disponemos de los medios necesarios para conocer qué se consumió en cada momento. Solo nos queda ahora saber qué nos quieren contar los alimentos. En el caso de Herculano nos muestra las diferencias de alimentación entre mujeres y hombres adultos. Pero la edad también forma parte de esas categorías de identidad que podemos tratar de vislumbrar a través del consumo de alimentos. Un ejemplo muy interesante es el estudio que se ha realizado sobre tres yacimientos del Neolítico francés ubicados en el valle de Yonne, en la cuenca de París: Gurgy «Les Noisats», Monéteau «Macherin» y Chichery «Sur les Pâtureaux». En ellos se ha analizado la dieta de 19 individuos a través de los isótopos de nitrógeno, carbono y estroncio. Los resultados indican que no existe una diferencia en la alimentación de niños y niñas antes de los nueve años. Sin embargo, a esa edad y después otra vez sobre los catorce años se han detectado cambios en la dieta, unos cambios que con mucha probabilidad nos indican transiciones sociales, posiblemente relacionadas con el sexo de estas criaturas. Lo que transcurre entre esos años es lo que desde la contemporaneidad denominamos «adolescencia». Y rotundamente no, no podemos aplicar el concepto moderno de adolescencia a las poblaciones del Neolítico, pero lo cierto es que en esos años tienen lugar cambios hormonales y biológicos que seguramente se vieron reflejados en las prácticas sociales de estas poblaciones y en la realización de ritos de paso. Estos cambios en el consumo de alimentos también se evidencian en las diferencias sustanciales en los ajuares funerarios y la posición de los cuerpos, tanto alrededor de los 8-9 como de los 14-15 años de edad. Estas observaciones permiten identificar diferentes rangos de edad social: niños menores de 8-9 años, adolescentes entre 8 y 9 y 14-15 años, y adultos mayores de 14-15 años. Al llegar a la edad adulta, las diferencias entre hombres y mujeres son muy significativas. A partir de los 14-15 años, los hombres y las mujeres se alimentaron de manera diferente, probablemente de acuerdo con las actividades específicas relacionadas con el sexo. Los hombres tendrían una dieta más rica en proteínas animales.

Me gustaría aclarar una cuestión. Cuando hablamos de diferencias entre las dietas de las personas que forman parte de un grupo de población no siempre implican desigualdades. Es posible que la desigualdad explique algunas veces ese consumo diferencial de alimentos —es obvio que el acceso a recursos económicos te facilitará que consumas unas cosas u otras, o que por ser mujer u hombre tengas el privilegio de acceder a determinados alimentos—, pero también en el pasado pudo haber otras causas: que procedas de otro lugar, que te dediques a otras tareas, que tu sistema de creencias te impida comer un alimento u otro. Las decisiones sobre lo que comemos, ahora y en el pasado, no se basan solo en cuestiones nutricionales, sino también económicas, sociales e incluso políticas o de salud: te pasas la vida en medio de una «operación bikini», comes alimentos ricos en omega 3 porque estás al borde de la menopausia, se le quita el IVA al aceite de oliva para que sea más asequible y tu alimentación más saludable, se cambia la fórmula de las bebidas azucaradas de un continente a otro, se ponen de moda determinadas comidas de otros países y nuestras ciudades se llenan de restaurantes de un determinado tipo, hay un día dedicado al consumo de fruta fresca..., y así podríamos seguir porque eso tan cotidiano, y sobre lo que crees que tienes cierto control, en realidad se te escapa más de lo que crees.

14

CUERPOS QUE DEFINEN LINAJES

En este capítulo quiero contarte cómo podemos conocer el sexo de las personas enterradas en una necrópolis y, sobre todo, por qué nos interesa tanto descubrir cómo se enterraba a mujeres y hombres en las sociedades del pasado, ya que, como siempre, las conclusiones, las lecturas que hacemos de esa información, tienen consecuencias para nosotras. Para poder identificar el sexo en arqueología usamos tres métodos distintos. Podemos hacerlo a través del estudio de los restos óseos, es decir, observando las diferencias existentes entre los huesos de las mujeres y los hombres, de manera que podemos identificar el sexo observando huesos que son relativamente fáciles de discriminar, especialmente en los cráneos o la pelvis. El problema es que para poder hacerlo se necesitan restos relativamente bien conservados y, además, el método tiene algunas limitaciones, porque esas diferencias entre los huesos de hombres y mujeres —es decir, el dimorfismo sexual— no se desarrollan hasta la pubertad, así que no podemos sexar a quienes no son personas adultas.

A esto tienes que sumarle que no siempre excavamos sepulturas individuales con solo una persona enterrada, o dos, o incluso tres, donde sería relativamente fácil determinar el sexo. En el caso de mi grupo de investigación, lo que excavamos son monumentos funerarios que se usan de manera colectiva, en ocasiones durante cientos de años, así que puedes imaginar lo que nos encontramos: cientos, en ocasiones, miles de huesos o fragmentos de hueso, restos mezclados entre sí, superpuestos unos a otros y en los que no se pueden individualizar los cuerpos. ¿Qué hacemos en estas ocasiones? ¿Podemos conocer el perfil demográfico, es decir, el sexo y la edad, de ese grupo de personas? ¿Podemos llegar a saber cuándo murieron?

Pues sí. Afortunadamente en la actualidad disponemos de una serie de procedimientos analíticos que nos proporcionan este tipo de información. Por ejemplo podemos usar el ADN antiguo, aunque no siempre se conserva bien. Pero la investigación, como los tiempos, avanza que es una barbaridad, y desde hace unos años usamos una proteína, la amelogenina, que está presente en el esmalte dental y que nos permite conocer el sexo cromosómico de las personas enterradas. Al estar en el interior del diente, que es nuestro hueso más duro, la conservación es mucho mejor y la tasa de éxito en la identificación es mucho más elevada que con otros métodos.

En nuestro caso, la combinación de todas estas estrategias de investigación nos ha permitido crear por primera vez un perfil demográfico preciso de la población que se enterró en una necrópolis megalítica, la de Panoría (Darro, Granada) hace 5.000 años. Y los resultados que hemos obtenido te van a sorprender.

Te pongo en contexto. En esta necrópolis hemos documentado, al menos, 19 sepulturas de las que hemos excavado 9. Son enterramientos colectivos de los que hemos extraído más de 55.000 restos óseos humanos. Y sí, los hemos estudiado todos, uno por uno. Para saber la fecha de estos enterramientos, hemos utilizado la técnica del carbono 14, y sabemos que las primeras personas se enterraron hace

5.600 años y que su uso como cementerio se mantuvo de forma intermitente hasta hace 4.100 años. Es decir, allí se enterró a gente durante un periodo que duró unos 1.500 años. Una barbaridad. ¿Te imaginas cómo se pudo mantener la memoria y el uso del sitio durante tanto tiempo? Bueno, y te tengo una sorpresa más, pero te la cuento unos capítulos más adelante.

Pues bien, hemos conseguido conocer el sexo de 44 de las personas enterradas en esas sepulturas durante ese periodo de tiempo y lo que hemos descubierto es sorprendente. Se enterraron el doble de mujeres que de hombres, ¿qué te parece? Pero espera, que el asunto se pone aún más interesante: si nos centramos en la población juvenil, esa tendencia es aún más acusada, ya que la proporción es de diez mujeres por cada hombre enterrado. ¿Cómo es posible? Normal no es, ya te lo digo. En cualquier población, la proporción entre hombres y mujeres se sitúa en torno a la paridad, y cuanto más nos alejamos de esas cifras, más extraordinario es lo que pudo suceder. ¿Qué podría causar esta diferencia? Pues, por ejemplo, una guerra o un fenómeno migratorio de solo una parte de la población. Así que nos pusimos a intentar descubrir si en Panoría se habría producido alguna circunstancia excepcional que justificara que la mayor parte de los restos óseos hallados en sus enterramientos correspondieran a mujeres.

Pensamos: ¿será una cosa puntual, de un momento cronológico determinado por alguna de esas causas, o sucederá durante los 1.500 años en los que lleva funcionando la necrópolis? Ya que, efectivamente, este sesgo se mantiene durante todo el periodo de tiempo que se usó. Pensamos: ¿ocurrirá solo en una sepultura o en todas? Pues, otra vez, sucede en todas las sepulturas. Pensamos: ¿y ocurre en todos los grupos de edad? Efectivamente, con mayor o menor incidencia, hay más mujeres que hombres en todos los grupos de edad. Si esto es así, no puede deberse a un hecho concreto, como un conflicto violento o la necesidad de emigrar puntualmente, así que debió tratarse de una decisión social, es decir, son las comunidades que se entierran allí las que toman decisiones que dan como resultado esa desproporción.

Por tanto, si esta mayor presencia de mujeres es una cuestión cultural o social, deberemos preguntarnos, por ejemplo: ¿qué nos lleva a enterrarnos juntos?, ¿qué hace que la gente se entierre en un mismo sitio? Si lo piensas, normalmente son las relaciones familiares las que hacen que distintas personas acaben ocupando los mismos lugares en un cementerio, ya sea en un mausoleo o en un nicho, así que nos planteamos: ¿y si lo que sucede aquí es que las relaciones que tienen las personas que están enterradas en Panoría son de tipo matrilineal? Las relaciones matrilineales son las que establece un grupo en el que predomina la línea materna, es decir, el vínculo entre madres, hermanas, abuelas o tías.

Si fuese así, este sesgo por el que hay menos hombres enterrados se debería a lo que conocemos en antropología como «exogamia masculina», o sea, los individuos masculinos buscarían sus parejas en otros grupos de parentesco distintos a los suyos para evitar una cuestión que es crítica y transversal a la especie humana, la endogamia, es decir, la práctica de contraer matrimonio entre sí de personas de ascendencia común, naturales de una misma localidad o comarca, o de un grupo social. Esto, en poblaciones pequeñas, como la que nos ocupa, lleva a la pérdida de diversidad genética y a la aparición de anomalías, y tiene efectos negativos sobre la eficacia biológica. Las personas provenientes de uniones consanguíneas presentan una elevada probabilidad de padecer determinadas patologías, así que lo mejor es evitarlas.

En el caso de Panoría, la propuesta es que son los hombres, jóvenes, los que se marchan de sus comunidades para establecer nuevas parejas y evitar esos riesgos genéticos, y son las mujeres las que se quedan en esos poblados. De manera que, si nuestra hipótesis es correcta, ellas serían las abuelas, madres y nietas que mostrarían relaciones genéticas, unos usos y costumbres que se mantendrían durante al menos esos 1.500 años, y eso es lo que estamos haciendo en la actualidad: estudiar las relaciones genéticas entre las personas que fueron enterradas allí.

Y dado que las sociedades humanas son diversas, estas estrategias no siempre funcionan de la misma manera. En otras ocasiones son las mujeres las que se marchan, tal y como está documentado en necrópolis contemporáneas a la de Panoría en otros lugares de Europa.

Los estudios genómicos y arqueológicos realizados para las poblaciones megalíticas en las islas británicas lo demuestran. El estudio de 24 individuos de 5 necrópolis de estas características nos muestra que se entierran más hombres que mujeres. Los datos genéticos de las personas enterradas revelan relaciones de parentesco muy cercanas entre los individuos masculinos enterrados dentro de estos megalitos. Lo mismo ocurre con las necrópolis francesas estudiadas. La necrópolis de Fleury-sur-Orne, en Normandía (Francia), se compone de 32 monumentos de distintos tamaños. Se han podido rescatar los datos genéticos de 14 de ellos (13 hombres) y otra vez muestran un claro patrón patrilineal, ya que hasta se ha documentado la presencia de parejas compuestas de padre e hijo enterradas en, al menos, dos de las sepulturas, lo que nos indica que de nuevo estamos ante sociedades que practican la exogamia femenina.

Pero te voy a contar un hallazgo realmente excepcional. Si hay un sitio que destaca especialmente en el estudio de las relaciones genéticas es Hazleton North, en Gloucestershire, al sudoeste de Inglaterra. Hazleton North es un monumento funerario de enormes dimensiones que se usó hace unos 5.700 años. En el interior de esta sepultura se hallaron los cuerpos de 35 personas y, de ellas, al menos 27 eran parientes biológicos cercanos.

El estudio de ADN antiguo nos ha permitido conocer a una familia en la que podemos rastrear hasta cinco generaciones, algo realmente excepcional. Y, en este caso, son los hombres los que mantienen las relaciones genéticas: en general, ellos fueron enterrados con sus parientes más cercanos, sus padres y hermanos, es decir, la descendencia se estableció a partir de la línea paterna y determinó, en buena medida, a quienes encontramos enterrados en la sepultura. No obstante, los estudios realizados en este túmulo nos muestran además otros factores que señalan la complejidad de las relaciones humanas, más allá de la genética.

Empecemos por una de las cuestiones más interesantes: la mayoría de las personas enterradas en la tumba eran descendientes de cuatro mujeres que tuvieron hijos e hijas con el mismo hombre. Pero no nos precipitemos, no podemos determinar si esto es un caso de monogamia serial, es decir, que ese hombre tuvo como parejas a las cuatro mujeres de forma sucesiva, o si estamos hablando de poligamia.

El túmulo se dispone en dos áreas bien diferenciadas. Cuando fallecían las personas eran enterradas en una de las dos zonas con una clara organización, una al norte y otra al sur. Los descendientes de dos de esas mujeres en una de las áreas, los de las otras dos en la otra. Esto sugiere que los sublinajes maternos se agruparon en dos ramas cuya singularidad se reconoció durante la construcción de la tumba —sabían la importancia de esta dualidad—, quienes la construyeron lo tuvieron en cuenta y se anticiparon a esta división. Es, además, una sepultura que se construyó y usó durante un periodo muy corto de tiempo. Esto es importante, ya que a pesar de que el derecho a enterrarse en esta sepultura se basaba en las relaciones patrilineales, la decisión sobre dónde se depositaban las personas fallecidas, si en la cámara norte o en la sur, estuvo marcada por las mujeres de las que descendían, lo que sugiere que estas desempeñaban un papel socialmente significativo en la memoria de esta comunidad.

La ausencia de enterramientos de mujeres en edad juvenil o adulta que fuesen hijas de estas parejas sugiere que se practicaba la exogamia femenina, ya que sí que tenemos dos niñas que murieron durante su infancia y que fueron enterradas en este lugar.

Pero, un dato más: aparte de estas personas relacionadas genéticamente en la sepultura se entierran ocho personas (cinco hombres y tres mujeres) sin evidencia de relaciones biológicas cercanas con el resto del grupo, lo que sugiere que el parentesco no siempre dependía de la biología, aunque fuese el argumento más importante, sino que es probable que abarcara vínculos sociales independientes del parentesco biológico. Eso que decimos de que la familia es también la que eliges.

Pero volvamos a nuestro territorio para comprobar cómo en la cultura de El Argar, que es como denominamos a las poblaciones de la Edad del Bronce en el sur de la península ibérica, también encontramos estrategias de patrilinealidad y exogamia femenina. El estudio genético que se ha llevado a cabo en el yacimiento de La Almoloya (Pliego, Murcia) ha documentado el perfil de 68 personas. De ellas, 30 eran mujeres que no tenían relaciones genéticas entre sí, es decir, ninguna mujer adulta estaba emparentada genéticamente con otra, a excepción de madres con sus hijas fallecidas en la niñez. Entre las mujeres adultas no hay hermanas, hijas, sobrinas, tías o abuelas. Justo lo contrario ocurre con los hombres, entre los que existen numerosas relaciones genéticas tanto de primer grado (padre, hijos y hermanos) como de segundo (nietos, sobrinos, abuelos, medios hermanos o primos).

Es probable que si esta información que proporcionan los estudios genéticos te la encuentras en la prensa, en más de una ocasión (haz la prueba) verás textos en los que se menciona que, en definitiva, en estas sociedades se intercambian mujeres como quien intercambia cromos. En un titular del periódico *El País* del 6 de mayo de 2023 se podía leer: «El Argar, la enigmática cultura que intercambiaba mujeres entre ciudades». ¿Qué hacemos entonces, decimos que las comunidades que se enterraron en la necrópolis de Panoría intercambiaban hombres? ¿No te da la impresión de que ese es un titular que no vas a ver escrito en ningún sitio? En realidad, lo correcto sería señalar que tanto la exogamia masculina como la femenina son estrategias sociales que usan las poblaciones para evitar problemas mayores, pero ¡dónde vas a parar!, lo del intercambio de mujeres es mucho más morboso.

15

CUERPOS MARY SHELLEY

En abril de 2019, mientras excavábamos la sepultura 15 de la necrópolis megalítica de Panoría (Darro, Granada), fechada hace unos 5.500 años, hicimos un hallazgo, cuando menos, extraño. En el exterior de la cámara funeraria encontramos cuidadosamente depositados los restos de un cráneo y, sobre él, dos huesos largos, un húmero y una tibia. De los más de 55.000 huesos que hemos extraído de esa necrópolis, esos fueron quizá los que más nos intrigaron. ¿Qué hacían fuera de la cámara en la que estaban depositados todos los restos óseos? ¿Por qué solo aparecían esos tres? El misterio se volvió aún más complicado e interesante cuando conocimos tanto el sexo como la fecha en la que murió la persona a la que pertenecían los restos. Al menos uno de estos huesos, el cráneo, pertenecía a una mujer de entre dieciocho y veinticinco años de edad que murió, ojo a este dato, en el siglo v d. C., según la datación radiocarbónica, es decir, en lo que conocemos como Antigüedad tardía, aproximadamente unos 2.500 años después de que esa necrópolis, ese cementerio, dejase de utilizarse.

No es extraño que esos emplazamientos, considerados sagrados, se sigan utilizando como lugares de enterramiento cuando permanecen en la memoria. La reutilización de monumentos megalíticos en épocas históricas alejadas de su momento de construcción y uso es un aspecto habitual en diferentes regiones europeas y mediterráneas. De hecho, su pervivencia a lo largo de extensos periodos temporales puede considerarse una de sus características más destacadas.

En resumen, no hubiera sido raro encontrar una reutilización de ese espacio sagrado en época romana o de la Antigüedad tardía siguiendo los ritos propios de ese momento, por ejemplo, en la forma de depositar el cuerpo o en el uso de ajuares o en la utilización de elementos constructivos muy comunes en las sepulturas romanas, como, por ejemplo, las tégulas (tejas romanas con las que se cerraban las tumbas). Lo que convierte en bastante inusual lo descubierto en Panoría es que los restos antropológicos fueron depositados una vez esqueletizados, es decir, cuando ya eran solo huesos. Alguien, en algún momento, extrajo ese cráneo, esa tibia y ese húmero de otro lugar en donde previamente habían estado enterrados. ¿Por qué? Ni idea, para qué te voy a decir lo contrario. Ya sabes que cuando hablamos de comportamientos humanos es muy complejo acceder a las razones últimas que hay detrás de esas acciones. A veces, podemos hipotetizar, hacer análisis comparativos con situaciones similares cuyas motivaciones sí identificamos, pero, en la mayoría de los casos, conocemos las consecuencias de esos razonamientos, pero no los razonamientos en sí mismos.

En este caso se da una curiosa paradoja, se entierran o se vuelven a enterrar unos restos acercándose a unas formas rituales prehistóricas en un momento en el que se está produciendo la cristianización de la mayor parte de la población y del territorio. ¿Qué hacen ahí esos huesos? ¿Es una práctica de resistencia a los nuevos tiempos y un deseo de reivindicar una identidad pasada?

Pero vayamos un poco más allá. Si esto ya resulta verdaderamente inaudito, te cuento que ahora estamos intentando averiguar si los otros dos huesos, ese húmero y esa tibia, pertenecen también a esa mujer o, por el contrario, provienen de otros cuerpos de la misma o distinta época. ¿Por qué lo estamos haciendo? Quédate, que te voy a contar dos historias impresionantes.

Este tipo de hallazgos nos demuestra que las sepulturas megalíticas no solo eran lugares de enterramiento, sino que también era habitual desenterrar los restos óseos para su uso en otras prácticas sociales. El trasiego de huesos y, por tanto, de ancestros que pasaban del mundo de la muerte al de la vida y, al contrario, debió de ser una práctica bastante habitual en el pasado. Estos cuerpos, o más bien estos restos óseos separados de sus cuerpos originales, pudieron haber sido considerados como reliquias y utilizadas para marcar y mantener importantes relaciones interpersonales y fortalecer identidades comunitarias.

Pero demos aún un paso más. ¿Y si te digo que existen varias sepulturas en las que lo que encontramos son cuerpos digamos... *collage*? Es decir, cuerpos que se compusieron con partes de otros cuerpos una vez que ya estaban esqueletizados... ¿Y si te cuento que a veces los huesos con los que se componen esos cuerpos pertenecen a personas separadas por miles de años? Estos casos nos proporcionan información que altera completamente nuestra comprensión a veces simplista y convencional de la vida en estos periodos. No me digas que la prehistoria no es fascinante, para que luego nos quedemos con la imagen del señor con el garrote y el dinosaurio como referente.

Te voy a poner dos ejemplos excepcionales de cuerpos que se forman con aportaciones de otros cuerpos, de distinto sexo y edad, y que componen un personaje nuevo que debió significar algo relevante para las poblaciones que realizaron la manipulación de esos restos. Si no, ¿por qué?

El primer caso es el encontrado en el yacimiento de la Edad del Hierro de Pommeroeul, hace unos 1.800 años en Bélgica. Allí se había documentado una necrópolis compuesta por 76 cremaciones. La cremación es la forma típica de enterrar a la gente que muere en esa cultura. Por ahora, todo bien. Entonces, en el transcurso de la excavación aparece una sepultura con una inhumación, es decir, se entierra un cuerpo. Qué raro. ¿Es que las poblaciones galorromanas que dispusieron allí la necrópolis ya sabían que ese era un lugar sagrado y por ello las sepulturas coinciden en el espacio? Es una posible explicación, sí.

Pero dudan... No se corresponde con el típico ritual romano. Por ejemplo, la disposición del cuerpo no es la típica, en este caso se ha colocado en posición flexionada sobre el lado derecho. El análisis antropológico inicial también muestra detalles extraños: los huesos presentan diferencias entre ellos, en la robustez o en el momento de desarrollo y crecimiento en el que se encuentran. Además, en el cuerpo hay vértebras mal ajustadas y los pies parecen estar formados por metatarsos y falanges de personas de distintas edades. ¿Qué pasa aquí? Se preguntan.

Si no es un enterramiento galorromano, ¿qué otra cosa va a ser? Deciden realizar un estudio más profundo de ese cuerpo y la primera sorpresa aparece cuando las dataciones radiocarbónicas indican que la sepultura es neolítica. Pero no quedaron ahí las sorpresas. Cuando se practican los análisis bioarqueológicos, se dan cuenta de algo fascinante: la particularidad de ese cuerpo no es solo que estuviese formado por los huesos de varias personas de distinto sexo, edad y que vivieron y murieron en tres periodos del Neolítico diferentes que no se solapan entre sí, sino que además ¡el cráneo era el de una mujer galorromana! ¿Cómo te quedas? Era un enterramiento con un cuerpo ya «construido» con el de varias personas en el Neolítico al que, 2.500 años después, se le añade un nuevo cráneo... y no solo eso, también un nuevo ajuar funerario: un alfiler o aguja en hueso que probablemente formara parte del peinado de la mujer.

El análisis de ADN indica que los huesos largos y el cráneo provienen de, al menos, cinco personas diferentes.

Se empiezan a barajar posibilidades para explicar este hallazgo. Una es que la inhumación fuese descubierta por las poblaciones galorromanas durante el periodo de uso del cementerio como lugar de cremación. Aquí se abren dos vías. Que el cráneo no hubiera estado allí desde el principio y quienes lo descubrieron agregaron uno para completar a esa persona, o que reemplazaran el cráneo existente de la época neolítica con uno del periodo galorromano. Una segunda posibilidad es que esa «persona» fuese «construida» durante el periodo galorromano, combinando huesos neolíticos de origen local con un cráneo del periodo romano. En principio, esta hipótesis se ha creído que era más difícil de sostener; es bien sabida la consideración que existe en el mundo romano por las personas fallecidas, así que no veo yo a estas poblaciones jugar a los puzles con los restos. Pero, piénsalo, al fin y al cabo las gentes que en su mayoría vivieron en Pommeroeul poseían un importante ascendente galo y pudieron albergar otras consideraciones sobre lo que significa realmente el cuerpo. ¿Sería posible plantear una hipótesis por la que este nuevo cuerpo estaba destinado a representar las relaciones, la genealogía entre esas poblaciones y las del pasado? ¿Acaso es eso lo que se pretende representar con semejante cuerpo al estilo del monstruo de Frankenstein, compuesto por huesos de mujeres y hombres de todas las edades?

Veamos otro ejemplo un poco anterior situado en las islas británicas, concretamente en las islas Hébridas Exteriores, frente a la costa oeste de Escocia. Es el asentamiento de Cladh Hallan, fechado hace unos 3.300 años. Bajo los cimientos de tres casas circulares se encontraron los enterramientos de cuatro personas: un hombre, una mujer, una criatura de tres años y una persona adolescente. Todo normal: enterramientos que no podían hacer sospechar, en principio, nada extraño. Bueno, sí, en el caso del hombre la disposición del cuerpo indicaba ya desde el estudio inicial algo raro, y eso fue lo que hizo que se procediera a un análisis más pormenorizado de este cuerpo. Había algunos huesos fuera de su sitio, diferencias de tamaño entre ellos... El estudio de ese cuerpo reveló que estaba compuesto de huesos que procedían de tres individuos distintos. El cráneo pertenece a una persona distinta a la dueña original de la mandíbula, y la tibia no puede ser asociada con ninguno de los restos anteriores. Así que aquí lo tenemos otra vez.

Llegados a este punto se plantearon si el esqueleto que, en principio, habían supuesto que era el de una mujer adulta y que yacía sobre su lado izquierdo era realmente lo que aparentaba. La disposición del cuerpo no era sospechosa, pero, visto lo sucedido con el esqueleto masculino, la pregunta era más que obligada. ¿Lo ves? En nuestra investigación lo que nos hace avanzar no es solo que ahora podamos usar las técnicas bioarqueológicas más interesantes, sino que estamos haciendo preguntas más interesantes. Para probar la hipótesis de que el esqueleto femenino también era un *collage*, se examinó el ADN antiguo de cuatro de sus restos: el cráneo, la mandíbula, el húmero derecho y el fémur derecho. Y ¡bingo! La mandíbula, el fémur y el húmero pertenecían a diferentes individuos: una mujer y dos hombres.

Hace unos 3.300 años, alguien decidió «crear» dos personas con los restos de, al menos, otras seis. Esa fusión de sus identidades pudo estar vinculada a la unión en dos cuerpos de diferentes ancestros en un solo linaje. Además, en este caso, esas partes del cuerpo se unieron cuando aún conservaban parte de los tejidos. Esto resulta aún más curioso: los datos parecen indicar que a esos cuerpos se les aplicó algún tipo de tratamiento para su conservación. De hecho, la hipótesis más plausible es que los cuerpos de los que provenían los huesos habrían estado sumergidos durante algunos meses en un ambiente ácido, probablemente una turbera, un tipo de humedal parecido a un pantano, compuesto por musgos o por plantas, con un alto componente orgánico que facilita procesos de conservación. Después fueron secados y, durante algún tiempo, permanecieron en algún lugar hasta que en un momento determinado se crearon estos puzles humanos. Si Mary Shelley pretendía con *Frankenstein* criticar el deseo de la búsqueda de la inmortalidad, estas poblaciones crean un personaje que es simbólicamente inmortal.

Tanto en el caso de Pommeroeul (hace 1.800 años) como en el de Cladh Hallan (hace unos 3.300), dos asentamientos distantes entre sí tanto geográfica como cultural y temporalmente, en un momento determinado se toma la misma decisión, relacionada con cómo se perciben como sociedad. Se opta por crear unos personajes que, necesariamente, tienen que significar algo muy relevante para estas poblaciones. Sería razonable hipotetizar sobre la generación de un personaje mítico y referencial para esas poblaciones. Que las uniera bajo un mismo linaje mítico. Y aquí va un dato importante: ese personaje se configura con las identidades de mujeres y hombres de distintas edades. No eligen solo hombres adultos, ese no es el modelo para la creación de su identidad grupal. Cuando construyen a quien les explica, optan por elegir la suma de lo que son por separado. Quizá deberíamos reflexionar sobre esta elección cuando nos ponemos a pensar en nuestro pasado. Cuando nos disponemos a representar en los museos a quienes entendemos que han ocupado lugares centrales en la historia. Cuando decidimos quién representa la norma y quién no. ¿No te parece?

16

EL CUERPO REPARADO

Complejo Hospitalario Universitario de A Coruña. Octubre de 2024. Un equipo médico realiza con éxito y por primera vez en nuestro país la recuperación total del corazón de una niña de un año mediante el uso, en primer lugar, de un ECMO, un dispositivo de asistencia mecánica circulatoria y respiratoria capaz de proporcionar soporte cardíaco y pulmonar, y, como tratamiento final, un corazón artificial. La niña padecía una miocarditis debido a una infección vírica por parvovirus que le provocó una insuficiencia cardíaca, un corazón dilatado que ya no conseguía latir y que tenía muy poca fuerza muscular.

Lo que somos capaces de hacer en medicina con la investigación científica es alucinante. Fíjate bien: a esta niña, después de implantarle ese ECMO, que consiguió estabilizarla pero que podía ser muy agresivo, se lo sustituyeron por un dispositivo llamado Berlin Heart, un corazón artificial extracorpóreo que se suele emplear en niños porque los corazones artificiales no caben dentro de sus pequeños cuerpos. Es una especie de corazón de plástico con unos tubos y una bomba neumática que late. Esta máquina hace la función del corazón, pero desde fuera de la criatura. Bombea la sangre desde el ventrículo izquierdo del corazón y, de ahí, a la aorta, que es el principal vaso sanguíneo del cuerpo.

Unos dos meses después de esta operación, y viendo que había mejoría en la función de su propio corazón, se empezó a reducir de manera progresiva la ayuda que proporcionaba el corazón artificial, hasta llegar al punto de retirarlo por completo y conseguir la recuperación total de la pequeña. Se ha evitado un trasplante y la medicación de por vida que pudiera conllevar.

¡Toma ya! ¡Viva la sanidad pública! Que no se nos olvide que la medicina no consiste solo en tratar la enfermedad, sino, y sobre todo, en investigar desde lo más básico a lo más complejo, desde observar qué tratamientos son mejores hasta entender las causas de la enfermedad para ser más eficaces poniéndoles remedio. Y eso solo se hace con inversión, con muchos años de paciencia, con mucha formación y con mucha experiencia. En definitiva se hace desde las universidades públicas, los centros de investigación públicos y los hospitales públicos, que no tienen prisa ni urgencia, solo la encomienda de dedicar talento y tiempo a estos problemas. Hasta encontrar la solución.

Pero esa cirugía tan específica y espectacular sobre el corazón de esa niña, como tantas que nos asombran en muchas ocasiones, tuvo su origen en otras más antiguas, que también intentaban paliar el sufrimiento humano a través de la intervención en los cuerpos. Las primeras operaciones que conocemos son las trepanaciones. La trepanación es una de las formas más antiguas de neurocirugía, las tenemos documentadas desde hace al menos 10.000 años y con el tiempo fueron mejorando sus técnicas.

Le pregunto por este tema a Sonia Díaz-Navarro, antropóloga física y especialista en bioarqueología, una de las personas que más sabe en la actualidad sobre trepanaciones. Me cuenta que una trepanación es el resultado de practicar un orificio en el cráneo, y en los más de 130 casos documentados en la península ibérica y las islas Baleares, existen tres técnicas distintas: el barrenado, el raspado y la incisión. La que más se utiliza es el barrenado, que consiste en usar una punta muy afilada hecha en piedra, normalmente sílex, y hacerla rotar sobre el cráneo, con lo que se consigue un orificio circular; el raspado se basa, como su propio nombre indica, en raspar aprovechando la curvatura del cráneo hasta desgastar el hueso, y con ello lo que se consigue es un orificio de forma ovalada. La última técnica, la incisión, consiste en hacer cortes con un cuchillo o punta sobre el cráneo. Con los dos primeros métodos, el índice de supervivencia es mayor; observamos que el hueso se regenera, vuelve a crecer, es decir, la persona sobrevive a la trepanación. Con la última técnica el índice baja bastante, supongo que porque haciendo cortes tienes menos control de hasta dónde introduces la hoja cortante. En cualquier caso, son mayoría las personas que sobreviven a una trepanación en época prehistórica. Y es probable que lo hicieran porque, en la mayor parte de los casos, no se llegaba hasta el cerebro, y el riesgo de infecciones no era excesivo porque se usaban útiles de piedra, que, a la vez que rompían el hueso, se iban desgastando y por tanto esterilizando.

Sonia me cuenta un ejemplo que ha estudiado recientemente, el caso de una mujer descubierta en la sepultura en La Saga (Cáseda, Navarra), enterrada junto a otras ocho personas hace unos 3.500 años a la que se le practicó una trepanación y que, lamentablemente, no sobrevivió. Sin embargo, el estudio pormenorizado de su cráneo nos ha permitido conocer tanto la técnica como el proceso que se llevó a cabo. En primer lugar se realiza la retirada del cuero cabelludo, comenzando desde la mitad izquierda del cráneo, hasta separar la piel en la zona donde se iba a realizar la operación, y lo sabemos porque se han encontrado marcas de corte superficiales y paralelas. ¡Qué poco te está gustando este capítulo!, ¿verdad? Seguimos, que ya verás que es muy interesante. La técnica empleada para realizarla fue la de la incisión, la que te he comentado que tenía el menor índice de supervivencia. Pues bien, primero se hicieron unos cortes con una hoja afilada en forma de pentágono y después, cuando la incisión fue suficientemente profunda, se hizo palanca con otro elemento y se extrajo el trozo de cráneo. Es muy probable, o al menos esperable, que a esta mujer se le proporcionase algún tipo de droga para dormirla o al menos adormecerla. Hay pruebas del uso de sustancias como el opio o el cannabis en diversos momentos del pasado que se emplearon con fines médicos; contamos con evidencias tanto desde la paleobotánica como mediante objetos que imitan en sus formas a estas plantas psicotrópicas, así que sin duda se conocían y usaban. Y, sinceramente, espero que se utilizasen en este caso. La trepanación no salió bien, probablemente porque se practicó en un lugar poco habitual, el seno sagital superior, que es la zona más alta del cráneo y por donde discurren varias venas de la parte externa del cerebro que cuando se dañan provocan la muerte. En este caso, además, la cantidad de cortes que hubo que practicar para realizar el orificio nos muestra que o bien la persona que realizaba la trepanación era inexperta, o bien el cráneo era demasiado duro.

¿Por qué se le practicaría una trepanación a esta mujer? En realidad no lo sabemos. No se han podido identificar lesiones craneales ni evidencias de enfermedades que pudieran haber llevado a tomar esa decisión. Pero lo cierto es que, al conservarse solo el esqueleto, únicamente podemos conocer las patologías que dejaran huella en los huesos. En ocasiones pudieron hacerse trepanaciones para curar fracturas previas, y eso sí que podríamos saberlo. Es decir, se nos escapan otras enfermedades o síntomas como epilepsia, dolores de cabeza y migrañas, hipertensión o tumores que pudieran haberse puesto de manifiesto a través de dolores intensos y poco soportables o de comportamientos que se considerasen extraños o extravagantes por parte de quien los sufriera, así que es probable que a veces se llegara a la conclusión de que la única forma de remediarlo fuesen estas operaciones quirúrgicas.

Pero... en este caso además hay un componente intrigante que abre otras posibilidades... Te he comentado que junto a ella se enterraron a la vez otras ocho personas, la mayoría mujeres y criaturas, todas ellas inhumadas con esmero. Pues bien, es probable que estas personas murieran a causa de una epidemia. ¿Tendría algo que ver esa trepanación con el intento de sanar esa enfermedad? En la misma sepultura se han detectado otras tres trepanaciones, aún en estudio: en otra mujer, un niño y un hombre adulto. Probablemente nunca lo sabremos, pero una posibilidad es que fuera un intento de sanar esa enfermedad.

Y te dejo un último dato curioso sobre este caso. Si bien te he hablado de una mujer, en la península ibérica tan solo el 10,4 por ciento de los cráneos trepanados corresponde a mujeres, frente al 60,7 por ciento de hombres. ¿Podemos sacar conclusiones acerca de este dato? Será difícil hacerlo, ya que hay un alto porcentaje de cráneos que no se han podido sexar, lo que podría alterar significativamente ese resultado. Asimismo, el no poder asegurar las razones médicas por las que se realizaban las trepanaciones, por la falta de indicios, nos dificulta también llegar a comprender esa diferencia, ya que la mayoría de las enfermedades que pudieran requerir una trepanación no tienen mayor incidencia en hombres o en mujeres. Solo si consideráramos otra de las hipótesis establecidas para la práctica de las trepanaciones, la que tiene que ver con motivaciones religiosas o de creencias dentro de rituales practicados una vez que las personas estuvieran muertas y fuésemos capaces de relacionar esas prácticas con el sexo de los individuos, podríamos extraer alguna mínima conclusión.

Donde sí es muy probable que sepamos las razones por las que se realiza la trepanación es en Can Tintorer (Gavà, Barcelona). Un hombre de unos treinta años que padecía una malformación congénita en una vértebra cervical fue sometido hace unos 6.800 años a dos trepanaciones a las que sobrevivió. Esa malformación debió provocarle migrañas continuas que intentó paliar con adormidera. ¿Cómo lo sabemos? Pues porque hemos encontrado en su sarro restos de esta sustancia.

Pero sigamos, que sé que te está empezando a gustar esto de la cirugía prehistórica. Vamos a dar un paso más. Vamos a conocer el caso de una amputación realizada hace más de 30.000 años en la Cueva de Liang Tebo, en Borneo. Vuelve a mirar la cantidad de años. Sí, 30.000. La operación quirúrgica consistió en la amputación del tercio distal de la parte inferior de la pierna izquierda de un adolescente de unos doce años. Los fragmentos de la pierna izquierda recuperados de la sepultura presentaban un crecimiento óseo distal que demuestra que este joven sobrevivió a la operación y que murió con unos veinte años. Imagina todo lo que significa este hallazgo. Significa, por un lado, que se entendía que no hacerlo podía poner en grave riesgo la vida de la persona, pero además demuestra un conocimiento profundo de la anatomía humana y una considerable habilidad técnica para realizarlo. La herida se habría tratado tal vez utilizando recursos botánicos con propiedades medicinales para prevenir la infección y proporcionar anestésicos para aliviar el dolor. Y además, como es lógico, necesitó apoyo no solo de forma inmediata tras la operación, sino también, y dado que vivió en un terreno accidentado y montañoso, el resto de su vida. Pero de esto te hablo en el capítulo siguiente, de la importancia del cuidado y de la relevancia que tiene que esta tarea la asuma la comunidad entera.

Como quiero terminar por todo lo alto este capítulo dedicado al ingenio, al conocimiento y al talento que hemos desarrollado como especie para tratar de paliar el sufrimiento humano a través de la práctica médica, tengo que referirme a la primera intervención de oído de nuestra historia, hace más de 5.000 años: una doble trepanación en los huesos temporales de una mujer de unos cuarenta años, cuyos restos se han recuperado en el dolmen de El Pendón (Burgos). Lo primero que debemos tener claro es que esta mujer tuvo que sufrir fuertes dolores crónicos debido a una mastoiditis, es decir, una inflamación aguda de la apófisis mastoides del hueso temporal —el hueso que tenemos detrás de la oreja—. Seguramente tuvo un origen bacteriano, que provocó una otitis media que no se curó y que terminó agravándose. Si alguna vez en tu vida has tenido dolor de oídos, sabrás lo insufrible y desesperante que puede llegar a ser. Pero es que, además, si no se atiende adecuadamente con medicación o el drenaje quirúrgico adecuado, esta enfermedad puede ser letal.

Vuelvo a preguntarle a Sonia Díaz-Navarro, principal investigadora de esta trepanación tan inusual, sobre cómo pudo llevarse a cabo la operación. Me cuenta que el cráneo tiene dos perforaciones en ambos huesos mastoides, porque en realidad deberíamos estar hablando de «las operaciones»: a esta mujer se le practicaron dos mastoidectomías, dos procedimientos quirúrgicos destinados a retirar una parte del hueso dañado a causa de la infección. La regeneración del hueso que se puede observar en los dos oídos demuestra que la mujer sobrevivió en ambos casos y que al fin se terminó el dolor que habría sufrido durante buena parte de su vida.

Nuestro cuerpo es una máquina compleja, perfecta, solemos decir, pero también altamente vulnerable. Por ello, los capítulos que vienen a continuación van a tratar sobre el cuidado del cuerpo, la práctica médica, la salud, pero también sobre las consecuencias que tienen para nosotras determinados estereotipos establecidos, sesgos relacionados con el género y la salud. Porque toda esa investigación puesta al servicio de la salud, y que acabo de elogiar y aplaudir, en muchas ocasiones se ha olvidado de nosotras. Existen desigualdades manifiestas en los esfuerzos diagnósticos o terapéuticos, que son más importantes para con los hombres que con las mujeres, existen enfermedades o condiciones de salud menos estudiadas porque son nuestras y, por tanto, naturales, y también existen desigualdades que se generan a partir de ideas preconcebidas sobre quién debe cuidar. Estos aspectos tienen que ver directamente con la vida de las mujeres y también con su enfermedad y su muerte.

17

CUERPOS Y (DIS)CAPACIDADES

Te voy a contar una de las historias con el argumento más bonito de las que nos descubren los huesos en los yacimientos arqueológicos. El argumento de la inclusión y del cuidado. Es la de la mujer de unos treinta años con acondroplasia, enterrada en la sepultura colectiva de la Edad del Cobre de Camino del Molino (Caravaca de la Cruz, Murcia). La acondroplasia es una enfermedad que afecta al crecimiento del cartílago y del hueso y que ocasiona el tipo más común de enanismo. El de esta mujer es el caso más antiguo documentado en la península ibérica, fechado hace unos 4.000 años.

Su displasia le afectó más en los antebrazos, aunque la talla baja afectaba todo su cuerpo. Esta condición le impedía realizar determinados movimientos. Probablemente no podía levantar los brazos en alto y tendría dificultades para hacer determinados movimientos con las muñecas. Estas circunstancias habrían complicado su día a día y su participación en algunas de las tareas cotidianas del grupo, pero no impidió que llevara una vida activa e independiente ni que participara en actividades relacionadas con el transporte de cargas pesadas o que recorriera amplios lugares escarpados. Pudo levantar mucho peso y tenía una gran resistencia para andar por el campo. Cuando murió fue enterrada junto al resto de la gente del poblado en esta sepultura colectiva en la que se han encontrado, al menos, 1.349 personas de todas las edades. Como una más.

La discapacidad es un concepto complejo. La definición de lo que es una discapacidad varía en diferentes países y sistemas legales, pero también en la comprensión por parte de la sociedad y en la autorrepresentación individual. Según la Organización Mundial de la Salud se calcula que 1.300 millones de personas, es decir, el 16 por ciento de la población mundial, sufren actualmente una discapacidad importante. Esta cifra está aumentando debido al crecimiento de las enfermedades no transmisibles y a la mayor duración de la vida de las personas. Las personas con discapacidad constituyen un grupo diverso, por lo que sus experiencias vitales y sus necesidades en materia de salud se ven afectadas por factores como el sexo, la edad, la identidad de género, la orientación sexual, la religión, la raza, la etnia y la situación económica. Estas personas mueren antes, tienen peor salud y experimentan más limitaciones en su actividad cotidiana que las demás.

Sin embargo, esta realidad no nos ha hecho cuestionarnos demasiado algunas cosas, ni siquiera en lo simbólico. Hemos tenido que esperar hasta enero de 2024 para que en el pleno del Senado se aprobara la reforma de la Constitución que eliminaba el término *disminuido* y lo sustituía por el de *persona con discapacidad*, con el respaldo de todos los grupos parlamentarios, salvo el de Vox. Que todo hay que decirlo.

La redacción actual de su articulado, dice lo siguiente: «Las personas con discapacidad ejercen los derechos previstos en este Título en condiciones de libertad e igualdad reales y efectivas. Se regulará por ley la protección especial que sea necesaria para dicho ejercicio. Los poderes públicos impulsarán las políticas que garanticen la plena autonomía personal y la inclusión social de las personas con discapacidad, en entornos universalmente accesibles. Asimismo, fomentarán la participación de sus organizaciones, en los términos que la ley establezca. Se atenderán particularmente las necesidades específicas de las mujeres y los menores con discapacidad». Cuestiones básicas de derechos humanos, vaya.

Y ¿de qué sirve la arqueología en este asunto? Pues, primero, para visibilizar la existencia de personas con distintas capacidades en todas las sociedades humanas de cualquier periodo histórico. Otra de las grandes ocultaciones que hemos hecho de nuestro pasado. Segundo, para proporcionar información clave sobre cómo varían las actitudes hacia la discapacidad en diferentes culturas y a través del tiempo: se pueden explorar cuestiones como la marginalidad, la exclusión social o la aceptación; se puede estudiar cómo influyen el género y la edad; o se pueden intentar discernir, a través de la bioarqueología, la atención médica y los cuidados en el pasado.

Como hemos visto en el caso de la mujer de Camino del Molino, su tratamiento ante la muerte y su lugar de enterramiento ponen de manifiesto la aceptación social de estas personas, ya que no existen diferencias reseñables. Y es así a partir del Neolítico. Sin embargo, sí se han documentado comportamientos especiales con significados altamente rituales durante el periodo anterior, el Paleolítico.

Es el caso del niño de unos doce años enterrado en la necrópolis de Qafzeh, en lo que hoy es Israel, hace unos 100.000 años. Probablemente cuando tenía unos cinco o seis años, el niño se cayó desde una altura considerable y se golpeó la cabeza. Aunque sobrevivió, se fracturó el hueso frontal, lo que le produjo un daño cerebral que probablemente le causó problemas de visión y algunas dificultades para hacer determinadas tareas, incluso pudo tener algún impedimento para comunicarse. Lo que sabemos a ciencia cierta es que necesitó mucha ayuda en su vida diaria, así que fue objeto de cuidados y, cuando murió, lo enterraron sujetando con las manos unas astas de ciervo, algo realmente excepcional, ya que no se ha documentado ninguna otra sepultura en la que haya aparecido algo similar.

A veces la discapacidad se presenta desde el nacimiento por causas congénitas. Y en este caso también en el tratamiento funerario se pueden observar las respuestas emocionales, diría más, los compromisos emocionales ante estas circunstancias. Es el caso de la niña de apenas un año enterrada en Lazarides (Grecia) hace 3.300 años. Nació con una trisomía 21, lo que hoy conocemos como síndrome de Down, y cuando murió la enterraron igual que lo hicieron con el resto de los niños y niñas de su poblado. Lo hicieron bajo el suelo de su casa con un collar de 93 cuentas de varias formas y tamaños —cuentas de pasta de vidrio y cerámica— y con 4 pequeños cilindros de cornalina, un mineral de color rojizo. Un caso parecido es el del Alto de la Cruz (Navarra), una niña con síndrome de Edwards, una trisomía 18, que vivió hace 2.600 años durante solo unas semanas. La encontraron enterrada con cuidado y amor.

Pero también en las sociedades prehistóricas encontramos patologías particularmente extremas que nos sitúan ante la comprensión del nivel de cuidados, altruismo y compasión alcanzado por las poblaciones prehistóricas. Especialmente emocionante, o al menos a mí me lo parece, es el caso de un hombre que murió cuando tenía unos veinticinco años y que padecía una cuadriplejia que comenzó cuando era adolescente. Nos vamos al yacimiento de Mán Bạc, en Vietnam, hace unos 4.000 años.

Este hombre sobrevivió durante diez años con discapacidades tan graves que habría dependido de la ayuda de otros para todos y cada uno de los aspectos de la vida diaria. Paralizado de cintura para abajo y con una movilidad muy limitada en la parte superior del cuerpo, afrontó sin duda un desafío para el mantenimiento de su salud y su calidad de vida. Su supervivencia durante tanto tiempo implica una atención dedicada, de muy alta calidad y continuada.

El estudio de las prácticas de cuidados en las sociedades prehistóricas puede indicarnos no solo las causas naturales, sociales y económicas que provocaron la enfermedad (crisis nutricionales, ejercicio de la violencia, enfermedades congénitas...), sino las condiciones sociales que posibilitaron el desarrollo de esas prácticas de cuidado que garantizaran la supervivencia de las personas. La enfermedad o la necesidad de cuidados no deben ser consideradas exclusivamente desde un punto de vista biológico, sino que supone un problema social; cualquier síntoma de dolencia o necesidad de protección pone en movimiento de manera automática una serie de conocimientos, trabajos, actitudes y experiencias por parte de los grupos humanos. La forma en que una persona responde a la experiencia de una enfermedad o lesión grave refleja no solo el tratamiento recibido, sino también las características, creencias y conductas individuales formadas dentro de un entorno sociocultural específico.

Sin embargo, no creo que haga mucha falta que te lo recuerde, hasta hace bien poco se ha prestado escasa atención a estas actividades por una cuestión fundamental: su atribución histórica prácticamente exclusiva a las mujeres, lo cual las hace invisibles y poco valoradas.

Esto es, precisamente, lo que nos enseña el hombre enterrado en Mán Bạc. La capacidad y el empeño de cuidar de la comunidad en la que vivía. Sus restos indican que sufría una atrofia extrema por desuso de las extremidades inferiores y superiores, anquilosis total de todas las vértebras cervicales y las tres primeras torácicas, una tortícolis permanente y degeneración bilateral de la articulación temporomandibular. Quienes han estudiado su cuerpo han propuesto que sufriría síndrome de Klippel-Feil (SFC) tipo III.

Sin duda, dependía de otras personas para sobrevivir desde el inicio de la parálisis en la adolescencia en adelante. Y su supervivencia es la prueba clave de la aplicación de esos cuidados. Desde la atención básica y la asistencia para las necesidades diarias de la vida, como la provisión de alimentos, agua, alojamiento, transporte y ayuda para vestirse, hasta cuestiones más complejas como el mantenimiento de la higiene personal, la seguridad física, la salud general y el bienestar.

Nuestro protagonista era incapaz de obtener comida y agua de forma independiente, e incluso es probable que su enfermedad fuese un obstáculo para una masticación eficiente, lo que implicaría la preparación de determinados tipos de alimentos. Las limitaciones en la función de la parte superior del cuerpo habrían sido un serio impedimento para vestirse por sí solo. Habría que procurar que siempre estuviera limpio y seco. Es probable que los conocimientos de su comunidad para tratar estas afecciones fuesen muy limitados, pero seguramente serían conscientes de la necesidad de mover su cuerpo, de reposicionarlo, de masajearlo y, también con alta probabilidad, se usaran remedios a base de hierbas para el tratamiento de algunos de los síntomas.

Pero más allá de todo esto, que me parece importantísimo, quienes estudiaron las capacidades de cuidado de este caso en particular hicieron hincapié en una cuestión que considero fundamental. Además de los aspectos físicos del cuidado, fue imprescindible un entorno seguro, un apoyo emocional e inclusivo. Esto permitió a este hombre crecer hasta la edad adulta, desarrollar un papel para sí mismo dentro del grupo, mantener un sentido de autoestima e interactuar con otros en su comunidad en los niveles que fuese posible. Hablamos, sí, de dignidad.

Las personas que lo cuidaron le profesaban compasión, respeto y afecto. Ten en cuenta que al menos los últimos diez años de su vida no habría podido asumir el papel normal de los de su edad, participar en las actividades de la niñez tardía y la adolescencia temprana, vio cómo otros asumían roles y responsabilidades asociados con las diferentes etapas de la vida, y él no lo hizo. Aunque pudo haber contribuido a su grupo de muchas maneras, su propia supervivencia pudo haber sido una fuente de identidad y cohesión comunitaria fortalecidas. Cuando murió, fue enterrado en la necrópolis como el resto de sus vecinos y vecinas. Su posición y su orientación atípicas serían probablemente el resultado de las limitaciones impuestas por su condición física.

Todo ello hizo concluir que este caso es probablemente la experiencia prehistórica más temprana y extrema de supervivencia a largo plazo con discapacidad total.

No podremos saber nunca si las distintas tareas fueron realizadas por una sola persona o por varias del grupo. Cuidar a una persona con discapacidades graves es una labor compleja, dura en lo físico y en lo emocional, ahora y en la prehistoria. Por eso, todos los aspectos de la atención son críticos para preservar la vida y todos interactúan para conformar el estándar de atención que se puede prestar. Y lo que es también muy fácil de entender es que la adopción y mantenimiento de conductas de apoyo habrían requerido el consentimiento y la cooperación de toda la comunidad en su conjunto.

Si has cuidado o conoces a alguien en tu entorno que

cuide a una persona con estas necesidades, lo sabes. Más allá de las emociones y los afectos, del amor que se transmite y se entrega, sin reproches ni arrepentimientos, supone un desgaste físico y emocional brutal, y, en ocasiones, a ello se suma la soledad que significa la falta de medios o de recursos, la impotencia y la rabia, el sacrificio personal y familiar. Por eso resulta tan insultante que la Ley 39/2006, de 14 de diciembre, de Promoción de la Autonomía Personal y Atención a las personas en situación de dependencia, es decir, la conocida como ley de dependencia, esté sometida a los vaivenes de los partidos políticos que gobiernan. Porque, quizá, debería ser una de las que no generase dudas en su aplicación y financiación, para que la gente no muriera tras aguardar años en listas de espera, para que quienes cuidan —en un altísimo porcentaje, mujeres— no sientan el desamparo dentro de una sociedad que debería volcarse en cuidar a las personas dependientes. Porque cuidar es lo más importante que hacemos.

18

EL CUERPO ABSTRACTO

Hace aproximadamente un año, dos colegas, la catedrática de Prehistoria de la Universidad de Alcalá de Henares Primitiva Bueno y el arqueólogo y en la actualidad director técnico del Museo de Bellas Artes Gravina (MUBAG) en Valencia Jorge Soler, me pidieron que les escribiese un prólogo para un libro que estaban a punto de terminar titulado *¿Ídolos? Hijas del sol. Pequeñas imágenes humanas en el tiempo de las grandes piedras. Iberia, IV-III milenio a. C.* El libro tiene vocación de manual universitario en el que se recogen, se explican, se detallan todas las figuritas del Neolítico y la Edad del Cobre de la península ibérica. La idea deriva del enorme éxito de una exposición que habían comisariado entre 2020 y 2021: «Ídolos. Miradas Milenarias / Ídolos. Olhares Milenares», un proyecto impulsado por la Fundación CV MARQ de Alicante, el Museo Regional de la Comunidad de Madrid y el Museo Nacional de Portugal, y que reunió en Alicante, Alcalá de Henares y Lisboa más de doscientas piezas de distintos museos de España y Portugal. La exposición fue un auténtico éxito. Por supuesto una buena parte de este se debió a la calidad de las piezas y al buen hacer del comisariado, pero más allá de esto, la muestra encantó porque era un fascinante desfile de representaciones de cuerpos.

Durante la pormenorizada lectura del estupendo volumen me reafirmé en algo de lo que ya era consciente: la enorme variabilidad en las representaciones humanas. Leyendo el libro me di cuenta de que las distintas maneras de exponer y contemplar el cuerpo humano que tenían las poblaciones de la prehistoria suponían una prueba de la importancia y sobre todo del carácter social y cultural que tenían los cuerpos. No eran imitaciones del natural, o meras descripciones de lo biológico; eran interpretaciones culturales del cuerpo.

Una de las estrategias que más me interesan de esas distintas fórmulas con las que representar el cuerpo humano es la capacidad de hacerlo abstracto, de descomponerlo y volverlo a armar de forma distinta. Con códigos que, a veces, no vamos a saber interpretar, porque, desde el presente, no tenemos la capacidad de descifrar esos códigos, no poseemos el conocimiento necesario. Muchas cosas se nos escapan, solo podremos intuirlas. Es cierto que toda representación artística supone un proceso de abstracción de la realidad. Ni siquiera cuando fotografiamos dejamos de interpretar, también ahí potenciamos, disfrazamos u ocultamos la realidad material que tenemos enfrente y hacemos que cuente lo que queremos que cuente.

Confieso que una de las imágenes que más me fascina de este proceso de abstracción es la denominada «figurita de El Torcal». Sobre una concha de grandes dimensiones se talla una figura femenina tremendamente esquematizada.

Sus formas pretenden la simbiosis entre el cuerpo y la naturaleza que observan a su alrededor quienes la crearon, las personas que habitaron la Cueva del Toro (Antequera) hace unos 7.000 años. La figurita refleja el paisaje calcáreo de esa sierra, que genera formas complejas, y está vinculada a la silueta del monumento nacional natural de El Tornillo, unas formas esculpidas por los sedimentos marinos desde hace 150 millones de años que han sufrido con el paso del tiempo la erosión provocada por la lluvia, el viento y el hielo de forma constante. Y en medio de esa figura que imita las formas naturales, otro elemento biológico que, curiosamente, la culturiza: la representación de una vulva. Es una forma de expresar la vinculación ideológica con el entorno de esa comunidad. Es tan pequeña... No llega a 5 centímetros de altura. Yo, que la he tenido en la palma de la mano, no dejo de sorprenderme por la delicadeza, la habilidad técnica y la capacidad de contar tantas cosas con tan poco.

No muy lejos de allí, en la propia provincia de Málaga, en la Cueva de la Pileta (Benaoján), concretamente en la Sala de los Murciélagos, se encontró en 1934, otra figurilla femenina.

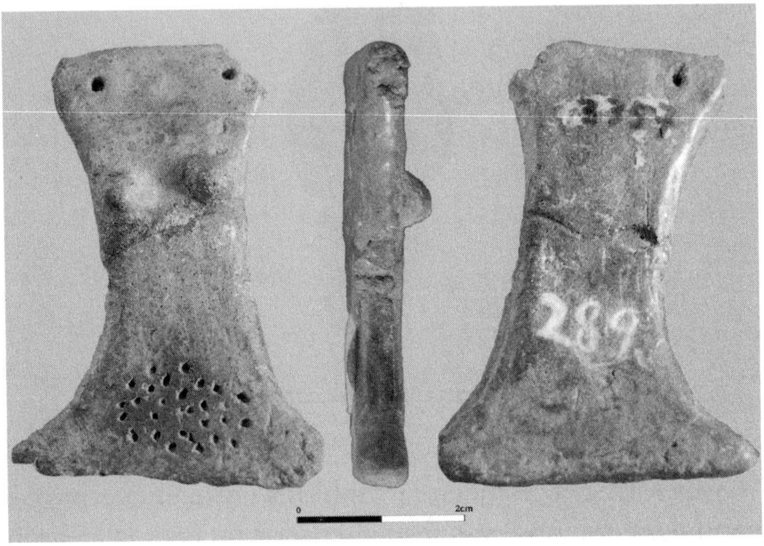

Otra abstracción. Se trata de una placa de cerámica lisa compuesta por dos triángulos invertidos, unidos por uno de sus vértices y que crean una forma bitriangular. En uno de los lados no tiene ningún tipo de decoración, en el otro aparece la representación tanto de los senos como del triángulo púbico, simbolizado por una nube de puntos. La interpretación del pubis en esta pequeña escultura presenta una singularidad: el número de los orificios es 28. Esta cifra podría ser resultado del azar, pero quienes la han estudiado a fondo señalan que parece evocar el número que expresa un ciclo lunar sinódico, vinculado con la idea de ciclo menstrual. El tiempo lunar y su entronque con el ciclo reproductivo de la mujer, de carácter repetitivo, da lugar al calendario de 13 lunas de 28 días que constituye un calendario fácil de computar, tremendamente vinculado a la necesidad de aprehender el tiempo en estas sociedades en las que los ciclos —los de vida, los del sol, los de las cosechas, los de la fertilidad animal...— son extremadamente relevantes para la supervivencia del grupo hace 5.500 años. Y otra vez tanto, expresado con tan poco. Algo más de seis centímetros de altura.

Como has podido comprobar en la descripción de las figuritas, he omitido la palabra *venus*, aunque, probablemente, si te apeteciera buscar imágenes de estas dos esculturas en internet deberías usarla. En *Prehistorias de mujeres* dediqué un capítulo a explicar por qué debemos considerar un error el llamarlas así. En concreto, en aquella ocasión me refería a las representaciones de cuerpos de mujeres en el Paleolítico. Llamarlas «venus» nos remite al concepto griego y romano de la sensualidad, la belleza y la sexualidad de las diosas, que nada tienen que ver con el significado de estas piezas producidas miles de años antes en contextos políticos, sociales y económicos distintos. Un concepto, el de venus, que ya no se utiliza en la literatura científica, pero que ha calado tanto en el imaginario colectivo que aún resulta tremendamente difícil desterrarlo de nuestro vocabulario. Si en aquel momento presté atención a esas figurillas procedentes del Paleolítico, en las que las sociedades son recolectoras y cazadoras, en esta hablamos de cómo se representan los cuerpos en las sociedades agrícolas y ganaderas.

¿Cómo debemos llamar entonces a la inmensa producción de representaciones de cuerpos, fundamentalmente de mujeres, pero no solo de mujeres, que encontramos por decenas en el registro arqueológico de toda Europa? Te diré que uno de los conceptos propuestos es el de «ídolo». Pero, como habrás intuido por el título del libro que menciono al principio del capítulo, en el que el término está entre interrogaciones, este también genera muchas dudas. Pero ¿por qué? Pues porque la palabra *ídolo* nos remite al mundo religioso, al de las creencias, a que estas representaciones humanas sean personificaciones de diosas y dioses. Todas. Y eso no es asumible. Las figuras aparecen en contextos funerarios, pero también en cuevas, o en cabañas, sirven para llevarlas, guardadas, como amuletos, colgadas o no. Y su significado puede ser enormemente amplio, por supuesto algunas tendrán un carácter sacro, pero otras estarán vinculadas al culto a los ancestros, o a la representación de la identidad de las distintas comunidades, a la intención de generar cierto control social o a las diferenciaciones de género, incluso han podido ser utilizadas como juguetes. Así que el término *ídolo* tampoco satisface la variabilidad de estas representaciones, o de los lugares en los que aparecen. ¿Cómo las llamamos entonces? Pues figuritas, llamémoslas *figuritas* y luego veamos cómo definirlas, dependiendo de su contexto o de la forma en la que se representen.

En la península ibérica, hace entre 7.500 y 4.000 años, durante más de 3.000 años, la figura humana se codifica, se reinterpreta y se expone ante la comunidad. Lo hace además vinculada al fenómeno megalítico, a esas construcciones, en buena parte funerarias, que pretenden apropiarse del paisaje; construcciones que usan grandes piedras para adquirir forma de dólmenes y menhires. Por primera vez en nuestra historia, la arquitectura anhela controlar el territorio de forma simbólica. Y en esa apropiación del paisaje y de la naturaleza, los cuerpos juegan un aspecto fundamental. Sobre todo, los de las mujeres. La investigación realizada hasta el momento constata la prevalencia de cuerpos de mujeres en soportes diversos y contextos diferentes con una especial intensidad en los lugares funerarios.

Estas figuras suponen trabajos técnicos muy completos, personas especializadas en su fabricación y con un claro desarrollo de conceptos abstractos con dos referencias fundamentales. Por un lado la geometría: triángulos, rectángulos y trapecios configuran las formas básicas con las que se construyen imágenes humanas; por otro, la naturaleza, a cuyas formas imitan y remiten constantemente. Y aparecen sobre cualquier tipo de materia prima. Las más sencillas se hacen en barro, en otras ocasiones en rocas calcáreas, en placas de pizarra, en marfil, y en algunas ocasiones se buscan soportes especiales porque se necesitan determinadas formas, se buscan huesos concretos de ovejas, cabras o vacas, a veces, huesos largos, pero sobre todo falanges, los huesos de los dedos de esos animales. Las falanges tienen unas formas muy determinadas que recuerdan a torsos, siluetas que ya adelantan parte de su significado. De hecho es tan obvio lo que quieren representar, está tan integrado en el imaginario colectivo, que a veces no necesitan ni siquiera ser decoradas de forma compleja, unas mínimas transformaciones para reforzar su silueta y poco más. Así, encontramos desde figurillas hechas sobre falanges tremendamente decoradas a algunas que solo se retocan en su silueta.

Pero la mayoría aparecen decoradas para reforzar su carácter humano. Si hay algunas que me fascinan especialmente son esas figurillas con grandes ojos. Ojo-soles, «oculadas», las llaman. En ellas destaca, sobre todo, el rostro. Cabello, ojos, cejas, tatuajes faciales y, en ocasiones, aunque pocas, narices y bocas. El par de ojos, bajo las cejas y por encima de las líneas de tatuaje facial, conforma un motivo muy repetido que salta desde las figurillas realizadas en diversos materiales hasta las paredes pintadas de los abrigos y dólmenes, como sucede en el dolmen de Montelirio

o incluso decorando cerámicas con un alto grado de simbolismo. En algunas ocasiones aparecen senos o se graba el pubis. En estas se quiere representar específicamente a mujeres; otras veces, aunque muchas menos, se representan atributos sexuales masculinos, y en muchas el sexo no parece lo primordial. Y esto puede ser por varias razones: bien porque el sexo se representa a través de otros motivos decorativos que desde el presente, al no poseer los códigos necesarios, no podamos relacionar con un sexo u otro, bien porque no les importe el sexo de lo representado, porque no forme parte de lo que quieran expresar. Y no, no hagas como se ha hecho siempre: no creas que cuando no se representa tan claramente el sexo significa que es masculino, porque entonces volvemos a caer en lo mismo; lo neutro no debe confundirse con lo masculino, porque cuando quieren representarlo, lo hacen, no te quepa la más mínima duda.

En otras ocasiones lo que se representa es la dualidad de lo masculino y lo femenino. La mezcla de los dos conceptos. Buena muestra de esos personajes híbridos son piezas como la figura de Almargen, a esta no me atrevo a llamarla «figurilla»: son 33 kilos de mármol blanco y medio metro de altura. Está perfectamente tallado y representa un falo y signos de embarazo.

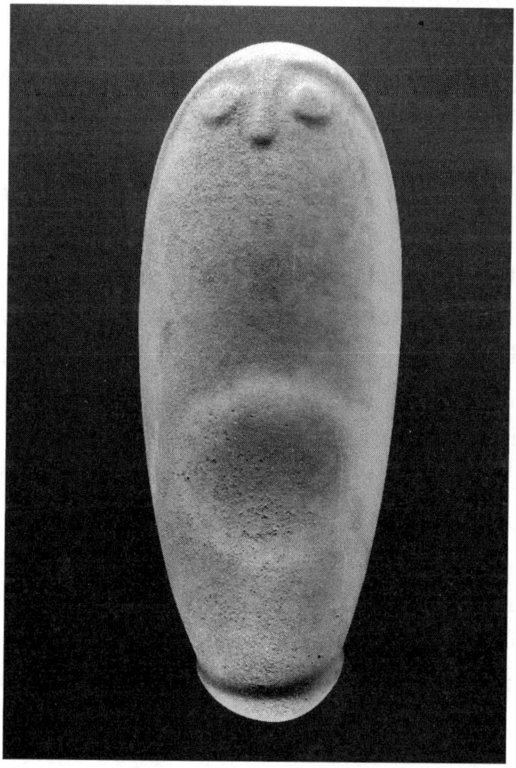

Y otra vez un rostro, unos ojos y una nariz estilizada y unas cejas que enmarcan la mirada. Ojos que tienen que ver con los sentidos, con la percepción —recuerda lo que te conté hace algunos capítulos sobre los exvotos iberos—. Los ojos están para mirar.

Algunas de las piezas están desnudas, aunque no es esa

la apariencia deseada; se han documentado restos de tejidos que servirían para vestirlas de diversos modos; es decir, con las figurillas se interactúa. En otras ocasiones, las piezas están plagadas de diseños geométricos en todo el cuerpo, mantos o capas que nos acercan a posibles vestimentas ceremoniales, tatuajes y dibujos corporales. A veces esta indumentaria, estos dibujos, adornos u objetos que acompañan a estas representaciones, se han usado para clasificarla como femenina o masculina, pero ojo, ya lo sabemos: esa identificación que hacemos sobre los objetos que definen lo masculino —armas, escudos, cascos— y lo femenino —ropajes elaborados, joyas, peinados— no siempre funciona.

Lo que está claro es que estas figurillas, sobre todo femeninas, que producen las sociedades del Neolítico y la Edad del Cobre forman parte de un discurso, de un relato, de una historia que habla de creencias, de ancestros, de identidades, de lugares; seguramente estarían acompañadas por una narración, por la oralidad, convertida en cuento o en discurso para convencer, atraer y unir a la comunidad. Y fíjate que los cuerpos de las mujeres no necesitan de la exageración de las representaciones de los rasgos sexuales. A veces solo se apuntan, otras se hacen abstractas porque lo importante, lo que significan, va más allá de lo biológico. Porque las mujeres forman parte de la explicación elaborada para darles la seguridad de saber quiénes son.

19

EL CUERPO VESTIDO

Hace unas semanas me suscribí a la página web de The Row, una marca de moda y complementos estratosféricamente cara, por lo menos en lo que a mi renta media se refiere, y en la que sé firmemente que no podré comprar jamás. Y no, como entenderás sin que ni siquiera te lo explique, esto no es propaganda —ni les hace falta ni les importa mi opinión—, pero tenía la curiosidad de saber qué tipo de prendas diseñan y venden las hermanas Olsen para alcanzar esos precios. Según la página web, su filosofía se basa en usar muy buenos tejidos, una confección muy esmerada y el empleo de detalles impecables. Usan pocos colores y muy básicos. Se definen como diseños atemporales, sencillos y discretos. Es ese lujo silencioso que tan de moda puso la serie *Succession* y que no necesita demostrar nada con marcas estridentes estampadas en diferentes tamaños y colores neón.

Confección esmerada y buenos tejidos. Esos son sus valores para triunfar en el mundo de la moda. Y fíjate lo que te digo: esas son las características de la indumentaria de la prehistoria: tejidos naturales —imposible que lo sean más—, una muy buena confección —esas prendas debían durar mucho tiempo— y el uso de formas sencillas y colores básicos. ¿Están haciendo las Olsen moda prehistórica? Yo ahí lo dejo...

Lo cierto es que la producción textil es otra de las grandes desconocidas en la investigación de las sociedades prehistóricas. Los argumentos son varios. Los tejidos, como materia orgánica que son, se conservan con mucha dificultad. Además te recuerdo que es un trabajo asociado históricamente a las mujeres, así que menos interés despierta. Estos dos motivos están empezando a desaparecer, cada vez somos más capaces de reconocer los restos textiles en los yacimientos prehistóricos. Podemos inferir la producción textil a través de las evidencias indirectas: desde la presencia de materias primas (lana, lino y esparto), a los instrumentos necesarios para su confección (fusayolas, agujas, telares y pesas de telar) o del análisis combinado desde la arqueofauna y la arqueobotánica, que nos acerca a este proceso desde diversas perspectivas y contextos. Y, además, ahora somos capaces de identificar tramas y urdimbres; de reconstruir mediante la arqueología experimental el proceso técnico de su producción. Y estamos empezando a reconocer el trabajo, el conocimiento y la innovación tecnológica que significan estas actividades, realizadas, en su mayor parte, por las mujeres. En uno de los primeros capítulos te he explicado la importancia del vestido como forma de representación para las mujeres; ahora te voy a contar la importancia del tejido como producción y lo que significa en términos de trabajo, también para ellas.

Hace unos 4.000 años que tenemos documentada la introducción de la lana en Europa. Los textos de las sociedades mesopotámicas de Oriente Próximo nos refieren el fuerte impacto que esa producción textil en concreto tuvo en la vida cultural, social y económica de esas sociedades en las que se habría empezado a usar unos 2.000 años antes. Con anterioridad a la lana, los primeros fragmentos textiles que conocemos datan de hace unos 8.000 años y están hechos de fibras vegetales: lino y esparto. Aún me resulta emocionante observar las sandalias de esparto encontradas en los cuerpos de las personas enterradas en la Cueva de los Murciélagos (Albuñol, Granada) hace más de 6.000 años, un ejemplo de habilidad técnica y conocimientos realmente reseñable. Y, antes de eso, sabemos del uso de hilos, cuerdas y sogas por las representaciones de cuerpos femeninos durante el Paleolítico superior, en las que aparecen redes para el pelo o cordones que las adornan. Incluso sabemos del uso de prendas de piel a través de otros objetos, como, por ejemplo, los miles de diminutas cuentas de marfil de mamut encontradas en las sepulturas de Sungir, en Rusia, hace alrededor de 30.000 años, unas cuentas que se cosían a la piel formando patrones geométricos que necesitaron de tiempo, habilidad y creatividad y que aparecen tanto en las vestimentas de mujeres como de hombres, y también en las de criaturas y adolescentes.

La producción textil es un proceso con múltiples fases, desde la elección de la materia prima, su preparación, la elaboración del tejido, el diseño de la prenda y su manufactura, y la aplicación o no de motivos decorativos. Sin duda, una larga cadena de producción que requiere la aplicación de conocimiento, experiencia, sabiduría, innovación, experimentación, imaginación y, sobre todo, un largo proceso de aprendizaje que muy probablemente se iniciase durante la infancia. Las transformaciones de los sistemas tecnológicos relativos a la producción textil durante la prehistoria demuestran el dinamismo de las innovaciones en esta actividad. Agujas paleolíticas, tensores de hilos neolíticos, pesas de telar de distintas formas y tamaños para la Edad del Cobre y del Bronce, fusayolas de piedra del Bronce Final o los telares de placa en el mundo ibero son testimonios de la viveza y la innovación en esta tecnología.

Le pregunto a Elena Aznar, especializada en la arqueología experimental de la producción textil, sobre la dificultad de entender el proceso de fabricación: «La industria textil prehistórica es poco comprendida —me cuenta— porque es muy difícil visualizar cómo se elabora sin saber previamente de tejeduría. Cuando yo empecé a especializarme en las fusayolas me di cuenta de que por más que investigaba no conseguía comprender cómo funcionaba realmente. Necesité aprender a hilar, y entonces comprendí muchas cosas que no encontraba en los artículos científicos. El tejido se comprende tejiendo, por lo que la arqueología experimental es clave en el proceso de investigación». Y me dijo otra cosa que me hizo pensar en esas niñas que aprenden a tejer representadas en cerámicas pintadas del mundo ibero como las del yacimiento del Tossal de Sant Miquel (Llíria, Valencia). «Es muy importante la transmisión oral y la comunidad a la hora de entender esta producción; sin el apoyo de otras tejedoras que comparten sus conocimientos no podría haber entendido el proceso textil.»

Por otra parte, ha sido muy relevante documentar en los últimos años cientos de fragmentos textiles. Es cierto que la conservación de estos restos es mucho mejor en lugares del norte de Europa, pero he decidido que es más interesante que conozcas los ejemplos que tenemos en la península ibérica. Sin duda uno de los hallazgos más espectaculares en lo que respecta a los tejidos prehistóricos son los restos documentados en Cueva Sagrada I (Lorca, Murcia), un enterramiento múltiple fechado hace unos 4.200 años, durante la Edad del Cobre, que acogía a tres criaturas y dos personas adultas, con un rico ajuar funerario. Una de las criaturas estaba sobre una estera de esparto. El ajuar funerario de estas personas estaba compuesto por un huso de madera, un pequeño telar de banda, un plato de madera, collares de cuentas de piedra y semillas, punzones de cobre, alfileres de hueso —uno de estos decorado con pintura roja—, puntas de flecha de sílex, restos de una bolsa de cuero y un ídolo de madera. Pero lo más impactante son los restos de dos túnicas y una estola o peto de lino, todas con una terminación de flecos en la parte inferior, unas prendas que, en su momento, estuvieron teñidas de rojo. Además, depositaron un ramo de flores atado con esparto.

También de la Edad del Cobre es otro de los descubrimientos más interesantes sobre textiles, el de Peñacalera (Obejo, Córdoba). Es una cavidad funeraria, fechada hace unos 4.500 años, que contenía los cuerpos de al menos cinco personas: tres adultas que probablemente superaran los cincuenta años —una mujer, un hombre y otra de la que no se ha podido conocer su sexo—, un adolescente de unos trece años y una criatura de seis aproximadamente. Además de las vasijas cerámicas que formaban parte del ajuar, lo más interesante de este lugar es la buena preservación del material orgánico, entre el que se encuentran placas de corcho de alcornoque y algunos fragmentos textiles.

Sin embargo, es en la Edad del Bronce del sureste de la península ibérica, en las sociedades que conocemos como argáricas, donde se han documentado más objetos relacionados con la producción textil: desde los utensilios necesarios para su producción, como las pesas usadas en telares, hasta los textiles, que en muchas ocasiones se han encontrado adheridos a los objetos metálicos de los ajuares. También aparecen, aunque en menor medida, las fusayolas, instrumentos que sirven en el proceso de hilado, y por supuesto agujas y punzones. En uno de los estudios más extensos que se han hecho sobre el textil argárico, el investigador Ricardo Basso ha identificado más de 160 evidencias de textiles procedentes de más de treinta yacimientos arqueológicos, sobre todo restos de telas, pero también de sus improntas, es decir, de las huellas que los textiles dejaron al colocarse sobre materiales como el barro. El lino es el textil predominante para las sociedades argáricas. La lana solo ha aparecido, por ahora, en la tumba 121 de Castellón Alto (Galera, Granada). Las circunstancias ambientales de la sepultura —cierre hermético que no permitió la filtración de tierra— y la sequedad del ambiente favorecieron la conservación de la materia orgánica de una forma excepcional.

El enterramiento contenía dos cuerpos. Uno era el de un hombre de unos treinta años con una excelente conservación del pelo, que permitió reconocer un peinado con dos trenzas laterales y una coleta central con un coletero compuesto por varias cuentas. Además, conservaba restos de la barba y vello corporal adheridos a la piel. Sus vestimentas estarían realizadas con lino y lana, tal y como demuestran varios fragmentos de estos tejidos. El segundo cuerpo era el de una criatura, de unos cuatro años de edad, que había muerto previamente y que se extrajo de su sepultura original para ser enterrada junto al adulto. Sus huesos están depositados formando un paquete en uno de los rincones de la sepultura. Esta criatura, no sabemos si niño o niña, aún conservaba restos de su pelo, oscuro, corto y peinado con un flequillo que le caía sobre la frente. Vinculados a su cuerpo se han encontrado fragmentos de lino y restos de un posible gorro de lana tejida recubierta por cuero. Una fantasía, vamos. Lástima que un hallazgo tan espectacular no haya sido acompañado de la investigación apropiada que nos hubiera permitido conocer detalles sin duda muy reveladores del textil en estos momentos.

Otro ejemplo muy interesante es la inhumación infantil encontrada en la cueva de Monte Bolón (Elda, Alicante). Este enterramiento de una criatura de unos tres años es una de las sepulturas más singulares de la Edad del Bronce en la península ibérica. ¿La razón? El estado de conservación de los textiles. Esta criatura fue inhumada hace unos 3.500 años sobre su lado derecho en una pieza de esparto utilizada como lecho mortuorio. Tenía además una bolsa de esparto. La buena conservación de los restos de semillas que se encontraron junto al cuerpo ha permitido situar el momento del enterramiento entre finales de primavera y comienzos de verano.

Más allá de este hallazgo, la mayor parte de los fragmentos de textil ha sobrevivido gracias a su adherencia a instrumentos, armas y joyas de metal. Los podemos ver en ajuares funerarios compuestos de punzones, aretes, hachas, alabardas, brazaletes y cuchillos. La mayor parte serían sudarios o fundas para esos objetos metálicos, aunque otros, por su posición, sugieren vestimentas o prendas para cubrir la cabeza, como mantos, velos o tocados. Es el caso, por ejemplo, de los restos de textil adheridos a una diadema de plata en la sepultura 398 de El Argar (Antas, Almería).

Otro aspecto fundamental para reconstruir estas tecnologías es conocer en qué lugares se sitúan las áreas de producción textil. El registro arqueológico nos muestra una acumulación de todos aquellos instrumentos que forman parte del proceso de producción —pesas de telar, punzones, agujas o leznas— e incluso, en algunas ocasiones, las huellas de los telares de madera en espacios cercanos a los puntos de luz: ventanas, puertas, zonas de paso o tragaluces. Esta localización de los restos nos puede indicar cómo y dónde se organiza el trabajo. Por ejemplo, hilar o tejer son actividades que pueden ser interrumpidas y reanudadas con facilidad, lo que permite desarrollar otras en paralelo. Muy nosotras, ¿no te parece?

De hecho, ya vimos en un capítulo anterior cómo nos referíamos a los dientes para explicar el trabajo de las mujeres al menos en determinadas fases de la producción textil, y, también en época argárica, está documentada la aparición de punzones mayoritariamente en las tumbas ocupadas por mujeres. Esto apoya su vinculación práctica y simbólica con esta manufactura. Los punzones formaron parte de la identidad de las mujeres argáricas independientemente de su estatus social o de su edad. Tampoco debemos olvidar los textos de la antigua Mesopotamia que describen todo el proceso de producción textil. En esos textos, creados hace 4.000 años, encontramos a mujeres asalariadas que se dedican al esquileo, a la preparación de las fibras para ser hiladas, al hilado y al tejido, cubriendo prácticamente todo el proceso. Pero además también eran emprendedoras en este sector. Iltani fue la propietaria de un taller en la ciudad de Tell al-Rimah, cerca de Asur, hace más de 3.500 años. En su taller debió tener unas veinticinco trabajadoras a su cargo. De sus cartas se desprende que su taller debió dedicarse a la producción de telas especiales, y en ellas consigna las asignaciones que debían recibir las trabajadoras, las denominaciones de los distintos tipos de tejido, el pago de tributos o las indicaciones a otros talleres propiedad de otras mujeres que trabajaban produciendo para ella.

Iltani me recuerda a mi amiga Elsa, como otras muchas pequeñas emprendedoras que seguro que conoces y a las que acudes. Ella se ha arriesgado no solo a montar un precioso negocio en el que asesora y vende ropa, sino que ha ido un paso más allá: decidió crear su propia marca porque entiende que la moda del momento no siempre nos acompaña, que no siempre nos entiende, sobre todo en temas de tallaje y siluetas. Y así, en el pequeño taller detrás de su tienda, imagina, dibuja, crea estampados, traza pantalones y camisas, borda, piensa en cómo hacernos sentir mejor y cómo, a través de la moda, también seamos capaces de cuidarnos. Y esto me trae a la memoria lo que me contó Elena Aznar, la arqueóloga especializada en industria textil, acerca de la emoción que sintió la primera vez que usó uno de sus telares experimentales: «Recuerdo estar en mi casa, por la tarde, yo sola. Recuerdo empezar a tejer y oír por primera vez el tintineo de las pesas chocando mientras la casa estaba en silencio. Fue impactante, no lo había leído en ningún lugar y nada me preparó para aquello, pero me enamoré de ese sonido para siempre».

20

EL CUERPO ESCRITO

Mi amiga Clara Peñalver, escritora y asesora creativa, lleva historias escritas en su cuerpo. En forma de tatuajes. «Para mí —me dice— es la mejor forma de llevar siempre puesto el relato de mi vida. Mis aciertos... y mis errores. Es una forma de no olvidar jamás que soy lo que soy por lo que fui en las distintas etapas de mi recorrido vital. Me ayuda a no olvidar. A no volver a equivocarme. Y también a reivindicarme ante mí misma cuando percibo que me alejo del camino elegido. Mi relación con el tatuaje —prosigue— tiene mucho que ver con mi parte más esencial, con mi pasión (mi necesidad, más bien) de contar historias. Al igual que cualquier historia, la vida discurre por una especie de collar de cuentas de distintos tamaños y colores. El hilo que une esas cuentas sería el camino (la elección del camino, diría yo), la cotidianidad, el paso del tiempo, el envejecer, el crecer, el madurar, el experimentar... Las cuentas son momentos decisivos, experiencias trascendentes, vivencias que determinan lo que somos y cómo somos. Son decisiones conscientes o mazazos de la vida. En mi caso, como amante de la aguja y la tinta, atesoro esas cuentas de tamaños y colores diferentes sobre mi piel, en forma de tatuajes.»

Yo no llevo ningún tatuaje, no sé, no lo he pensado seriamente nunca. No me importaría, pero no he tenido la oportunidad o más bien la necesidad de hacérmelo. Quizá me decida algún día, no lo descarto. Una letra, un pequeño símbolo, un dibujo sencillo. No lo descarto, no.

No sé si tú llevas alguno, y en todo caso no sé por qué lo llevas, si fue un arrebato o una decisión meditada, no sé si te arrepientes de habértelo hecho o si te lo has quitado o si has tenido la necesidad de camuflarlo por alguna razón. Supongo que, en la actualidad, las razones por las que cada cual se hace un tatuaje son muy distintas, pero es algo que las personas llevamos haciendo miles de años.

Algunos de los tatuajes más conocidos de época prehistórica son los que llevaba la conocida como «princesa de Ukok», por el nombre de la meseta donde fue hallada su sepultura, o «de Altái», por el nombre de la región en la que vivió. Lo de princesa es algo más discutible, aunque es muy probable que fuese una mujer de alto rango en su sociedad. Fue enterrada hace unos 2.400 años en un kurgán, que es como se denomina a los túmulos funerarios cubiertos con un montículo de rocas en la cultura pazyryk. El kurgán estaba localizado en la meseta de Ukok, cerca de la frontera con China, en la República de Altái, Rusia. Sus restos momificados fueron encontrados prácticamente intactos en la cámara funeraria subterránea de madera en la que se depositó su ataúd, que estaba hecho con un tronco de madera de alerce macizo y decorado con aplicaciones de cuero que representaban figuras de ciervos. Junto a ella se depositaron seis caballos; tanto ella como los animales estaban orientados con la cabeza hacia el este. También se hallaron numerosos elementos de ajuar. En la cámara había dos pequeñas mesas de madera con cubiertas en forma de bandeja, que se utilizaron para presentar comida y bebida: carne de caballo y de carnero, un producto lácteo parecido a un yogur y varios recipientes realizados tanto en madera como en cuernos de animales.

Esta mujer tenía entre veinte y treinta años en el momento de su muerte. La causa más probable de su fallecimiento fue un cáncer de mama combinado con lesiones sufridas en una caída. El hallazgo de cannabis en un contenedor cerca del cuerpo nos permite suponer que esta sustancia se utilizó para aliviar los dolores crónicos de la mujer. La presencia de semillas de cilantro también apunta al uso medicinal de esta planta.

Lo que permitió que la encontrasen en tan buenas condiciones de preservación fue un intento de expolio de la sepultura a través de un agujero excavado en el kurgán. Debido a esta perforación, el agua y la nieve se filtraron dentro de la cámara funeraria. El agua se congeló y formó un bloque de hielo en el interior que nunca se descongeló por completo debido al clima estepario, a un suelo helado permanentemente y a las rocas apiladas sobre el montículo, que desviaban los rayos del sol. Es decir, el contenido de este enterramiento permaneció congelado durante 2.400 años.

Ese hecho fortuito ha provocado que la mujer de Ukok nos muestre buena parte de su apariencia en el momento de la muerte. La piel preservada tiene en su hombro izquierdo un tatuaje que representa un animal mitológico fantástico: un ciervo con el pico de un ave rapaz y grandes cuernos muy decorados; desde ahí hasta la muñeca todo el brazo está tatuado con formas abstractas y florales. Fue enterrada vestida con una blusa amarilla de seda, una falda de lana de rayas roja y blanca con un cinturón de borlas, unas botas de fieltro blanco hasta el muslo, una piel de marta y un tocado que medía casi un metro de alto. El tocado tenía una estructura interna de madera con un exterior de tejido y ocho figuras felinas talladas cubiertas de oro. Además, entre sus cosas, había un pequeño espejo pulido.

Es muy probable que los tatuajes de esta mujer se entendieran como hitos en su recorrido vital, es decir, que se fueran incorporando y creando nuevos diseños a medida que lograba nuevos retos. Los textos griegos nos hablan de estas mujeres escitas nómadas, guerreras y con habilidades para la monta que eran muy parecidas en su aspecto y actividades a las amazonas.

En el árido desierto de la cuenca del Tarim, en el sur de China, también se han documentado cuerpos momificados que conservaban restos de tatuajes en cronologías muy similares a las de Ukok, hace unos 2.500 años. En toda la zona se utiliza la técnica de la punción para elaborar los tatuajes que fue usada también por las poblaciones tracias, escitas y pazyryk. Uno de los ejemplos más interesantes es el de una mujer con el pelo castaño y mechas blancas, trenzado y atado con un cordón de lana roja. Le pintaron las cejas justo antes de morir. En este caso presenta unos tatuajes que incluyen lunas en los párpados, óvalos en la frente y un patrón decorativo de volutas en la mano izquierda, muñeca y dedos. Lo curioso es que otro de los cuerpos momificados encontrados en esta necrópolis, en este caso masculino, tiene soles tatuados en la sien. La hipótesis es que los tatuajes de estas personas deben entenderse dentro del ámbito ritual y simbólico, personajes relevantes relacionados con el sistema de creencias de estas poblaciones.

Y de China a Egipto. En concreto, a Deir el-Medina, la ciudad que fue el hogar de las personas que participaron en la construcción de las tumbas del cercano Valle de los Reyes hace 2.300 años. Allí se han encontrado los restos momificados de varias mujeres tatuadas. Una de ellas tenía el cuerpo decorado con tatuajes ornamentales de animales y plantas, más de treinta distintos entre los cuales había flores de loto, vacas, babuinos y ojos de Horus, símbolos de protección ante el mal. Varios de los tatuajes muestran representaciones de la diosa Hathor junto con otros motivos asociados con objetos votivos y grafitis dedicados a esta deidad en Deir el-Medina. La particularidad de este cuerpo reside precisamente en el tipo de tatuaje; no es raro encontrarse con ellos en las momias egipcias, con patrones simples de puntos y rayas, pero estos son los primeros que se descubrieron con representaciones de plantas y animales. En este caso ha sido muy importante usar tecnologías como las imágenes infrarrojas para descubrir tatuajes que estaban ocultos por las capas de resina para embalsamar usadas en la momia. Además se utilizó un software para conseguir «estirar» las imágenes infrarrojas y compensar la piel arrugada del cuerpo. No contamos con los datos necesarios para conocer quién fue esta mujer ni qué papel pudo haber desempeñado en la sociedad, pero los tatuajes sugieren que era una figura preeminente y que probablemente tenían un objetivo claro: mostrar su poder en el ámbito religioso.

Poco después de este descubrimiento, también en Deir el-Medina se documentaron dos mujeres tatuadas junto con tres figurillas cerámicas que presentaban tatuajes. Estas mujeres y las figurillas comparten varios motivos recurrentes, incluso comparten los lugares de los tatuajes en su cuerpo, lo que sugiere que la ubicación y los motivos decorativos son parte integral de su función y de su significado.

De la primera de las mujeres se halló un hueso de la cadera en una tumba en la que se encontraron, además de los restos humanos, los fragmentos del ataúd, joyas, ofrendas funerarias de alimentos y vasijas cerámicas. Las características de los ajuares y estilos de momificación documentados sitúan esta tumba entre las dinastías XIX a XXI, hace aproximadamente 3.000 años. El coxal pertenecía a una mujer de entre treinta y cincuenta años y aún conservaba la piel. Los patrones de coloración negra se aprecian a simple vista, pero son aún más claros en la fotografía infrarroja. El grado de desgaste de la coloración es igual al de la piel circundante, lo que indica que se realizaron antes de la momificación.

Los motivos decorativos se habrían situado en la cadera izquierda para extenderse posteriormente a lo largo de la espalda justo por encima de las nalgas con un patrón de puntos debajo de una línea horizontal. Encima de estos puntos hay un motivo geométrico con rombos dispuestos horizontalmente y enmarcados por dos líneas horizontales paralelas que terminan lateralmente en cuatro líneas verticales. La parte superior del diseño puede ser otro patrón de puntos que refleja los de abajo, aunque el estado de conservación no permite asegurarlo. En el extremo de estos motivos geométricos se encuentra una imagen de Bes, la deidad de las familias y sus hogares, y patrón de las mujeres embarazadas, que se muestra de frente con las manos en las caderas y en cuclillas. Junto a él se dibuja un cuenco con un cono de grasa perfumada, que tiene relación con la protección en el parto.

La segunda de las mujeres aparece en una tumba que estuvo en uso durante la dinastía XX. De ella nos quedan los restos del torso y las piernas, se conservan las cinco vértebras lumbares, ambos huesos coxales, ambos fémures y ambas rótulas. La piel está bien preservada a lo largo de la espalda baja y las nalgas, pero no en el abdomen o en la pelvis. La edad de la mujer estaría también entre los treinta y los sesenta años. En este caso, los tatuajes solo podían apreciarse utilizando fotografía infrarroja; consisten en dos bandas geométricas que se extienden a lo largo de la parte baja de la espalda, justo por encima de las nalgas. En la parte superior de las bandas se sitúa un patrón en zigzag. Hay ramos de flores colocados en los extremos de las bandas geométricas. Y en la cadera izquierda tiene un íbice, identificado por sus cuernos curvados, que probablemente se duplicó en el lado derecho, dado que el resto del diseño es simétrico. Por encima de las dos bandas geométricas, vemos un ojo de Horus. Y se intuye la presencia de un personaje central muy mal conservado que representaría a Bes.

En este caso de Deir el-Medina, los cuerpos tatuados de las mujeres tienen su representación material en algunas figurillas de arcilla. La primera de ellas se conserva desde el cuello hasta la parte superior de los muslos. Encarna a una mujer desnuda con la mano izquierda colocada sobre su vientre. Esta postura y el aspecto del abdomen sugieren el cuerpo de una embarazada. En el torso se representan los senos y se marca el ombligo. El triángulo púbico, muy ancho, está inciso con pequeños puntos que marcan el vello. En los muslos se representa a Bes agachado, con las manos apoyadas en las caderas y con una corona con tres largas plumas. Las otras dos figurillas, mucho más fragmentadas, también presentan tatuajes con motivos en zigzag en la parte baja de la espalda, y una de ellas también encarna a una mujer embarazada con un tatuaje de Bes.

Los motivos que se usan en los tatuajes de Deir el-Medina —tanto de las mujeres como de las figurillas— y el lugar en el que se encuentran situados nos llevan a relacionarlos con el ciclo reproductivo. Los tatuajes que representan a íbices se asocian con las mujeres como seres erotizados. Los tatuajes de las figurillas que representan embarazadas las conectarían con el embarazo de las mujeres reales. Hay motivos comunes en las figurillas y en las mujeres que se vinculan a las divinidades que protegen a las mujeres y los niños en el parto, como Hathor y Bes/Beset. Algunos tatuajes también están asociados con los rituales del posparto, para asegurar que la madre y el niño sobrevivan tras el nacimiento.

Las mujeres de las sociedades prehistóricas se tatuaban por muchos motivos. Algunas cuentan sus historias y sus logros, como la mujer de Ukok. Otras, como la mujer encontrada en Tarim, se tatuaban símbolos religiosos para vincularse al ámbito de lo sagrado. También la primera de las mujeres que hemos visto en Deir el-Medina se tatuaba para demostrar poder religioso. Y en este mismo lugar, otras usan el tatuaje como método apotropaico —es decir, con intención de alejar el mal— y de protección vinculado a la reproducción. El tatuaje se configura como una forma más de utilizar el cuerpo para expresar distintos aspectos, identidades, creencias, miedos o deseos. Yo te diría que casi son los mismos motivos por los que seguimos usando el tatuaje en la actualidad.

21

EL CUERPO Y EL GÉNERO

Cuando hablamos de sexo y género en arqueología, distinguimos entre los atributos biológicos, es decir, los que tienen que ver con las hormonas, cromosomas y genitales, o sea, el sexo, y los que tienen que ver con la observación de las características culturales y materiales que cada sociedad atribuye a ese sexo, es decir, el género. Ambos se pueden observar en el registro arqueológico. El sexo se reconoce tanto por el dimorfismo sexual presente en los huesos de mujeres y hombres, es decir, las diferencias esqueléticas que existen entre unas y otros, o a través del uso de analíticas que incluyen el ADN, las proteínas y la amelogenina. La amelogenina es una proteína que se encuentra con facilidad en la dentina, que tiene información genética y que permite sexar muy bien los esqueletos. Para cualquiera de las dos metodologías, lo que se necesita es tener unos huesos bien conservados. El género también puede observarse si se conoce muy bien qué atributos materiales y culturales adjudica cada comunidad a un sexo u otro y se cuenta con una muestra suficientemente amplia. Por ejemplo, si tienes un buen número de personas enterradas en una necrópolis, conoces el sexo de todas ellas y conservan los ajuares funerarios en buenas condiciones, podrías conjeturar cómo se construye la idea de femenino y masculino en esa sociedad, e incluso percibir la existencia de otros géneros.

Este del sexo y del género es un tema de enorme interés en arqueología prehistórica. El deseo del feminismo de entender cómo se construyen y configuran las identidades y las relaciones de género en las sociedades del pasado ha propiciado que nos hagamos muchas preguntas. Desde qué significa ser mujer en una determinada sociedad a cuestionar los modelos binarios tradicionales. Cuando estudiamos las sociedades del pasado, lo que nos revelan es que el modelo binario femenino/masculino se aplica a la mayoría de las personas, pero, y este pero es importante, también apoya la existencia de variantes no binarias, de esos otros géneros de los que te hablaba. Y aquí se utiliza una idea que me parece muy útil: estas personas que no encajan en el modelo binario son minorías, y no excepciones. Y creo que esto es muy interesante porque las minorías son recurrentes, se repiten más de una vez y sirven para entender las sociedades; las excepciones, no.

Obviamente, donde mejor podemos comprender la interacción entre las características biológicas y los elementos culturales en las sociedades prehistóricas es en el registro funerario. En arqueología suponemos que las personas que fallecen se entierran con los objetos materiales e, incluso, en las posiciones corporales que de alguna manera reflejan los rasgos que definieron su personalidad social. Esto del gesto y la posición del cuerpo te lo explico con más detalle en el siguiente capítulo. A ello debemos añadir lo que los huesos nos cuentan en términos de dieta, edad o tipo de trabajo realizado, que también define características relacionadas con el género. Así que observar pormenorizadamente este registro funerario es nuestra mejor forma de aproximarnos a estas identidades. Y sí, es cierto que en los últimos años se ha avanzado en el reconocimiento de que el sexo biológico también es una construcción social, tanto como lo es la de género, pero si lo que pretendemos es determinar si el género es binario o no en las sociedades prehistóricas, establecer el sexo biológico, usar ese dato, es fundamental.

Te planteo un ejemplo para que puedas entender la complejidad de algunas de estas cuestiones. En la gran mayoría de las sociedades, las armas están depositadas en sepulturas que pertenecen a hombres. Ojo, las armas definidas como instrumentos que sirven para matar, que han sido creados específicamente para ejercer la violencia: espadas, alabardas y ese tipo de objetos. No me refiero a arcos, flechas o cuchillos, que es verdad que pueden servir para matar, pero su razón de ser en primer lugar no fue esa. Pues bien, en el caso de que en una de esas sociedades encontrásemos una o varias armas en una sepultura femenina, ¿qué entenderíamos? ¿Que en algunas ocasiones se otorgan atributos que son habitualmente masculinos a algunas mujeres? Si contestamos que sí, entenderíamos que en esa sociedad una o varias mujeres o bien las usaron de forma efectiva, o bien tenían un papel social en sus comunidades que se expresó a través de la presencia de estos objetos en su ajuar funerario. Es decir, que la sociedad aprobaba que determinadas mujeres se relacionaran con las armas pero no por ello perderían su condición femenina.

Pero a esta pregunta de por qué aparecen las armas en el ajuar de una persona con sexo biológico femenino también se ha contestado de otras maneras. Cuando se hallan ajuares espectaculares que se salen de la norma para las mujeres, de lo establecido para ellas, en ocasiones se argumenta que en realidad no era una mujer, sino que el uso de esas armas y esos ajuares demuestran que en un momento determinado perdieron su condición femenina y por esa razón pueden usarlas. Porque a través de su uso se convirtieron en hombres o constituyeron parte de otro género más parecido al de los hombres.

El análisis de los cuerpos de 1.252 personas documentadas en siete necrópolis de Europa central, desde el Neolítico hasta la Edad del Bronce, hace entre 7.500 y 3.200 años, muestra que el modelo binario explica la mayor parte de la variabilidad de la muestra, pero no toda. Existe una minoría pequeña pero cuantitativamente relevante que se apartó del modelo binario a lo largo del Neolítico y la Edad del Bronce. Y a esto hay que añadir que, en una buena parte de los casos, una de las dos variables que definen el sexo y el género no se utilizaron, bien porque no se pudieran sexar los cuerpos, bien porque las personas enterradas no tuvieran ajuares, bien porque sucedieran ambas cosas a la vez.

Una cuestión más. Cuando tenemos la posibilidad de estudiar el ADN podemos encontrar un factor más: el sexo cromosómico puede tener variantes no binarias, o aneuploidías. Por ejemplo, el síndrome de Turner (XO), el síndrome de Klinefelter (XXY) o la trisomía X (XXX), XYY y XXYY. Estas variantes son extremadamente raras y complejas de detectar en el registro arqueológico si no es a través del ADN, pero es que además es difícil saber cómo de relevantes y evidentes eran para las personas de las sociedades prehistóricas. Es el caso, por ejemplo, de la criatura neonata depositada junto a su madre en la sepultura AY21 de la Almoloya (Pliego, Murcia) y de la que te hablé en el capítulo dedicado a los cuerpos maternos, que presenta una trisomía del cromosoma X. Muchas niñas y mujeres que padecen el síndrome triple X no manifiestan síntomas o solo tienen síntomas leves, así que no sabemos hasta qué punto, en el caso de que esa niña hubiera sobrevivido, esto hubiera sido un elemento diferenciador.

Lo mismo ocurre con el hombre adulto con síndrome de Klinefelter documentado en un yacimiento de la Edad del Cobre de la Cueva de las Lechuzas (Villena, Alicante), fechado hace unos 5.300 años. Este síndrome es una afección genética que se produce cuando un niño nace con una copia adicional del cromosoma X. Afecta a los hombres y a menudo no se diagnostica hasta la edad adulta. Este síndrome puede afectar al crecimiento testicular, generando testículos más pequeños de lo normal, lo que puede provocar una menor producción de testosterona y de esperma. El síndrome también puede causar reducción de la masa muscular, reducción del vello corporal y facial, y agrandamiento del tejido mamario. Al igual que en el caso anterior, tampoco sabemos hasta qué punto este síndrome significó algo en la trayectoria vital de esa persona.

A partir del estudio de la mayor o menor presencia de binarismo, o de la existencia de otros géneros o de cómo y por qué se manifiestan los géneros, podemos plantearnos otras preguntas. Por ejemplo, podemos tratar de saber hasta qué punto las identidades de género pudieron ser ya no solo cambiantes, sino también relevantes para las sociedades prehistóricas. El debate lo puso en marcha una investigación que comparaba dos momentos culturales distintos y cómo podría entenderse el género en cada uno de esos periodos. La principal conclusión que se propuso es que en Europa, durante el Neolítico, el género fue relevante para estas sociedades solo en momentos específicos, y no estaba vinculado a identidades inmutables durante toda la vida. Por el contrario, durante la Edad del Bronce, sería mucho más fácil identificar a hombres y mujeres porque la identidad de género, lo masculino y lo femenino, estaba mucho más estereotipado y materializado en el ritual funerario, en la indumentaria y en los elementos de adorno. Como todas las generalizaciones, esta también tiene sus problemas. Es evidente que no todas las sociedades del Neolítico se comportan igual y que diferencias de 3.000 o 4.000 años entre unas y otras no permiten hacer esa afirmación de manera tan contundente.

Pero sí que nos podemos plantear hasta qué punto las sociedades conceden más o menos importancia al género, o materializan y expresan más o menos el género, partiendo de unos estándares mínimos, claro está, según las condiciones sociales, económicas o políticas en las que se encuentren. Dependiendo del control que una parte de la población quiera o pueda ejercer sobre otra, o dependiendo de la necesidad de expresar esas diferencias de identidad por cuestiones relacionadas con las creencias o con determinados rituales. Yo entiendo que la diversidad de formas de entender el género, ya sea masculino o femenino u otros posibles géneros, ha cambiado a través del tiempo y ha transformado la forma de expresar las identidades y las relaciones en las distintas sociedades o en una misma sociedad a través del tiempo. Si entendemos que las identidades de género y las miradas sobre esas identidades en la contemporaneidad han cambiado, ya no te digo en los últimos quinientos años, sino en los últimos cincuenta, ¿cómo podemos entender que la identidad de género ha sido monolítica tanto en su configuración como en su expresión en todas las sociedades prehistóricas en cualquier parte del mundo? Sobre todo además cuando la construcción de diferentes identidades de género tiene que tener en cuenta otras identidades para conformarse y expresarse, como el estatus social, la edad, la etnia o la sexualidad.

¿Quizá, durante el Neolítico, la forma en que la sociedad definía las identidades de género no dependía de reglas generales inamovibles, sino que esas identidades se definían y variaban de un momento a otro y de un lugar a otro en función de las circunstancias económicas, políticas o sociales? ¿Sería arriesgado decir que varios miles de años después, durante la Edad del Bronce, la identidad de género estuvo regulada por una ideología dominante, en la que los hombres y las mujeres poseían atributos distintos y bien definidos que tenían que manifestar constantemente?

En realidad, nada es tan simple como a veces se quiere plantear. Ya sea en el Neolítico o en la Edad del Bronce, encontramos ejemplos que incluyen tanto expresiones muy explícitas de la identidad de género como otras mucho más sutiles. Por ejemplo, en las comunidades pertenecientes a la denominada «cultura LBK», una cultura neolítica que se desarrolló hace unos 7.000 años en Europa central, se ha propuesto que existirían otras distinciones de identidad más allá de la categorización sexual binaria. Por ejemplo, en los ajuares funerarios hay hombres sin azuelas, hombres con flechas, mujeres y hombres con herramientas, mujeres con azuelas, mujeres con adornos, hombres sin ajuar funerario, mujeres con instrumentos para la caza..., es decir, unos ajuares que más parecen vincular a estas personas con lo que hacían en la vida que con su género. Podríamos entender que el género era un factor importante en las sociedades neolíticas, pero que no existió una única forma «neolítica» de pertenecer a un género o a otro.

¿Es posible pensar que en momentos posteriores a los del Neolítico, como los de la Edad del Cobre o del Bronce, aparecieran paulatinamente más oportunidades o más estrategias que permitieran afianzar y poner de manifiesto esas identidades? Durante el tercer milenio a. C., hace unos 5.000 años, se empiezan a producir transformaciones sociales a gran escala que en ocasiones se relacionan con el surgimiento de nuevos tipos de personas con géneros muy definidos en la Europa de la Edad del Bronce. Es el reflejo de la pérdida de referencias de una identidad colectiva y de la aparición de identidades más individualizadas. Esto se manifiesta, por ejemplo, en el paso de sepulturas colectivas a las individuales o en la aparición de una identidad masculina que se refleja en el uso de determinados objetos de aseo y adorno. La metalurgia, la obtención de materias primas y de productos exóticos a través del intercambio o la especialización artesanal habrían supuesto más medios para demostrar esas nuevas identidades y relaciones de género.

Eso sí, cuando en estas sociedades hablamos de binarismo en cuanto al género lo que se quiere decir es que las identidades prominentes que hemos podido detectar en el registro arqueológico de la Edad del Bronce son la femenina y la masculina, pero eso no excluye otras construcciones de género. Por ejemplo, el análisis de algunas necrópolis de esta época nos muestra la expresión de un binarismo muy acentuado, aunque no exclusivo. En Mokrin (Serbia), por ejemplo, 304 de los 312 enterramientos documentados coinciden con los patrones de género esperados en lo que se refiere a la orientación de enterramientos y a los ajuares funerarios, pero, como ves, hay unos cuantos, una minoría, que se salen de esa norma y que probablemente nos estén hablando de otras identidades de género.

Para mí, esto es lo más significativo de estos estudios, que demuestran que el género no tiene que configurarse ni expresarse siempre de la misma manera en todos los momentos históricos. Que, en primer lugar, no hay ninguna necesidad de crear absolutos, de generar dualidades universales. En segundo lugar, el género no tiene que ser siempre performativo, es decir, no tenemos necesidad de expresar nuestro género siempre y en todo lugar de manera evidente. Y el aprendizaje más importante que obtenemos de las sociedades prehistóricas es que quizá debamos dejar también en el presente de hacer definiciones universales sobre las formas que debe adoptar el género.

22

EL CUERPO Y EL GESTO

13 de mayo de 2008. Necrópolis neolítica de Campo de Hockey, San Fernando, en plena bahía de Cádiz. El equipo del profesor de la Universidad de Cádiz Eduardo Vijande está a punto de empezar la excavación de una nueva sepultura. Una de las 53 tumbas de tipología diversa que componen este cementerio. Una que les va a dar una sorpresa. Esta necrópolis forma parte de un poblado situado en lo que en aquel momento era una isla, porque lo que hoy es San Fernando hace 6.000 años era una isla, estaba separada de la costa gaditana. La comunidad que habitaba allí tenía una economía basada principalmente en la agricultura y en la explotación de recursos marinos. La mayoría de las sepulturas son individuales, aunque también hay unas cuantas tumbas dobles y una que acoge a cuatro personas.

La tumba que están a punto de excavar solo se reconoce al principio por una mancha negruzca y oval. Esa mancha es más grande que en otras tumbas, así que es previsible que sea una sepultura doble. Empieza la excavación y, poco a poco, de forma meticulosa, van retirando el sedimento que hay encima de los cuerpos; sí, parece que son dos personas; sí, parece que están colocados en posición fetal sobre sus costados, uno hacia la derecha y el otro a la izquierda; sí, parece que se miran; espera, espera... Sí, parece que tienen los brazos y las piernas entrelazados... ¡Se están abrazando! Y así se gestó «el abrazo eterno», una de las sepulturas que más foco mediático ha atraído en los últimos años.

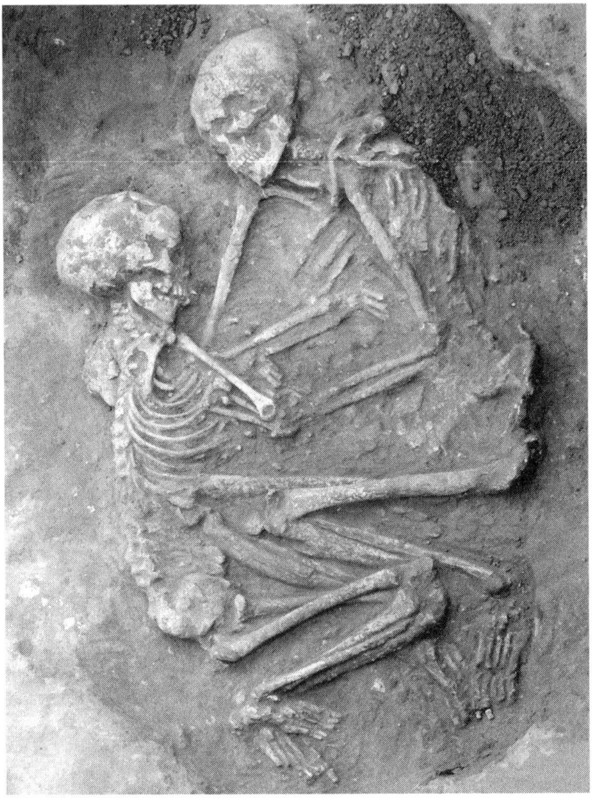

Y lo del abrazo eterno está muy bien, quiero decir, que es así, están abrazados. Pero de ahí a organizar visitas guiadas en San Valentín o llamarlos «los enamorados del Campo de Hockey», pues hay un pequeño trecho... Esta necrópolis ha sido, según la web de turismo de Cádiz, el escenario de «6.000 años de amor rodeados de lujo, violencia y misterio». No te digo yo que no, supongo que como cualquier otro cementerio del mundo, que la gente se muere por razones muy distintas. Pero también te digo que en los últimos tiempos, en el entorno de esta sepultura se escucha cada vez menos lo de los enamorados y más lo del abrazo. Bien.

Pero volvamos a la ciencia. Le pregunto a Eduardo Vijande qué podemos saber realmente de estas dos personas más allá de elucubraciones. Me cuenta que el estudio antropológico preliminar señala que la persona depositada a la derecha corresponde a un varón con una edad de unos treinta años; la que está situada a la izquierda es una mujer, una adolescente de unos doce años. Todo indica que sus cuerpos fueron enterrados a la vez. Si no, hubiera sido imposible enterrarlos así, entrelazados. Hay una clara intención de que esos cuerpos tengan contacto entre ellos. ¿Por qué? Es probable que entre estas personas existiera un fuerte vínculo afectivo. No podemos llegar a más. Entre los elementos de ajuar destaca la presencia de cinco agujas de hueso situadas cerca del cráneo del hombre. Probablemente formara parte de su peinado. También han impregnado con ocre la mitad inferior de ambos cuerpos. Otra vez ese color rojo. Otra vez esa importante carga simbólica.

A mí, de todo esto, lo que más me importa es el gesto. El gesto con en el que fueron enterrados, sí, un abrazo. ¿Por qué no? ¿Es que nos creemos que las sociedades de la prehistoria no eran capaces de sentir emociones o manifestar afectos? No sé qué tipo de relación tenían, no sé si podremos saberlo alguna vez. Los análisis de ADN realizados no han dado resultados viables. Pero igual que realizaron la fosa de la sepultura, igual que los cubrieron con ocre, también los depositaron abrazados, porque ese gesto al enterrarlos significaba cosas importantes, en el ritual que significa enterrar a alguien, el gesto también importa.

En el registro arqueológico de las poblaciones de la prehistoria hay gestos de todo tipo. Es muy cierto que llaman la atención los que son como los de San Fernando. Otros *enamorados* muy conocidos y también neolíticos son los denominados «amantes de Valdaro», dos cuerpos de aproximadamente 6.000 años de antigüedad encontrados en una tumba cerca de Mantua. Estas dos personas, una mujer y un hombre de unos veinte años, fueron enterradas cara a cara con los brazos y las piernas entrelazados, abrazándose. No se ha podido determinar la causa de la muerte, pero, en el imaginario popular, la pareja ha llegado a simbolizar a los Romeo y Julieta de la era prehistórica, amantes desventurados que se quitaron la vida. Ya ves tú, tan cerquita de Mantua, donde se exilió Romeo y donde le dijeron que Julieta estaba muerta. Blanco y en botella. Ya en serio, los cuerpos no muestran ningún signo de haber provocado sus propias muertes. Y, bueno, es comprensible que ese gesto del abrazo haya podido llevarnos a elucubrar sobre las relaciones que pudieron existir entre esas dos personas. Pero ¿tenían que ser amantes? ¿No podrían haber sido hermanos? ¿Tú no te abrazas con tu hermana o hermano?

Aunque, si te digo la verdad, lo que más me enfada de este tipo de interpretaciones es que a veces, incluso por parte de quienes investigan estos cuerpos, se generan fantasías incomprensibles y desde luego no contrastadas científicamente. Por ejemplo, de esta pareja, la persona que los excavó llegó a decir que «es probable que el hombre muriera primero y luego la mujer fuera asesinada en sacrificio para acompañar su alma». ¿Pruebas de esto? Ninguna, pero y lo bonito y dramático que queda, ¿qué?

No es un caso único, existe otro ejemplo de pareja, al sur de la ciudad de Ternopil, en la actual Ucrania. En una sepultura de hace unos 3.000 años se encontraron los cuerpos de un hombre y una mujer abrazados. ¿Cómo interpretaron los arqueólogos esta sepultura? Ya te lo puedes imaginar: la mujer fue sepultada viva por voluntad propia para acompañar a su marido al otro mundo. Es probable que eligiera morir y ser enterrada con su marido, y para ello pudo haber ingerido veneno mientras abrazaba a su pareja. ¿Pruebas que tienen? Ninguna. Bueno, sí, dicen que no hubiera sido posible colocar el cuerpo de la mujer en una posición tan amorosa si ya estaba muerta. No es verdad. Y no digo mentira cochina porque no sé si es adecuado. El *rigor mortis* aparece aproximadamente dos horas después de la muerte en los músculos de la cara, progresa luego hacia las extremidades y se completa entre seis y ocho horas después. Permanece durante otras doce horas, o sea, hasta veinticuatro horas después de la muerte, y luego desaparece. A partir de ese momento, el cuerpo puede adoptar cualquier forma. Pero ojo, que siguen; en declaraciones a la prensa llegaron a decir: «Desde nuestro punto de vista, esta mujer lo hizo voluntariamente. Tal vez, ella no quería vivir con otro hombre y acostumbrarse a una nueva forma de vida. Por lo que prefirió morir con su marido». Ah, bueno, si es así... nada que objetar.

¿Sabes qué es lo que más me mosquea de estos dos ejemplos en los que se dice con tanta alegría que las mujeres nos sacrificamos por amor? Que quienes lo dicen lo hacen ante la prensa y tienen unos cuantos momentos de gloria que se repiten cada cierto tiempo en las redes sociales y en supuestos canales de noticias. Pero yo todavía no he sido capaz de encontrar los artículos científicos que apoyen esas hipótesis. Ni la de Mantua, ni la ocurrida en Ucrania. Y ambos son casos que ya tienen unos cuantos años. Lo normal es que un tiempo después se hubieran publicado, por ejemplo, los resultados de unos análisis químicos que demostraran la presencia de algún elemento tóxico que causara la muerte. Pues ni uno, o por lo menos yo no he sido capaz de encontrarlo, y mira que dispongo de recursos para hacerlo, y qué quieres que te diga, a mí me resulta sospechoso.

En todo caso, estos gestos de afecto, que sin duda lo

son, no son los únicos que encontramos en las sepulturas prehistóricas. Otros gestos tienen que ver con los ancestros y la memoria. Un buen ejemplo es el de la mujer de más de cincuenta años enterrada en el yacimiento neolítico de Çatalhöyük abrazando a un cráneo humano; sí, solo el cráneo. Çatalhöyük, en Turquía, es un poblado de hace unos 9.000 años, excepcional por su gran tamaño y su conservación, en el que aún se pueden ver casas de adobe en barrios abigarrados y decoraciones simbólicas muy complejas en las paredes; un poblado que pudo acoger a varios miles de personas. En Çatalhöyük, los enterramientos se producían bajo el suelo de las casas, se mantenían cerca de la gente, que continuaba con sus actividades cotidianas mientras la muerte ocupaba el espacio inferior. A través de sus costumbres funerarias y rituales, seguían interactuando, se manipulaban y desmantelaban los cuerpos antes y después de haberlos enterrado. Se abrían tumbas, se sacaban huesos y se colocaban otros. La recuperación, conservación y recolocación de cabezas humanas es una característica documentada con mucha frecuencia en las prácticas funerarias del Neolítico de Oriente Próximo.

Y así encontraron a esta mujer, bajo el suelo de una de las casas, con un cráneo humano en sus brazos con los rasgos faciales modelados con yeso, como si le hubieran vuelto a hacer la cara, y pintado con ocre rojo. El repintado sobre la órbita de su ojo derecho indica que este cráneo habría estado expuesto al aire durante algún tiempo antes de ser finalmente enterrado con la mujer. Gestos como este, repetidos con frecuencia, o la circulación de cráneos y otros tratamientos funerarios se realizaron con toda seguridad para mantener la cohesión social y aliviar las tensiones sociales dentro de las comunidades neolíticas. Imagínate las dificultades de convivencia que pudieron surgir en ese lugar tan abigarrado y densamente poblado. A través de prácticas rituales colectivas se creó una memoria social compartida que limara asperezas por un bien común.

Seguimos. Otros gestos funerarios tienen que ver con la identidad de las personas enterradas. Hace aproximadamente 4.200 años, en el sur de la península ibérica, las gentes pertenecientes a la cultura de El Argar comenzaron a enterrar a sus difuntos de una manera diferente. Las nuevas tumbas empezaron a ser individuales o dobles y a situarse en el interior de los poblados, generalmente bajo el suelo de las viviendas. Al igual que sucedió en Çatalhöyük, aunque 5.000 años después, el espacio del hábitat cotidiano incorporó los enterramientos, de manera que muerte y vida formaron parte del paisaje de la rutina diaria. Ahora los cuerpos se colocan en una posición encogida, lo que nos indica que entre el momento de la muerte y su enterramiento pasó al menos un día, que, como ya sabes, es el tiempo necesario para que el *rigor mortis* desaparezca y el cuerpo pueda ser flexionado. Pero existe además otro comportamiento muy normalizado en el ritual funerario argárico: la posición específica del cuerpo estuvo condicionada por el sexo del individuo, sobre todo en las zonas originarias de esta cultura. Así, las mujeres se situaban en posición fetal sobre su lado derecho y los hombres sobre su lado izquierdo. A veces, hay individuos que se apartan de este patrón y adoptan la posición opuesta a la que le correspondería. En la mayoría de las ocasiones solo podemos hipotetizar sobre las razones por las que lo hicieron. Por ejemplo, en el caso de Fuente Álamo (Cuevas del Almanzora, Almería) se ha sugerido que solo a los hombres adultos les estaría reservada esa posición sobre su lado izquierdo, quedando excluidos los jóvenes y los hombres de edad avanzada.

Un último gesto, volvamos al abrazo. Los enterramientos de personas adultas y criaturas que se abrazan son muy frecuentes en el registro arqueológico. Por ejemplo, en la sepultura 6 del Cerro de la Encina (Monachil, Granada), también argárico, está enterrada una mujer de unos treinta años, sobre su lado izquierdo, en cuyos brazos hay una criatura de unos tres años, situada sobre su lado izquierdo con las piernas también flexionadas y los rostros enfrentados. Tú miras esos cuerpos y no te cabe duda de que se está expresando una relación, aunque no siempre tiene que ser de descendencia. Te lo cuento un poco más adelante. Sin duda, la muerte de una criatura representa un evento traumático. Es cierto que no podemos aplicar los conceptos occidentales modernos sobre la paternidad o la maternidad a las comunidades prehistóricas, pero aun así el vínculo entre personas adultas y criaturas que fallecen a la vez o en momentos muy próximos se expresa también a través del gesto del abrazo. A veces, esos gestos, además de los sentimientos y afectos, pueden servir para reafirmar el linaje familiar o el lugar de esas criaturas en los sistemas hereditarios.

Para poder explicar cómo funcionan esos enterramientos, es necesario conocer las relaciones genéticas que existen entre las personas enterradas. Para ello es fundamental el ADN antiguo, aunque a veces las muestras están tan degradadas que no se obtienen resultados. En los casos en los que sí funciona, nos abre posibilidades para intentar entender lo que pasó. Es el caso de enterramientos como el de Altwies, en Luxemburgo. Aquí, hace unos 4.500 años, se enterraron a una madre y su hijo, la cabeza del niño de unos cuatro años descansaba sobre la mano derecha de la mujer, que tendría unos treinta. El cuerpo de la mujer se colocó en posición flexionada sobre el lado derecho, mientras que el niño fue enterrado sobre el lado izquierdo. En otras ocasiones lo que observamos son otras relaciones familiares, como lo que sucede en Dunstable Downs, en

Gran Bretaña, donde hace unos 4.000 años se enterró a una niña de unos seis años con su tía paterna, de unos veinte.

Un último ejemplo. En 2005 se excavaron varias sepulturas colectivas en el yacimiento alemán de Eulau datadas hace 4.600 años. Las evidencias hacen suponer que estas personas murieron en un evento violento. Tras sus muertes, la gente que sobrevivió las enterró con un cuidado especial. En la sepultura 99 se encontró lo que podría ser la evidencia genética más antigua de lo que conocemos como familia nuclear. Esta sepultura contenía a cuatro personas: dos adultos, un hombre de unos cincuenta años y una mujer de alrededor de cuarenta, y dos niños, dos varones, uno de cinco años y otro de unos nueve. El hombre y la mujer no estaban relacionados genéticamente, los niños tenían el ADN mitocondrial de la mujer y el cromosoma Y del hombre adulto. Así que sí, aquí podemos afirmar que los niños son hermanos y descendientes de los adultos.

Pero no podemos suponer que cada vez que encontremos una situación similar la conclusión será la misma. En esta misma necrópolis, la sepultura 98 contiene a una mujer de unos treinta y cinco años rodeada de tres criaturas. De la más pequeña, posiblemente de solo unos meses, no hay información genética disponible. Los otros dos, un niño de unos ocho años y una niña de unos cinco, comparten el ADN mitocondrial y, teniendo en cuenta su edad y que fueron enterrados a la vez, podríamos decir con bastante seguridad que son hermanos. Pero estas criaturas no están genéticamente relacionadas con la mujer con la que fueron enterradas, como hubiéramos supuesto probablemente si no tuviéramos los datos genéticos. Aun así, el hecho de que los miembros supervivientes de esa comunidad colocasen esos cuerpos con tanto esmero nos lleva a presumir su fuerte vínculo social, aunque no estuvieran unidos por lo biológico.

Más allá de interpretaciones fantasiosas, sin ninguna ciencia detrás, que lo que intentan es perpetuar determinados comportamientos, esos gestos, los últimos gestos de esas personas enterradas, adquieren una enorme importancia. Tienen que ver con aspectos tan significativos como los afectos, la identidad de género, las relaciones familiares o la construcción y el mantenimiento de la memoria. Así que deberíamos ser un poco más conscientes de la importancia de un análisis pormenorizado de lo que vemos cuando los observamos. Y, como es lógico, para representar esas voluntades se necesita a toda la comunidad, independientemente de su sexo o edad.

23

EL CUERPO QUE ENVEJECE

Hace unos meses en mi cuenta de IG hice una publicación sobre la perimenopausia. Subí una foto, que ahora digo yo que qué necesidad tenía, y contaba algo así como que había días que no reconocía mi cuerpo, días en que los pantalones parecían de otra persona; hablaba del cansancio, del (mal)humor, de los sudores nocturnos, del deterioro del pelo, la piel y las uñas, y del cabreo por no poder controlar lo que me estaba pasando. También contaba que estaba aprendiendo (o al menos intentando, en ese empeño sigo, no te voy a engañar) sobre alimentación, sobre el ejercicio de fuerza que debería hacer, sobre el ponerte ropa que no te limite, sobre el cuidado de la salud y las revisiones ginecológicas. Y también que si una tiene que beberse un día un vino o un vermú, pues que lo hace y ya está. Y que desde luego lo que mejor llevaba era juntarme con mis amigas (¡qué bálsamo son las amigas!) y ser disfrutona con todo lo que hago, con mi familia y con mi trabajo.

No te puedes imaginar la cantidad de comentarios de otras muchas mujeres como yo, que hablaban de invisibilidad, de culpa, de echarnos encima otras tareas, de cómo apañárnoslas para cuidarnos... Es cierto que, en los últimos años, las mujeres empiezan a desprenderse del pudor relacionado con el miedo a ese proceso que se llama «menopausia». Si recuerdas, empezaba este libro hablando de la consideración de la vejez y de lo que significaba para las mujeres que debemos estar siempre relacionadas con la belleza y la lozanía. La sociedad nos enseña a sentirnos mal por envejecer. El que haya mujeres que estén contando en pódcast y entrevistas lo que les pasa hace que muchas no nos veamos aisladas o extrañas, ¡bien hecho, se llama sororidad, hermana! Lo que nos pasa entra dentro de lo biológico; cómo lo interpretamos, no.

Una de las ideas principales que recorren estas páginas, a estas alturas ya lo sabes, es que los discursos esencialistas y biológicos sobre nuestros cuerpos deben reemplazarse por los que les dan significado dentro de la cultura. Y el que envejezcamos y cómo envejezcamos tiene que ver con la cultura dominante, que nos obliga a parecer jóvenes, o al menos aparentarlo. Lo demás es un fracaso. Esto nos afecta de manera especial a las mujeres porque, como decía Susan Sontag en *De las mujeres*, el envejecimiento socava la fuente habitual de poder de las mujeres, tradicionalmente valoradas por su atractivo sexual y su juventud. El poder masculino, en cambio, reside en el dinero, el estatus y el dominio social, de modo que los primeros signos del envejecimiento, como las canas, se leen como marcas de madurez y autoridad. De verdad te digo que poco nos pasa...

¿Y en la prehistoria? ¿Cómo podemos entender el envejecimiento y su consideración en las sociedades, y específicamente en las mujeres, del pasado? Bueno, antes que nada he de decirte que no podemos hablar de tercera o cuarta edad en la prehistoria, no porque no hubiese gente que llegara a esas edades, sino porque, como te he dicho, el envejecimiento tiene mucho de social, y cada sociedad, al igual que ocurre con el género, estructura, define y materializa esas identidades de manera distinta. Pero la menopausia significa algo concreto —la pérdida de la capacidad reproductiva de las mujeres—, y eso sí que lo podemos analizar. Porque podemos entender cuándo las mujeres alcanzan una determinada edad que las sitúa fuera de este ámbito y cómo se muestran antes y después de este proceso. Como te digo, es probable que cada comunidad lo plasme de una manera distinta, pero lo reconocerá, al igual que lo hace con el paso a la adultez. La edad y el envejecimiento son profundamente sociales.

Lo cierto es que el tema de la vejez, como el de la infancia o el género, ha sido muy poco tratado en arqueología. Hay varias causas que han provocado esto; en primer lugar, la consideración occidental y moderna sobre lo que significa el envejecimiento. No es significativo socialmente, porque las personas que envejecen van saliendo de todos los ámbitos —del productivo, del de la buena salud, del de las relaciones...—, por tanto, esas personas no necesitan ser contadas para explicar las sociedades del pasado. Por otra parte hay también una cuestión metodológica: hasta hace poco ha habido muchas dificultades para asignar con precisión la edad a las personas que murieron más allá de la mediana edad; es decir, en los estudios antropológicos vinculados a la excavación de una necrópolis, a lo más que se llegaba era a conformar una categoría general de +50. También es cierto, como te he contado en un capítulo anterior, que los altos niveles de mortalidad infantil hacen que la media de edad se sitúe en cifras muy bajas, unos treinta y cinco años, y puede dar la apariencia de que pocas personas superaban esa edad. Y no, no es que hubiera muchísima gente que superara los cincuenta o sesenta años, pero sí al menos en un número que nos debe hacer atender y entender a este grupo en las comunidades del pasado.

Todo esto ha empezado a cambiar en los últimos años. El que en nuestro mundo occidental y moderno se estén alcanzando edades muy avanzadas con buenos estados de salud ha hecho que una buena parte de la sociedad esté dentro de eso que llamamos «tercera» o «cuarta» edad. Jubilaciones anticipadas, alto poder adquisitivo, nuevas estrategias de salud y cuidados han abierto un enorme campo de posibilidades para estas personas que supone además un negocio de miles de millones, así que ahora sí que interesan. Es exactamente el mismo proceso por el que estudiamos el género en las sociedades de la prehistoria. Las mujeres no importan en las sociedades del pasado hasta que algunas mujeres desde el feminismo empiezan a preguntarse si es verdad eso de que ellas —nosotras—, tal y como se nos había dicho hasta la saciedad, no contábamos.

Por otra parte, también se han refinado las técnicas antropológicas, y cada vez más podemos reconocer el paso del tiempo en los huesos de las personas. Y, además, tenemos la capacidad de relacionar de manera mucho más sólida esos cuerpos enterrados con los ajuares funerarios que los rodean, de manera que podemos hacer interpretaciones sobre sus identidades mucho más consistentes.

Ese avance en las capacidades que tenemos de reconocer los cambios en la edad social de los grupos del pasado está haciendo que mejoremos, o al menos lo intentemos, a la hora de reconocerlo en los huesos. Hace unos meses formé parte de la comisión evaluadora de una tesis en la Universidad de Burgos, realizada por Julia Muñoz Guarinos, que pretendía detectar nuevos indicadores del periodo de vida fértil en las mujeres de distintas poblaciones arqueológicas. Uno de los principales problemas es que, a diferencia de la menarquia, la menopausia no se ha estudiado hasta hace relativamente muy poco tiempo. Como ya he comentado, definimos la menopausia como el fin del periodo de vida reproductivo. Se diagnostica una vez que han pasado doce meses consecutivos sin presencia de menstruación y se debe al cese de la actividad folicular ovárica. Es un periodo que puede durar entre dos y ocho años entre la fase premenopáusica y posmenopáusica. ¡Lo que me queda por delante, por las diosas!

Sigamos con lo nuestro. ¿Qué metodologías se proponen para intentar detectar la menopausia en las poblaciones prehistóricas? Podemos estudiar, por ejemplo, el cemento dental. El cemento dental es un tejido mineralizado similar al hueso que recubre la raíz del diente, la protege y sirve para fijar el diente al hueso de la mandíbula. Este cemento se forma a lo largo de la vida de forma continuada y cada cierto tiempo se genera una nueva capa de cemento para mantener intacta la unión a medida que envejece la capa más superficial. Empieza a formarse cuando nacemos y cesa cuando morimos. Depende en gran medida de lo que comamos y de cuánto comamos, así que se ha convertido en una buena técnica para saber si has sufrido un problema de estrés alimenticio y, al formarse constantemente, también sirve para intentar conocer la edad de fallecimiento de la persona. En el caso de las mujeres, se podrían relacionar algunos eventos de estrés alimenticio con la vida reproductiva femenina. Episodios como el embarazo, la lactancia y la menopausia quedarían registrados en el diente porque las necesidades energéticas y de nutrientes son completamente diferentes al resto. La carencia de calcio, magnesio o vitamina D quedaría reflejada en ese cemento.

Otra de las posibilidades de estudio es el fémur. Este hueso largo funciona como reservorio de calcio, así que nos podría ser útil para estudiar la cantidad y los cambios en la cantidad de estrógenos a lo largo de nuestra vida reproductiva. Y, además, el fémur es uno de los huesos largos que mejor se conserva en el registro arqueológico. Ese vaivén de estrógenos en la adolescencia, el embarazo y la lactancia, y la reabsorción del hueso tras la menopausia, hace, por ejemplo, que las mujeres suframos más fracturas que los hombres a partir de los cincuenta años.

Pues bien, fijándonos precisamente en el estudio de los fémures, en esta tesis se propone explorar la posibilidad de observar en estos huesos las diferencias entre mujeres en estado pre- y posmenopáusico. Por ahora, estos análisis se han realizado sobre una colección de restos humanos que se conoce muy bien: la procedente del convento dominico de San Pablo, en Burgos, que estuvo en pie desde el siglo XIII hasta el XIX. El profuso estudio de estos cuerpos ha hecho que se conozcan, además del sexo y la edad, aspectos como el crecimiento y el desarrollo, o la salud oral o los patrones de dieta. Y, además, existe un amplísimo rango de población enterrada allí: desde personas de clase socioeconómica baja a otras enterradas privilegiadas que pertenecerían al clero. Una vez comprobado que a partir de los cincuenta años las mujeres inhumadas en este cementerio experimentaron una reducción del grosor del fémur que está bien documentada, podríamos estudiar otras poblaciones menos conocidas con las que comparar los datos y conocer cuándo se produce la menopausia. Me cuentan Julia Muñoz y la codirectora de esta tesis, la investigadora Rebeca García González, que les queda un reto apasionante por delante con esta investigación. Muy cierto y muy necesario. Gracias, compañeras.

Y ¿dónde están esas mujeres de edad avanzada en el registro arqueológico? ¿Tienen un tratamiento especial? ¿Podemos conocer datos sobre ellas? Te voy a contar un ejemplo precioso: una pescadora de hace más de 12.000 años. En el abrigo rocoso de Tron Bon Lei, en la isla de Alor, en Indonesia, se halló el enterramiento de dos mujeres de más de cincuenta años. Una de ellas contaba con un ajuar muy característico compuesto por anzuelos para la pesca. El que asociemos los anzuelos con un cuerpo sugiere que la pesca era una parte importante en las formas de vida de esta comunidad, probablemente debido al papel que desempeñaba en la vida diaria de las gentes de una isla que carecía en gran medida de otras fuentes de proteínas.

Los cinco anzuelos para la pesca, los más antiguos conocidos asociados con prácticas mortuorias de cualquier parte del mundo, estaban situados en la zona del mentón y la mandíbula de la mujer. El esqueleto se encontró recostado sobre su lado izquierdo. Las patologías dentales mostraban un desgaste avanzado en la dentición superior e inferior, la pérdida de dientes y un quiste. Estos desgastes dentales tan severos son normales en las personas de avanzada edad en las comunidades recolectoras, cazadoras y también pescadoras por los tipos de alimento y por cómo se procesan. En el caso del pescado, una de las técnicas de preservación de alimentos más antiguas es el secado, que lo conserva comestible durante varios años. Se trata de un método muy efectivo en ciertos climas como el que nos ocupa y relativamente fácil de seguir, ya que consiste en dejar el pescado al sol y al aire con una buena ventilación, y ya estaría. Eso sí, el producto resultante requiere un largo tiempo de masticación y supone un desgaste dental importante. Los análisis de isótopos que se han llevado a cabo sobre estos cuerpos también nos indican una alimentación basada en recursos marinos.

El propio hecho de que esta mujer fuera enterrada y el que apareciese con esos elementos de ajuar tan importantes para la subsistencia de estas poblaciones hacen que quienes la han estudiado propongan que esta mujer poseyera un alto estatus en su comunidad.

Mujeres pescadoras. Normalmente asociamos la mayor parte de este trabajo relacionado con el mar a hombres, aunque con notables excepciones, como las mariscadoras gallegas. Un trabajo, el de estas mujeres, que requiere un conocimiento muy particular que se transmite de generación en generación, una labor dura y extenuante, hecha en su mayor parte con las manos, y muy invisibilizada (¡oh, sorpresa!) durante mucho tiempo. Otro ejemplo que me encanta es el de las buceadoras japonesas (las *ama*), mujeres que bucean en apnea en mares costeros para recolectar marisco, algas y otros recursos alimenticios. El estudio etnográfico que se realizó hace unos años a través de la observación directa de su trabajo y de una serie de entrevistas nos informa sobre la edad que tienen las *ama*, entre los treinta y ochenta y seis años —sí, has leído bien: ¡ochenta y seis añazos!—, sobre los miedos y las preocupaciones a las que se enfrentan o sobre sus modos de vida. Como practican el buceo libre sin ningún equipo especial, la cosecha está controlada por los límites físicos de cada respiración, así que hay poco riesgo de sobrepesca; en cualquier caso, al igual que hacen las mariscadoras gallegas, desarrollan sus propias regulaciones para no esquilmar los caladeros. Y ahí tienes a mujeres de más de sesenta años contando que se resisten a usar trajes de neopreno porque se cansan más y es más difícil nadar o porque, como afirman entre risas dos hermanas de ochenta y ochenta y dos años, las mayores de su comunidad, no les entran. Me parto con ellas. «Sentir el océano es bueno para ti», dicen.

Tengo poco más que añadir. ¿Cómo termino este capítulo? ¿Diciendo que deberíamos reconocer la potencialidad de las personas de edad avanzada y en especial de las mujeres? ¿Que deberíamos integrar sus conocimientos y experiencias en los grandes asuntos del mundo? ¿Que deberíamos ser más justas con nuestros cuerpos a medida que envejecemos y no dejarnos llevar por todo lo que sucede a nuestro alrededor? ¿Que como sociedad deberíamos replantearnos nuestra mirada sobre el envejecimiento? Pero, de verdad... ¿Hace falta que lo haga?

24

EL CUERPO REIVINDICADO

A principios de los años setenta, el lago Mungo, en Nueva Gales del Sur (Australia), se convirtió en un símbolo de conciencia nacional para las poblaciones aborígenes australianas. En 1968 unos restos humanos emergieron a la superficie de una duna en la orilla del lago. Eran los restos de una mujer que había sido enterrada con un ritual muy elaborado. Primero había sido incinerada, luego fragmentaron sus huesos, que fueron quemados de nuevo, y finalmente la enterraron. «Lady Mungo», la llamaron. Una mujer adulta joven de complexión grácil y pequeña estatura. Tenía una antigüedad de unos 42.000 años y son los restos humanos más antiguos encontrados en Australia.

Esta mujer, junto al resto de su grupo, podría haber pescado en las orillas del lago, o buceado en busca de cangrejos de río y marisco. Las orillas estaban cubiertas de vegetación con cañaverales y eucaliptos, y habrían atraído a variedad de aves acuáticas, ranas, mamíferos y reptiles. En los alrededores del lago se encendían hogueras para cocinar, se fabricaban herramientas de piedra y se usaba el ocre rojo para pintar los cuerpos.

Cinco años después, en la misma zona se excavó la sepultura de un hombre de alrededor de cincuenta años. «Mungo Man», lo llamaron, cuyo esqueleto casi completo fue encontrado a unos 500 metros al este del lugar de cremación de la mujer. También había sido enterrado ritualmente, colocándolo boca arriba con las manos cruzadas en el regazo, y se roció con ocre. El estudio pormenorizado de su cuerpo nos indica que era de complexión ligera y unos 170 centímetros de altura. Parece que se le extrajeron dos caninos inferiores algunos años antes de la muerte, posiblemente en una ceremonia ritual, según señalan quienes lo estudiaron. Sus molares estaban desgastados con un patrón que indicaría la utilización de la boca como una tercera mano para fabricar redes de pesca, cestas o bolsas hechas a partir de fibras vegetales. El estado de sus vértebras torácicas y lumbares, y de su codo derecho, revela que sufría artritis, lo que le habría provocado dolor crónico y habría restringido el movimiento de su brazo derecho. Estas lesiones son compatibles con estrés repetitivo, tal vez por arrojar una lanza, usar un propulsor de venablos u otras actividades, como el remar en canoas. Lo cierto es que en los últimos años de su vida ya no podría haber realizado ninguna de estas actividades.

Estos dos cuerpos supusieron el descubrimiento de datos tremendamente interesantes desde el punto de vista científico. Por primera vez se accedía al conocimiento de los primeros grupos de población documentados en Australia, se conocían sus formas de vida y los rituales que se practicaron 40.000 años atrás. Su hallazgo duplicó la antigüedad de la ocupación humana de Australia y provocó gran entusiasmo en la comunidad científica y en la ciudadanía. Se demostraba que la historia humana de Australia abarcaba decenas de miles de años y no unos pocos miles, como se creía hasta entonces. Estas circunstancias dieron inicio a un periodo de investigación científica intensiva, centrada inicialmente en el lago Mungo, que luego se extendió a los otros lugares del área de los lagos Willandra.

En los años siguientes se documentaron hasta 135 cuerpos incinerados o enterrados que demostraron la larga ocupación de la región desde la prehistoria hasta época moderna. Es más, el valor científico y cultural del lago Mungo fue reconocido mediante la declaración de Patrimonio de la Humanidad por la Unesco en 1981 no solo por su valor científico, sino también por su importancia cultural.

Pero, además de eso, desde el primer momento estos cuerpos se convirtieron en un elemento de reivindicación para las poblaciones aborígenes australianas, en especial para los tres grupos tribales que comparten este territorio tradicional: las poblaciones paakantji, ngyiampaa y mutthi mutthi. Para estos grupos, Lady Mungo tenía otro significado, contaba otras cosas. Ella formaba parte de quienes eran y estaba allí por una razón. Su aparición en el entorno del lago Mungo les dio los argumentos necesarios para confirmar que sus antepasados habían ocupado la tierra desde tiempos inmemoriales. Esto significó un empuje para las reivindicaciones de sus derechos territoriales. Pero, además, la aparición de Lady Mungo, su presencia incuestionable en el territorio, impulsó a las mujeres aborígenes a la acción. A la reivindicación de su memoria. En el proceso de reclamación de los cuerpos hubo cuatro protagonistas fundamentales, cuatro mujeres que pelearon por el retorno de los restos de Lady Mungo a su lugar originario. Alice Kelly, del pueblo mutthi mutthi, y tres mujeres paakantji, Alice Bugmy, Tibby Briar y Elsie Jones, todas ellas activistas y representantes de sus comunidades en el Consejo Regional de Tierras Aborígenes; cuatro mujeres que se unieron para reafirmar las exigencias aborígenes, desafiar a la burocracia y garantizar que el legado de Lady Mungo ocupara un lugar de honor en la historia de Australia.

No fue fácil, pasaron varios años hasta que los intereses

de esas poblaciones y los de la comunidad científica llegaron a un entendimiento. Quienes se aproximaban a esos cuerpos desde la ciencia lo hacían con el argumento del valor del lago Mungo para la ciencia y la identidad nacional; quienes se aproximaban desde lo ancestral, lo que buscaban era proteger su patrimonio cultural. En junio de 1989, en una reunión celebrada en el lago Mungo, llegaron a un acuerdo de colaboración. A partir de entonces, los nuevos hallazgos de restos humanos se dejan en el lugar en el que se encuentran y, muy a menudo, después de la investigación pertinente, se vuelven a enterrar ceremonialmente.

De acuerdo con ese pacto, los restos de Lady Mungo fueron devueltos a su entorno original en el lago en 1992; los restos de Mungo Man tuvieron que esperar hasta 2017. Para las mujeres aborígenes, estas dos personas, separadas de ellas por más de 40.000 años, ya habían hecho su trabajo, ya habían situado a estas poblaciones hasta ese momento invisibilizadas y canceladas en la historia de Australia, y era, por tanto, hora de que volvieran a casa y descansaran.

Lo cierto es que este es un debate que ahora mismo está muy de actualidad en arqueología. Preocupa que existan estándares éticos a la hora de enfrentarnos a la investigación de las sociedades del pasado. El desarrollo de la arqueología del siglo XIX y buena parte del XX no solo fomentó y sustentó las desigualdades de género. También favoreció comportamientos racistas. El nacimiento de la arqueología como disciplina científica se desarrolla en paralelo a los inicios de los procesos de descolonización. Las poblaciones a las que se lleva explotando décadas se rebelan contra esa presencia europea que esquilma sus territorios y recursos y acaba con sus formas culturales con expolios muy evidentes de su patrimonio. La arqueología, hecha por los hombres de las élites intelectuales y económicas europeas, trata de sustentar la idea de que esas poblaciones que se rebelan contra el sistema colonial y que tienen condiciones económicas y sociales similares a las de la prehistoria son tan salvajes o primitivas como estas y, por tanto, necesitan ser civilizadas. El binomio prehistórico-salvaje habría justificado la colonización de esos lugares, una idea que se mantiene durante buena parte del siglo pasado.

Esto está empezando a cambiar desde hace unas décadas. En los últimos tiempos habrás oído hablar del proceso de descolonizar los museos. En una de sus primeras intervenciones, Ernest Urtasun, ministro de Cultura, anunció la intención del Gobierno de revisar las colecciones de los museos para superar su marco colonial. Como siempre pasa cuando se simplifican los discursos y no existe la suficiente formación o la suficiente intención de entender lo que se dice, todo se complica mucho más. Yo estoy de acuerdo, hay que descolonizar los museos, igual que hay que hacerlos más feministas. Y cuando digo feministas, quiero decir que hay que hacerlos más inclusivos en sus discursos, hay que mostrar más mujeres, más criaturas, más personas ancianas y más personas con capacidades distintas, porque si en un museo cuentas la historia de quienes somos, tienes que contarla a toda la gente. Y cuando digo que hay que hacer los museos más feministas me refiero a que hay que contar y explicar las formas de vida, de producción y de relación que han sido poco (o nada) representadas hasta ahora. Y eso no significa, como me dicen algunos en redes sociales, que lo que quiero es reescribir la historia, no, lo que quiero es contarla toda. No solo lo que a ti, *hater* mío, te conviene.

Así que sí, estoy de acuerdo en descolonizar los museos, y eso no significa solo, o no significa en absoluto, retirar piezas de las vitrinas o devolverlas a sus lugares de origen. Significa utilizar esas piezas para contar la otra parte de la historia que hasta ahora no se ha contado. Significa cambiar cartelas, cambiar imágenes y crear nuevos itinerarios en los museos que cuenten otras cosas, unas actividades que, por cierto, ya se llevan realizando hace muchos años en algunos museos, con exposiciones temporales que retratan otras realidades o con programas educativos y ciclos de conferencias que acercan al público a otras miradas sobre el patrimonio. Hablo con Andrés Gutiérrez Usillos, actual director del Museo de América, y le pregunto por su opinión personal, por cómo concibe él la razón de los museos. Me cuenta como hasta hace poco en nuestras sociedades lo diferente, por ejemplo, la presencia de personas de otras culturas o procedencias, era muy marginal, casi insignificante en términos estadísticos, pero ya no es así. La realidad es que la composición étnico-cultural en Occidente ha cambiado y el relato, como el de América, que se cuenta en los museos solo representa a una parte o una única mirada, una única manera de ver el mundo, cuando existen otras que les sirven a muchas otras personas. «Ya no nos podemos definir como civilizados o cultos porque presentemos al otro como salvaje. Ese "otro" tiene un saber útil para su entorno más válido que mi explicación científica (o bíblica) del mundo, simplemente es que no se ha querido entender. Debemos —concluye— poner el foco en la persona, no en la cultura en abstracto; en la empatía y en lo emocional.» Y yo no puedo estar más de acuerdo con él.

Y la bioarqueología, el estudio pormenorizado de los cuerpos, también tiene que trabajar en ese sentido. Es cierto que es fácil reconocer actitudes racistas en el desarrollo de la arqueología en el pasado, pero es más difícil reconocer las formas encubiertas en las que estas actitudes funcionan hoy día. Y para eso hay que actuar de forma proactiva. En muchos lugares del mundo se están proponiendo enfoques colaborativos con descendientes y con comunidades de interés. Entre las cuestiones éticas que se plantean están las relacionadas con los análisis que destruyen tejidos biológicos que provienen de cuerpos, y que tienen un enorme potencial informativo para conocer las relaciones genéticas, la dieta o los patógenos. En definitiva, nos ayudan a contar la historia de esas personas y de las poblaciones en las que vivían. Creo que en esto, como en todo, el sentido común es lo más importante. No se trata de no realizar esas analíticas, sino de explicar, a quien corresponda, qué preguntas sobre esas poblaciones vamos a poder contestar a través de esos análisis. Se trata de entender que el estudio respetuoso, consciente y ético de los cuerpos tiene como objetivo conocer y reconocer a las personas del pasado, recuperando su memoria, sus conocimientos o las distintas estrategias que usaron para solucionar sus conflictos, una información que nos hace mucha falta en un presente en el que somos demasiado simples a la hora de encontrar soluciones sostenibles y equitativas a esos conflictos.

Pero volvamos a Australia. En la actualidad, esos tres grupos tribales aborígenes trabajan por mantener viva la memoria de sus pueblos en la Región de los Lagos Willandra y el Parque Nacional Mungo, se aseguran de enseñar a las nuevas generaciones sus costumbres e historia, y las comparten con quienes visitan estos lugares. El área de los lagos Willandra es un paisaje cultural vivo. Y Mary Pappin, nieta de la defensora de Lady Mungo, Alice Kelly, es guardabosques allí. Para estos grupos aún queda mucho por hacer, pero los acuerdos a los que se llegaron permiten el desarrollo de la actividad científica y el cuidado de la memoria para las personas que se sienten vinculadas a los restos prehistóricos y que los consideran sus ancestros y ancestras. Y aquí, las mujeres, que como hemos visto en algunos de los capítulos del libro son garantes de memoria e incluso usan sus cuerpos para expresar esa memoria, encontraron en Lady Mungo un cuerpo con el que reivindicar la suya.

25

CUERPOS VIOLENTOS, CUERPOS VIOLENTADOS

Pirineo oscense. Cueva de Els Trocs (San Feliú de Veri/Bisaurri). Hace unos 7.300 años. Nos acercamos al refugio de un pequeño grupo pastoril trashumante. Idílico, ¿verdad? Pues si estuviéramos escuchando el pódcast de un *true crime*, lo que viene ahora te estremecería. En el interior de la cavidad se encuentran los cuerpos de nueve personas asesinadas de forma muy violenta, yo te diría incluso con ensañamiento: cinco adultos, entre ellos una mujer de edad avanzada, y cuatro criaturas de entre tres y siete años de edad, dos niños y dos niñas. Cuatro de los cinco adultos recibieron disparos de flecha en la cabeza realizados desde una distancia muy corta, además de sufrir múltiples traumatismos incluso tras su muerte. Fueron golpeados de forma violenta con objetos contundentes que bien pudieron ser mazas de madera. Además, todos los individuos, tanto adultos como infantiles, presentan numerosas lesiones en el cráneo y en los huesos de los brazos y las piernas, a menudo cerca de las articulaciones, lo que causó fracturas masivas. Las características de las lesiones producidas por el impacto de flechas indican que estas se produjeron fuera de la cueva y los cuerpos, posteriormente, fueron trasladados al interior, donde sufrieron los traumas *post mortem*. Ese ensañamiento posterior a la muerte pudo haber formado parte de un ritual de difícil comprensión hoy en día y que se ha llegado a considerar como una «segunda ejecución». No fueron enterrados, ni se depositaron de manera cuidada. Simplemente se dejaron allí.

El análisis de ADN indica que dos de ellos, un varón en torno a los treinta años y una criatura de unos seis, eran padre e hijo. Las otras tres criaturas tienen madres diferentes que no aparecen entre los restos óseos encontrados en la cueva. Más allá de la mujer de edad avanzada, no hay mujeres entre las víctimas, porque probablemente, además de la violencia física, sobre ellas se ejerció otra violencia, la del rapto y separación de su grupo. Esta es una de las hipótesis que se ha planteado para explicar la ausencia de mujeres en el grupo. No obstante, reconozcamos que el recurso del rapto no debe ser la única conjetura que se puede plantear. Quizá simplemente es que el grupo de mujeres no estaba allí en ese momento porque se estaba dedicando a alguna otra actividad. Eso también es posible. Que conste. Para descifrar la violencia extrema y la brutalidad sobre los cadáveres, se ha planteado la posibilidad de que todo estuviese organizado como una acción categórica y notoria para conseguir el control de un territorio muy codiciado por la riqueza de los pastos.

Otro episodio para nuestro *true crime*. La Hoya (Laguardia, Álava), un poblado de la Edad del Hierro que llegó a acoger en algún momento hasta 1.500 personas. Es un día de finales de verano —¿quizá un día de mercado?— hace unos 2.300 años. Hay un silencio extraño, solo se oye el crepitar de un incendio que empieza a propagarse entre los edificios. En las calles el panorama es desolador. Descubrimos a trece personas asesinadas, nueve adultos de ambos sexos, dos adolescentes, una criatura de unos tres años de edad y otra de alrededor de seis meses. Los restos se dejaron sin enterrar, tirados en las calles, algunos se recuperaron debajo de edificios derrumbados a causa del fuego. La lesión más frecuente es el traumatismo con objeto punzante. Uno de los hombres presenta evidencias claras de haber sido decapitado. Su cuarta vértebra cervical presenta un corte oblicuo, consistente en un solo golpe en el cuello de izquierda a derecha, en un ángulo descendente. No se encuentran ni las vértebras superiores ni el cráneo. Otras partes de su cuerpo muestran rastros de lesiones, fue golpeado repetidamente. No se identifican heridas defensivas claras, pero las evidencias nos revelan que las heridas se producirían en un encuentro cara a cara. Otro hombre adulto y una mujer adolescente tenían amputados sus brazos derechos. El brazo de la adolescente aún lleva cinco brazaletes de cobre. El antebrazo y el resto de su cuerpo aparecen a una distancia de unos 3 metros, lo que sugiere que la adolescente pudo moverse después de sufrir la lesión o antes de recibir otro ataque. El resto de las víctimas presentaba cortes y heridas por objetos punzantes posiblemente infligidas desde atrás, con armas blancas.

La motivación detrás de esta extrema violencia tampoco está clara. La posición de los cuerpos y los estudios sobre los restos óseos indican que probablemente fue un ataque sorpresa, una masacre sobre personas indefensas que no pudieron oponer mucha resistencia. No parece que la causa del ataque fuera el saqueo. En el poblado se dejaron objetos de artesanía y herramientas en las aceras de las calles, animales y vasijas llenas de granos de cereales recién cosechados, de ahí la hipótesis del día de mercado. Nadie volvió a recuperar esos bienes, ni los atacantes ni quienes probablemente fueron secuestrados o huyeron.

La violencia existe en la prehistoria. Por supuesto que sí. Los seres humanos somos capaces de los actos más atroces. No tienes más que escuchar un informativo o abrir las páginas de un periódico. Pero siempre insistiré: también la hemos sublimado más de la cuenta. El conflicto se puede resolver de muchas maneras, y hacerlo de forma violenta se ha considerado como un hecho crucial para nuestro desarrollo como especie. El conseguir determinados objetivos a través del ejercicio de la violencia parece que la hiciera más aceptable. Pero no debería ser así, ¿no? Estos dos ejemplos que te he puesto son impactantes, sin duda. Cada vez que se produce el descubrimiento de un acto de este tipo en la prehistoria se convierte en noticia, lo comprendo, pero, al igual que en la actualidad, dejamos de observar las formas de resolución pacífica de conflictos que tanto hoy como en el pasado han sido las más frecuentes. Y no, esto no es buenismo; es una estrategia de supervivencia. Si hubiéramos resuelto siempre los conflictos de forma violenta, hace mucho que nos habríamos extinguido.

Pero, como digo, es evidente que no podemos negar la violencia. Y reconocerla en el registro arqueológico e incluso ser capaces de investigar sus causas es importante a la hora de conocernos como especie. Ya hemos hablado en alguna otra ocasión acerca del inicio de la desigualdad entre mujeres y hombres que se produce precisamente a partir de la producción agrícola y ganadera en el Neolítico y la consiguiente acumulación de bienes. La construcción de la desigualdad exige controlar tanto lo que se produce como quién lo produce. Es cierto que en los últimos años se están empezando a reconocer manifestaciones de trato diferencial en los enterramientos del Paleolítico superior con ajuares muy relevantes, pero tenemos que seguir indagando sobre si ese acceso a determinados recursos por parte de determinadas personas, entre las que se incluyen mujeres, tiene que ver con el ejercicio del poder o con el reconocimiento de determinadas habilidades o capacidades.

En cualquier caso, la desigualdad, que se empieza a producir lenta e inexorablemente, se refleja en las relaciones e identidades de género y de estatus social a partir de las sociedades prehistóricas. Hay gente que comienza a tener más, tanto hombres como mujeres, pero, además, dentro de ese grupo privilegiado también empieza a producirse una brecha que los favorece a ellos, a los hombres.

Es muy probable que esas desigualdades de género que se produjeron al principio no necesitaran del ejercicio de una violencia determinada, de una violencia física concreta de los hombres hacia las mujeres, precisamente porque el proceso por el que se instaura la desigualdad está basado en la naturalización de las diferencias de funciones, responsabilidades y derechos de hombres y mujeres, que al principio es tan sutil que no genera resistencia ni se percibe como dominación. Deberíamos hacernos algunas preguntas. ¿Qué evidencias arqueológicas nos mostrarían el ejercicio de esta violencia en concreto? ¿Podemos hablar de violencia de género en la prehistoria?

Empecemos definiendo los distintos tipos de violencia de género. La violencia de género es la que se produce por el desigual ejercicio del poder en el contexto del patriarcado, la que se apoya en el sistema ideológico del sexismo y la que sostiene la inferioridad y subordinación de las mujeres. Esto puede traducirse en muchos tipos de violencia: la violencia directa, que puede materializarse de varias formas —los malos tratos en el marco de la pareja o expareja (físicos, psicológicos, económicos, sexuales)—, el acoso sexual, la violación, la violencia vicaria, la ablación del clítoris, las diferencias en la alimentación o determinados modelos estéticos impuestos, entre otras; la violencia estructural, que se define por los procesos en los que, a través de mediaciones institucionales o estructurales, esa violencia se ejerce mediante legislaciones o normas que potencian y justifican la desigualdad, por ejemplo, algunas leyes que intentan limitar la libertad sexual y reproductiva de las mujeres; y la violencia cultural y simbólica, que incluye todas aquellas facetas culturales que se manifiestan desde las ideas, desde la aceptación «natural» de las situaciones, desde la negación y cancelación de las experiencias y las prácticas de las mujeres, que se consideran de menos valor. En definitiva, la violencia de género se expresa cuando ordenamos el mundo a través de valores considerados masculinos, en los que dejamos fuera a las mujeres.

¿Qué podemos observar de todo esto durante la prehistoria? Algunas estrategias utilizadas por la violencia directa, como puede ser el maltrato físico, deberían dejar su huella en el registro arqueológico a través de fracturas o lesiones. Asimismo, podríamos observar las diferencias en el tipo o calidad de la alimentación entre mujeres y hombres. Sin embargo, solo podemos intuir otras clases de violencia, como las mencionadas del secuestro o el desarraigo, a través de la ausencia en determinados lugares de determinadas mujeres. Únicamente en contextos muy concretos, como el descrito en la Cueva de Els Trocs, podríamos hacer una afirmación como esta. Y ya ves que yo misma la pongo en duda porque no fue la única explicación posible.

Como siempre te digo, yo soy científica, mi fortaleza es el dato, la investigación mediante el método científico del registro arqueológico de las sociedades del pasado. Así que el ejemplo que voy a utilizar aquí solo es aplicable a las posibles formas de violencia en las sociedades de la Edad del Bronce del sur de la península ibérica, lo que denominamos «cultura de El Argar». Y para ello utilizaré los datos provenientes del registro funerario, tanto en lo que se refiere a restos óseos como en lo que se refiere a la cultura material asociada a las personas.

Si hablamos de violencia física, la evidencia más importante se manifiesta en los traumatismos que podemos observar en los huesos. Estos traumatismos pueden tener causas tan diversas como caídas, sobrecargas musculares o lesiones violentas. En el caso de las sociedades argáricas, las diferencias establecidas entre ambos sexos son poco significativas y las fracturas más frecuentes coincidirían con los traumatismos provocados por caídas accidentales. Tampoco el análisis de los traumatismos en las criaturas evidencia el uso de la violencia. En cualquier caso, la mayor parte de las fracturas aparecen en los individuos masculinos y han sido interpretadas o bien como caídas accidentales, o bien como resultado de un enfrentamiento violento, pero de carácter muy puntual, ya que no tenemos en el registro arqueológico de esta zona grandes muestras de violencia. La otra forma de violencia que indicaría prácticas de desigualdad tiene que ver con los modos de vida, con el acceso a determinados recursos como pueden ser los alimentos. En las muestras analizadas en las sociedades argáricas, aunque no se detectan diferencias entre mujeres y hombres, o al menos no aquellas que puedan ser achacadas a una peor alimentación, sí que existen algunas diferencias en las costumbres alimenticias, que tienen que ver más con la procedencia de las personas —con la movilidad en muchos casos de las mujeres desde otros lugares— que con la desigualdad. Encontramos patologías relacionadas con las deficiencias nutritivas que generan anemias; por ejemplo, la pérdida del esmalte que afecta a los dientes permanentes como producto de las enfermedades y desnutrición que se producen durante los primeros años de vida, pero no se constata ninguna diferencia entre hombres y mujeres, y tampoco hay diferencias estadísticamente significativas en cuanto a caries, caídas de dientes o quistes.

¿Significa esto que durante la prehistoria no se ejerció violencia contra las mujeres por su condición de serlo? ¿No existió violencia de género? Desde luego yo no utilizaría esos términos de la misma forma que los entendemos en la actualidad, porque nuestras condiciones culturales, sociales, políticas e ideológicas no tienen nada que ver con la prehistoria. Pero, y este es un pero muy grande, lo que tengo claro es que cuando se empieza a escribir y a legislar, en el contexto de las culturas griega y romana, cuando se empieza a escribir sobre la esencia de lo humano, en ese momento, mujeres y hombres ya no ocupan posiciones de igualdad. Y esas circunstancias derivan de la que llamamos «violencia cultural» o «simbólica», también detectable en el registro arqueológico, que debió ejercerse desde los inicios mismos de la desigualdad. Porque donde sí empezamos a observar diferencias es en el tipo de trabajo que se realiza. A partir del Neolítico, las mujeres empiezan a dedicarse paulatinamente y de manera más intensa a las actividades vinculadas al mantenimiento de las sociedades —al cuidado, a la crianza—, que implican amoldarse en gran medida al espacio de lo doméstico, de lo cercano. Mientras tanto, los hombres empiezan a dedicarse a actividades que conllevan más movilidad. Ojo, que quede claro que las mujeres se mueven, pero siempre un poco menos, o por distintas razones. Las tareas que realizan unas y otros tienen repercusión en los cuerpos. A partir del Neolítico, y en términos generales, las mujeres desarrollan más la parte superior del cuerpo —molienda, acarreo, aventado, cocinado...—, mientras que los hombres desarrollan más la parte inferior, por esas actividades que requieren determinadas pautas de movilidad. Aunque sea solo un poco más, y lentamente, este comportamiento se va traduciendo en diferencias en el acceso a las relaciones con otras gentes, al conocimiento de otras realidades y, con ello, a la toma de decisiones. A través de una intensa y paciente estrategia, durante cientos de años se comenzó a separar a las mujeres del poder.

Las desigualdades también las podemos observar en la

forma en la que mujeres y hombres están depositados en las sepulturas. Podemos, por ejemplo, observar los ajuares funerarios, es decir, las cosas con las que la gente se entierra. Efectivamente existen diferencias entre los ajuares masculinos y los femeninos, que se refieren o bien al trabajo que cada cual realiza, o bien a la manera en la que se manifiesta la identidad a través del vestido o el adorno. Es decir, esas diferencias que se terminan convirtiendo en desigualdades se reflejan en modos de vestir y aparentar, y se consolidan a través de la práctica cotidiana.

Esa violencia cultural la seguimos sufriendo en la consideración contemporánea de los trabajos, las prácticas, las experiencias y los conocimientos de las mujeres a lo largo de la historia; usando además la prehistoria, desde el presente, como forma de negar, cancelar e invisibilizar a las mujeres en el relato histórico. Como si siempre hubiera sido así, como si las desigualdades fueran inherentes a la especie humana, como si formaran parte de quienes somos desde nuestros inicios como especie. Y quizá esa sea la más importante de las violencias ejercidas sobre las mujeres, porque de ella derivan todas las demás.

26

EL CUERPO REPRESALIADO

Se llamaba Eloísa Martín Cantal. Tenía diecinueve años cuando fue asesinada de un tiro en la cabeza en el Barranco de Víznar, en torno al 6 de octubre del año 1936. Allí fue arrojada a una fosa común. Y en ella permaneció hasta el año 2022.

El día 4 de enero de 2025 acudo al acto de entrega de sus restos a sus familiares. Es la primera mujer identificada entre las personas exhumadas. Hablo con Mario, su hermano más pequeño, el único que aún vive. Tiene noventa años. Cuando se llevaron a Eloísa, tenía tres. Lleva esperando reencontrarse con ella ochenta y siete años. No tiene muchos recuerdos, era muy pequeño. De su hermana sabe por conversaciones y comentarios que oía de sus padres, cogidos al vuelo; no muchos, no hablaban de ella. Supongo que el dolor por la pérdida era insoportable. «Me hubiera gustado que vivieran esto —me dice—, pero al menos ya está aquí, conmigo.»

El día que seis hombres se la llevaron de su casa iban buscando a su hermano Nicolás, militante socialista y compromisario en la elección del presidente de la República en mayo de 1936. Él estaba en Londres, así que se la llevaron a ella, una práctica muy habitual en esos momentos, víctimas por representación, que a alguien había que castigar. Entre ese día de principios de septiembre del 36 hasta el 4 de enero de 2025 hay un extenso recorrido que es similar en todos los casos de memoria histórica: familiares que en los primeros días buscan desesperadamente a quienes se han llevado, la certeza que se va imponiendo de que no los verán más a medida que pasan las semanas, la reclamación en los juzgados para que se reconozca su muerte, los silencios, la ausencia... Luego, mucho más tarde, llegarán las leyes de memoria democrática y las exhumaciones y la reparación, y, finalmente, la vuelta a casa. Aunque no para todo el mundo. Todavía quedan muchas mujeres y muchos hombres en cunetas y fosas comunes. Todavía quedan muchos familiares a los que se les acaba el tiempo.

Para reparar la memoria y paliar de alguna manera, si es posible, el dolor, trabaja también la arqueología. Lo hace desde el método científico, porque excavar una fosa común no consiste solo en sacar a las personas. Consiste sobre todo en contar la historia de esas personas. Una excavación arqueológica reconstruye los últimos momentos de sus vidas, pero nos cuenta muchas más cosas y nos ayuda a comprender quiénes fueron, porque en muchos casos la ocultación es tan potente que ni siquiera en los archivos hay información, no existe relato documental sobre el proceso represivo que sufrieron, ni tan siquiera registro de sus muertes. En la mayoría de las ocasiones solo se dispone de los testimonios orales y estos, obviamente, son cada vez más escasos.

La historia de Eloísa, como la de otros tantos hombres y mujeres que fueron asesinados y enterrados en las fosas del Barranco de Víznar, está siendo recuperada por el equipo del proyecto «Barranco de Víznar, Lugar de Memoria» de la Universidad de Granada, un equipo dirigido por mi compañero Francisco Carrión. Los trabajos en el lugar comenzaron el año 2013, aunque fue a partir de 2021 cuando se inició una proyección integral para exhumar a las víctimas. Eloísa es una de las 89 personas exhumadas hasta 2023, de las cuales 31 son mujeres. Las mujeres halladas hasta ahora se encuentran en tres fosas exclusivamente femeninas y una mixta. En estos años he ido varias veces a visitar al equipo mientras trabaja y siempre, siempre, siempre se me encoge el corazón. Y mira que he excavado sepulturas en mi vida, pero nada como conocer los hechos que provocaron esas muertes: la injusticia, la crueldad y la impunidad sobrevuelan el ánimo. Como este equipo existen otros muchos en toda España, recuperando esa memoria que nos pertenece.

Eloísa fue costurera. Hay un amplio repertorio de oficios entre las mujeres encontradas en las fosas. Eran modistas, tejedoras, bordadoras, vendedoras, enfermeras, sirvientas, obreras en fábricas, maestras, farmacéuticas o estanqueras. Entre las pertenencias de Eloísa que devolvieron a su hermano, en una pequeña cajita, estaban los restos de las suelas de sus zapatos, unos botones de nácar probablemente procedentes de su camisa y una pulsera de eslabones de hierro hallada en la muñeca izquierda. Son objetos que nos cuentan historias. Junto a los cuerpos de otras mujeres, en otras fosas, se han encontrado cosas que en su mayoría tenían que ver con el atuendo, con cómo manifestaban su identidad a través del cuerpo: horquillas, dedales, peines, botones, pulseras, imperdibles, corsés, medallas, peinetas, aretes, medias, objetos todos ellos que pertenecían a una cotidianidad cercenada abruptamente. Eloísa forma parte de los cientos de mujeres que sufrieron en sus cuerpos las violencias de la represión, unas violencias que significan tratamientos diferenciados hacia las mujeres, que eran específicas para ellas. Y, como en tantos otros lugares, también en el espacio de la represión durante la guerra civil, las mujeres han sido invisibles. Hasta ahora.

Estas mujeres no solo fueron represaliadas por sus ideas,

por defender la República, por ser militantes o simpatizantes de partidos de izquierdas, o dirigentes en agrupaciones femeninas o sindicatos, también sufrieron porque desafiaban los roles tradicionales de género y porque se oponían a ser vinculadas de forma obligatoria a su papel social asignado. Y por eso la violencia que se ejerce sobre ellas es muy específica. A ellas no siempre se las mata, prefieren los castigos ejemplarizantes. Es una violencia que se ejerce incluso sobre mujeres embarazadas. Estas mujeres son torturadas, violadas, rapadas, purgadas, vejadas física y psicológicamente. Y después, a veces, se las mata. Porque el castigo sobre ellas es preferentemente simbólico y se ejerce contra sus cuerpos.

Hace unos años, dentro de Pastwomen, pusimos en marcha un proyecto que llamamos «BodyTales. Tecnologías del cuerpo. Investigación, innovación y difusión de la (Pre)Historia de las Mujeres» para hablar precisamente de esto, del cuerpo de las mujeres desde una perspectiva transdisciplinar. Aunque la mayoría de nosotras trabajamos sobre la prehistoria, la protohistoria y la Antigüedad, pretendemos que el análisis que hacemos pueda ser contrastado con otras épocas históricas, así que en el contexto pandémico y virtual en el que nos encontrábamos en ese momento, iniciamos una serie de «Encuentros Pastwomen» en el que tratamos (aún lo seguimos haciendo) diferentes temáticas. En los comentarios sobre la bibliografía te pongo más datos por si te interesa, que ya sabes que no me gusta hacerlo aquí. Pues bien, en uno de ellos, que titulamos «Cuerpos que expresan: identidad impresa en los huesos», invitamos a Lourdes Herrasti Erlogorri, antropóloga de la Asociación de Ciencias Aranzadi, que ha participado en decenas de proyectos de exhumación e identificación de personas represaliadas durante la guerra civil.

Sigo emocionándome cada vez que escucho su intervención. Me muevo entre la rabia y la tristeza, por ellas y también por la desmemoria actual. Lourdes habla de la violencia específica sobre estas mujeres, violentadas en sus cuerpos, particularmente violentadas en su apariencia. Me impacta especialmente el hecho de que se las rape. Porque ese gesto tiene que ver con la apariencia, con quienes son ellas, con su identidad. Es una de las «violencias sexuadas» que se ejercen sobre ellas. Porque el pelo está vinculado a la feminidad, al modelo de belleza impuesto por la sociedad para las mujeres. El castigo trata de arrebatarles precisamente eso. Se las rapa para humillarlas y que sean ejemplarizantes. El rapado está conectado a la limpieza, a medidas de higiene, a la transformación de la identidad para hacerla más uniforme, y supone sin duda una forma de control corporal que se ha ejercido en situaciones diversas.

Encuentro fotografías de estas mujeres previas a la guerra. Imagino que hacerse fotos era un evento especial, era un momento programado con anterioridad para el que las personas se arreglan y se acicalan. No son muchas las fotografías que se hacían a lo largo de la vida, o al menos no tantas como somos capaces de hacer en la actualidad, así que esas fotos se cuidan porque van a ser el registro gráfico de quienes son. En ellas, estas mujeres sonríen, se han puesto esa blusa o ese vestido con el que se encuentran más favorecidas, utilizan adornos, seguramente se han maquillado y ese día se han peinado con un esmero un poco más especial. Se ven sonrientes. Entonces observo otras fotografías, no son muchas, de mujeres rapadas, avergonzadas, porque el rapado se acompaña de los paseos, de la exhibición de sus cuerpos entre sus vecinos y vecinas. Es la historia que cuenta, por ejemplo, una foto anónima tomada en Oropesa (Toledo) y publicada en una revista francesa llamada *L'Illustration* a principios del año 1937. En la imagen vemos a cuatro mujeres: Prudencia Acosta, María Antonia de la Purificación Rubio, Antonia Julia Hernández y Antonia Gutiérrez Hernández. Rapadas. Todas ellas denunciadas por simpatizar con la izquierda, o haber limpiado uniformes de militares republicanos, o vete a saber qué. Cuenta Lourdes Herrasti que Antonia Gutiérrez Hernández guardó toda su vida la trenza que le cortaron ese día.

Y por supuesto las violaciones, la forma de violencia contra nuestros cuerpos más extrema y que en la mayoría de los casos no se cuenta, porque significa experimentar una doble vergüenza: la de la injuria y la del relato, la de la incomprensión, la de las miradas, la del miedo; la del miedo no, la del terror. A ver si es verdad que, de una vez, la vergüenza cambia de bando.

Y el asesinato. Y volvemos a la arqueología. La arqueología que nos cuenta si las mujeres fueron enterradas por sus asesinos, y entonces eran arrojadas de cualquier manera, o si eran enterradas por sus vecinos o vecinas, que las reconocían, porque se nota el cuidado con el que depositaban sus cuerpos, a veces con premura por el miedo a ser descubiertas. La arqueología que nos cuenta que la mayoría de las muertes se producen por disparos en la cabeza, desde atrás. La arqueología que nos muestra el gesto, el gesto inútil de poner las manos sobre la cabeza para protegerse del disparo y que la bala atraviese las falanges.

La violencia contra las mujeres no terminó con la guerra civil. La dictadura franquista siguió utilizando el cuerpo de las mujeres como forma de represión y de escarnio ejemplarizante. Y hubieron de enfrentarse a las nuevas violencias. A algunas incluso se les prohibió llevar luto, vestir de negro, representar su dolor; pretendían invisibilizar la pérdida, una pérdida patente, presente, simbolizada en miles de mujeres vestidas de negro, pero que hasta en eso estorbaban.

Soy consciente de que no te ha gustado este capítulo, o que te ha dolido o indignado leerlo. A mí me hubiera gustado no tener que escribirlo, de verdad, simplemente porque significaría que estas atrocidades no habrían ocurrido nunca. Pero era necesario, por ellas y por todas las mujeres y criaturas víctimas de guerras y conflictos armados sobre las que se ejercen unas violencias específicas. Actos indignos que siguen padeciendo en la actualidad —qué te voy a contar que tú no sepas—, porque nuestros cuerpos continúan siendo, hoy por hoy, instrumentos para la guerra.

EPÍLOGO

Dos cuerpos más. Dos mujeres más

La mujer hallada en el pantano de Huldremose tenía algo más de cuarenta años cuando falleció. Se rompió la pierna derecha antes de morir, pero la fractura se curó. Su cabello estaba atado con un largo cordón de lana que también se le envolvió varias veces alrededor del cuello. Sin embargo, no hay marcas en su garganta ni en ningún otro lugar que puedan interpretarse como signos de estrangulamiento. Aunque parece claro que no murió por causas naturales. Fue encontrada en 1879 cerca de Ramten (Dinamarca). Tiene una antigüedad de 2.000 años.

El cuerpo de la mujer del pantano de Haraldskær fue descubierto en 1835, también en Dinamarca. Lo encontraron unos agricultores cuando se disponían a extraer carbón del lugar. La causa de la muerte más probable fue el estrangulamiento con soga, ya que en su cuerpo se hallaron marcas compatibles. Tenía unos cuarenta y cinco años cuando falleció, hace unos 2.500.

Tan solo en Dinamarca han aparecido más de 500 cuerpos de la Edad del Hierro en las ciénagas, fechados entre 2.800 y 1.800 años atrás. Y hay más en Alemania, Irlanda, Reino Unido o Países Bajos. A veces estos cuerpos de hombres y de mujeres, de niños y de niñas, aparecen con heridas terribles, gargantas cortadas o señales de estrangulamiento.

Además se arrojan a los pantanos, no se incineran, como es habitual en ese momento. El que los depositen en los pantanos, en las turberas, ha permitido en ocasiones una extraordinaria conservación. En ese ambiente se momifican de forma natural a causa de la composición física y bioquímica única de la turba.

El que muchos de esos cuerpos hayan conservado las evidencias de muertes violentas ha llevado a pensar que esas personas fueron asesinadas y depositadas en los pantanos como parte de una tradición cultural generalizada de sacrificios humanos, criminales ejecutados por sus delitos, parias sociales, brujas, rehenes asesinados cuando un acuerdo político se rompe o víctimas de muertes extrañas. Los pantanos pudieron ser considerados como espacios liminales, como lugares de frontera entre lo natural y lo sobrenatural.

Te lo confieso, en un primer momento estuve tentada de utilizar los cuerpos de estas mujeres para hablar del cuerpo sacrificado, o del cuerpo culpable que las llevó a esa ciénaga, pero qué quieres que te diga, pensé que era un desperdicio. Estas dos mujeres me parecen una oportunidad fantástica para cerrar este libro, ya que suponen una síntesis de todo lo que hemos visto en estas páginas.

Te cuento. La primera de ellas, la encontrada en Huldremose, llevaba una vestimenta compuesta por una falda de lana a cuadros, rojos y azules, una bufanda de lana, también con ese dibujo y esos colores, y dos capas de piel. La falda se ataba a la cintura con una correa de cuero insertada en una cinturilla. La bufanda se enrollaba alrededor del cuello de la mujer y se sujetaba bajo el brazo izquierdo con un broche hecho con el hueso de un pájaro. En la parte superior del cuerpo llevaba una capa hecha con varias pieles de oveja de color marrón oscuro y un cuello de piel del mismo material de color claro. La capa había tenido mucho uso durante mucho tiempo; se encontraron cosidos hasta veintidós parches, aunque uno de ellos no estaba destinado a cubrir un agujero, sino que contenía un peine de hueso delicadamente trabajado, una fina cinta azul para el pelo y un cordón de cuero, todo ello envuelto en una bolsita de piel. Probablemente esos objetos hubieran servido como amuletos.

Las prendas interiores de esta mujer se fabricaron a partir de fibras vegetales, probablemente ortiga o lino, que no procedían de su entorno. La lana con la que se hizo el resto de las prendas procedía de ovejas que pastaban en suelos de zonas próximas. Esta mujer llevaba prendas de procedencia local y no local; la ropa interior o bien era un objeto obtenido a través del comercio y el intercambio, o bien provenía de alguno de los viajes que esta mujer habría hecho en los últimos años de su vida, según nos indica el análisis de isótopos de estroncio realizado sobre su pelo. La ropa teñida, en este caso de rojo y azul, es un signo de riqueza en ese momento. Una marca en uno de sus dedos podría indicar que llegó a portar un anillo de oro. El pelo largo de la mujer estaba atado con una serie de cordones de lana: uno se le enrollaba varias veces alrededor del cuello, otro llevaba dos pequeñas cuentas de ámbar. Es una mujer de estatus muy elevado: lleva joyas, vestimentas costosas y ropa interior. El contenido de su estómago nos permite saber lo que ingirió antes de su muerte: su última comida consistió en un plato a base de centeno, carne y hierbas aromáticas.

La mujer encontrada de Haraldskær, cuyo cuerpo estaba magníficamente preservado, aún conservaba la piel y los órganos internos. Presentaba una lesión en la rodilla realizada con un objeto punzante. Como te he comentado antes, las señales que revela su cuerpo son compatibles con una muerte por ahorcamiento. El análisis de su vestimenta —una capa y tres piezas de lana— nos muestra textiles producidos tanto en su entorno como fuera del área danesa actual; además, están teñidos. La alta calidad de los tejidos indica que esta mujer era de elevado estatus. Los análisis de isótopos de estroncio de sus dientes indican que pasó su infancia en la zona en la que fue enterrada; sin embargo, el segmento de cabello próximo del cuero cabelludo, que representa unos meses antes de su muerte, revela un movimiento de larga distancia poco antes de su fallecimiento. Como la de Huldremose.

Los análisis de estas dos mujeres y de otros cuerpos hallados en turberas reflejan que probablemente gozaban de una posición social especial. Como hemos dicho, la violencia que revelaban los cuerpos se ha interpretado con frecuencia como una especie de castigo social; sin embargo, la observación concienzuda, la elevada posición social de las personas encontradas y la violencia *post mortem*, es decir, cierta manipulación de los cuerpos, ciertos traumatismos que se produjeron después de la muerte, podrían indicar algún tipo de proceso ritual de estas poblaciones. Aún no somos capaces de saberlo.

Estas dos mujeres, los cuerpos de estas dos mujeres nos hablan de su identidad a través de su alimentación, de su indumentaria, de sus viajes, de su estatus social o de sus muertes. Pero sus cuerpos han servido, sobre todo, para elaborar narraciones sobre ellas a lo largo del tiempo, y podemos observar cómo esas narraciones han ido cambiando a medida que las metodologías arqueológicas han sido capaces de descubrirnos nuevos datos. Fíjate, han sido brujas o criminales hasta que se ha visto que eran mujeres con un estatus social elevado, y entonces... Entonces la cosa cambia, y se convierten en víctimas de sacrificios que honraban a sus comunidades. ¿Entiendes ahora por qué no he hecho un capítulo dedicado a ellas que se llamara «El cuerpo sacrificado o culpable»? No hay nada que demuestre mejor cómo las identidades de género se intercalan con otras, como el estatus social, que el ejemplo de estas dos mujeres. Como sigue pasando ahora. Prejuicio sobre prejuicio. No sabemos, no sé si sabremos, las causas por las que esas mujeres y otras tantas personas terminaron en los pantanos. No sé si sabremos por qué sus cuerpos muestran estos signos de violencia. Pero dejemos que los cuerpos sigan hablando sin prejuicios ni ideas preconcebidas.

Siempre he sentido interés por el cuerpo. Desde que me empecé a preocupar por conocer cómo se habían construido las desigualdades entre mujeres y hombres, y sobre todo por cómo se habían mantenido esas desigualdades, entendí que el cuerpo era un material esencial en esa construcción. Porque el cuerpo expresa quiénes somos de las más variadas, directas e íntimas maneras. Lo has visto en estas páginas: el cuerpo de las mujeres, las del presente y las del pasado, expresa, siente, se transforma, es violentado, se adorna, es enterrado... A veces logramos obtener algún tipo de control; otras, se decide sobre nuestros cuerpos en otros lugares, en ocasiones lejanos: centros religiosos, parlamentos, empresas de moda, productoras de televisión..., pero también cercanos: el grupo de amistades, tu familia... Solo hace falta un comentario, una fotografía... para generar reacciones diversas sobre cómo debemos sentirnos con nuestro cuerpo. Y no siempre son buenas.

Y mira, no pretendo que escarmentemos, así de sopetón, que de pronto nos demos cuenta de que se utiliza nuestro cuerpo para intimidarnos o clasificarnos o juzgarnos y seamos capaces de reaccionar en masa ante esto y acabar con la tiranía de la apariencia. Así, de un plumazo. Ojalá fuera tan fácil, ojalá fuésemos tan fuertes, ojalá nos sintiéramos tan apoyadas. Esto no va a suceder de la noche a la mañana, son muchos años, miles de años, de miradas sobre nuestros cuerpos, de uso de nuestros cuerpos..., hay industrias enteras que dependen de nuestros cuerpos. ¿Sabes lo que pretendo simplemente? Que seamos conscientes de lo que pasa, de lo que nos pasa, y que porque somos conscientes, seamos capaces de ser amables con nuestro cuerpo y con nosotras (y vosotros, chicos, con los vuestros y con vosotros). Aunque sea con pequeños pasos, o con pasos gigantes, porque las revoluciones también se cuecen a fuego lento, con una conversación, con un anuncio, con un programa de la tele, con un artículo de un periódico, con una historia de Instagram o con un libro. Solo te pido eso, que seas amable contigo.

AGRADECIMIENTOS

Este libro ha sido un camino lleno de inseguridades. Lo confieso. He procrastinado más de la cuenta por temor. Entiéndeme. Un primer libro que ha funcionado muy bien gracias a ti, el constante síndrome de la impostora que planea sobre la cabeza, el no voy a ser capaz de hacerlo... Ante eso, una tiene que buscar estrategias para calmar la vocecilla interior. Y mi estrategia ha sido, una vez más, rodearme de gente, de buena gente. En el siguiente capítulo, el último, en el que comento las fuentes, verás que he tenido, otra vez y afortunadamente, muchas personas a mi alrededor. No sé hacer las cosas de otra manera. No dejes de leerlo, no es simplemente un listado bibliográfico; buena parte de la historia de este libro está en las siguientes páginas. Buena parte de los agradecimientos aparecen ahí, en su contexto, con su porqué. Además, te incluyo un montón de recursos para que puedas seguir ampliando información, si así lo deseas.

No te puedes imaginar cómo soy. A esas personas, a esa gente buena, les he leído párrafos sueltos e incluso capítulos enteros en los pasillos de la facultad, en trenes, en comidas, tomando un vino o un vermú, en plena calle, por teléfono, haciendo capturas de pantalla y mandándolas... He enviado wasaps en domingo por la mañana que han sido contestados casi de inmediato con una tremenda (y bastante inmerecida) amabilidad... Soy un verdadero tostón de amiga. Porque un libro se escribe en soledad, en mi caso las de las primeras horas de la mañana, bien tempranito, sin ruidos, concentrada en lo mío; pero un libro no se hace solo, necesitas del conocimiento de mucha gente. En mi caso, mucha gente que ha pasado incontables horas de sus vidas excavando, en laboratorios, innovando en las metodologías, adoptando nuevas perspectivas, leyendo mucho, escribiendo mucho, y eso es lo que a mí me ha permitido poder contarte estas historias. Y todo eso te lo cuento en el siguiente capítulo. De verdad, no dejes de echarle un vistazo.

Agradezco mucho a mi editora, Martina Torrades, la confianza y el apoyo que me ha brindado en cada una de las fases de la escritura, desde aquella idea inicial —«Martina, quiero hablar sobre el cuerpo»—, a esa primera propuesta esbozada en unas páginas, hasta que se materializa un índice, y así, capítulo a capítulo, se va construyendo, lo ves tomar cuerpo y sentido. Gracias, Martina. Quiero agradecer a Montse Galbany Armengol el diseño de la cubierta, ya lo hizo en *Prehistorias de mujeres* y lo ha vuelto a bordar en este, generando una continuidad deseada y deseable porque, al fin y al cabo, seguimos hablando de lo mismo. Gracias por tu talento. Y a la editorial Destino, que vuelve a confiar en mí, una vez más, y ya van tres.

Hay personas a las que he pedido un poco más que a las demás, a las que no les he mandado capítulos sueltos o consultado una cuestión determinada, sino que he reincidido (y más de una vez) con mis preguntas y demandas. En lo que se refiere a la parte de conocimiento sobre las sociedades prehistóricas, sin duda mi top en esta ocasión está compuesto por Paloma González Marcén, profesora de la Universidad Autónoma de Barcelona, a la que le mando capítulos y capítulos, debatimos sobre lo escrito y siempre me sorprende con nuevos ejemplos; Almudena Hernando, catedrática de Prehistoria de la Universidad Complutense de Madrid, a la que una vez más le pido de manera egoísta que se lea los capítulos que tienen más relación con la identidad porque un *OK* suyo me da una confianza tremenda; Gonzalo Aranda Jiménez, catedrático de Prehistoria de la Universidad de Granada, conoce todos y cada uno de los capítulos de este libro y su consejo ha sido especialmente importante en aquellos en los que he tratado cuestiones como la matrilinealidad o la composición de cuerpos; Marta Díaz-Zorita, directora del laboratorio de arqueometría de la Universidad de Tübingen, es mi asesora de confianza para todo lo que tenga que ver con la bioarqueología y sus métodos; Carmen Rueda, profesora e investigadora del Instituto de Arqueología Íbera de la Universidad de Jaén, ha sido muy generosa contándome un montón de cosas interesantes sobre el mundo ibero, y con Sonia Díaz-Navarro he aclarado todas mis dudas en los capítulos dedicados a las operaciones y a la discapacidad en las sociedades del pasado. Aunque ya lo hice en la introducción, no me resisto a agradecerle una vez más a Ana Herranz su línea del tiempo. Pero, recuerda: hay mucha más gente que puedes conocer en el siguiente capítulo.

Y de fondo, siempre las Pastwomen, cada una en momentos distintos, cada cual con conocimientos diferentes, cada una con una idea que nos hace crecer; siempre hay alguien de guardia, siempre con el compromiso inquebrantable con el feminismo, con las mujeres y con la justicia social que supone la igualdad.

Pero hay otros tipos de lectura, las que se hacen desde fuera, las que hace gente que no es especialista en arqueología o en prehistoria y que te da la medida de las cosas. Yo necesito esas referencias porque quiero que este sea un libro que todo el mundo pueda leer. En esas ocasiones recurro a dos grandes amigas, la escritora y asesora creativa Clara Peñalver y la periodista y divulgadora Susana Escudero, un lujo de profesionales que conocen bien este libro, pero sobre todo un lujo de amigas con las que despacharme a gusto con mis dudas y vacilaciones, sin sentirme juzgada por ello. Nos vamos al restaurante japonés de turno, nos ponemos delante del sushi, nos quejamos de todo, nos reímos de todo y ¡hala!, como nuevas. De verdad, no sabéis el bien que me hacéis, amigas.

La escritura de un libro siempre se incardina con otras cosas, se cuela en las rendijas de lo que es tu profesión, en mi caso en la Universidad de Granada. De las clases que tienes que impartir, de las evaluaciones que debes hacer, de la gestión en la que tienes responsabilidades o de la (poca) investigación que te empeñas en seguir haciendo a pesar de la falta de tiempo. Yo siempre reivindico el poder de los equipos: tener un buen equipo es esencial para cualquier cosa en la vida. Yo pertenezco a grandes equipos: al equipo de gobierno de la Universidad de Granada, un grupo estupendo y comprometido, comandados por el rector, Pedro Mercado, con el que intentamos hacer lo mejor para nuestra institución y nos dejamos la piel en ello, te lo aseguro; al equipo del Vicerrectorado de Extensión Universitaria, Patrimonio y Relaciones Institucionales, donde tengo el mejor grupo que puedas soñar, y no hay gente más talentosa, divertida y entregada, en cualquiera de los lugares en los que están; al equipo del grupo de investigación GEA, Gonzalo Aranda, Marta Díaz-Zorita, Lara Milesi, Miriam Vílchez y Paula Becerra: lo que estáis haciendo con el megalitismo del sureste de la península ibérica es revolucionario. Gracias por dejar que me asome de vez en cuando al gran trabajo de investigación que realizáis, que me conecta con una de las cosas que más me gustan en el mundo: excavar. Un consejo de vida te doy, si me lo permites: júntate siempre con gente que sea mejor que tú.

Pero escribir un libro se incardina, sobre todo, con tu vida personal. Por una razón muy sencilla: porque necesita tiempo. Y el tiempo es limitado, y se lo tienes que robar a algo o a alguien. Yo se lo robo mucho al sueño —es verdad que no necesito dormir demasiado—, pero sobre todo se lo quito a mi familia. Procuro que no se note mucho, pero se nota. Si a alguien estoy agradecida por lo que soy y por donde estoy es a mi madre, ejemplo donde los haya: de entrega, de superación y de inteligencia. Gracias a esa familia que componemos hermanos y hermanas y primas y sobrinos y tías y abuelas y abuelos y cuñadas en una red sustentadora y cuidadora, que nos vemos menos de lo que nos gustaría, pero que cuando lo hacemos lo aprovechamos al máximo. Y a quienes me ayudan a cuidar: mis supernenas. Pero sobre todo le estoy agradecida a mi equipo más cercano, a mis chicos, a los que escamoteo muchas cosas, pero que, como buen equipo, me cubren cuando no llego, me soportan cuando no estoy del mejor humor o ando cansada, me cuidan siempre y respetan mis tiempos. No os puedo estar más agradecida, Gonzalo padre y Gonzalo hijo. Os quiero.

QUIÉN ME LO HA CONTADO

Una bibliografía comentada

Me gustaría contarte cómo se ha construido este libro. Ya te lo avancé un poco en la introducción. Mi idea desde el principio era plantear una reflexión que tomara como referencia el pasado prehistórico pero que interactuara con la contemporaneidad. No es una comparación sin más, sería imposible, solo intento averiguar qué mecanismos han utilizado el cuerpo de las mujeres a lo largo de la historia para definirlas, con todas sus consecuencias. En estas páginas te voy a explicar un poco más a quién he consultado o preguntado cosas. Las personas que menciono en este capítulo han sido tremendamente generosas conmigo. Se han leído los textos, han solventado las dudas, me han mandado información, han hecho comentarios; no puedo estar más agradecida por tener la gente que tengo alrededor, pero cualquier error será siempre responsabilidad mía. No las culpéis. Respecto al listado bibliográfico, no pretende ser exhaustivo, solo quiero que sepas qué fuentes he utilizado yo en esta ocasión, los ejemplos que he elegido para construir estas páginas. Como ya te comenté, no son todos los posibles ni existentes. Habría otras muchas alternativas, pero estas son las que he decidido contarte. Tampoco quiero olvidar a todas las personas e instituciones que me han permitido usar las imágenes que aparecen.

Capítulo 1

En este primer capítulo analizo las relaciones entre el cuerpo y la cultura. Desde el trabajo inicial que define la «arqueología del cuerpo» de Rosemary Joyce a la preocupación por reflexionar sobre él que propone Lucía Moragón desde la prehistoria o la antropóloga Mari Luz Esteban.

Ceballos, Noel, «Estas son las 31 tribus urbanas que necesitas conocer ya», *GQ*, 15 de marzo de 2019, disponible en: <https://www.revistagq.com/noticias/cultura/galerias/25-tribus-urbanas-que-necesitas-conocer/10188>.

Esteban, Mari Luz, *Antropología del cuerpo. Género, itinerarios personales, identidad y cambio*, Bellaterra, Barcelona, 2004.

Gralak, Tomasz, *Archaeology of body and thought. From the Neolithic to the beginning of the Middle Ages*, Archaeopress, Oxford, 2024.

Joyce, Rosemary A., «Archaeology of the body», *Annual Review of Anthropology*, 34 (2005), pp. 139-158.

Mina, Maria; Triantaphyllou, Sevi y Papadatos, Yiannis (eds.), *An archaeology of prehistoric bodies and embodied identities in the eastern mediterranean*, Oxbow, Oxford, 2016.

Moragón, Lucía, «Cuerpo y sociedades orales: una reflexión sobre la concepción del cuerpo y sus implicaciones en el estudio de la prehistoria», tesis doctoral, Universidad Complutense de Madrid, 2013.

Robb, John y Harris, Oliver, *The body in History. Europe from the Paleolithic to the future*, Cambridge University Press, Cambridge, 2013.

Rueda, Carmen; González Marcén, Paloma; Sánchez Romero, Marga; Rísquez, Carmen; Cacheda; María; De Miguel, María Paz; Delgado, Ana; Díaz-Zorita, Marta;

Herranz, Ana Belén; López-Bertrán, Mireia; Picazo, Marina; Soler, Begoña, «Cuerpos estereotipados, cuerpos enterrados, cuerpos representados, cuerpos cambiantes», *Anales de Arqueología y Etnología*, 76 (2) (2021), pp. 215-251.

Sánchez Romero, Marga, «Cuerpos de mujeres: la construcción de la identidad y su manifestación durante la Edad del Bronce», *Arenal*, 15 (2) (2008), pp. 5-29.

También desde Pastwomen nos hemos preocupado por el cuerpo. De hecho, entre 2018 y 2021 desarrollamos un proyecto, financiado por la Junta de Andalucía, sobre el cuerpo llamado «BodyTales. Tecnologías del cuerpo. Investigación, innovación y difusión de la (Pre)Historia de las Mujeres» en el que nos dedicamos a intentar entender las denominadas tecnologías del cuerpo, que son aquellas que sirven bien para mantenerlo a través de prácticas como la alimentación y el cuidado, bien como un medio de manifestar la identidad social a través del uso del adorno, la vestimenta o la *performance* que supone el ritual funerario en las sociedades de la prehistoria y la protohistoria de Andalucía. El que buena parte del proyecto se desarrollara durante el confinamiento por la COVID-19 nos llevó a realizar parte de nuestro trabajo a través de seminarios en línea, así que aquí te dejo un par de ellos por si tienes interés.

«Cuerpos que expresan: uso de la gestualidad y el vestido en la protohistoria y el mundo moderno», 25 de febrero de 2021. En este primer «Encuentros Pastwomen» se confrontan dos periodos históricos (protohistoria y mundo moderno) y las distintas formas en las que se expresa, tanto por las propias mujeres como por el entorno social, la identidad femenina. Disponible en: <https://www.youtube.com/watch?v=uoo0hohgJVU>.

«Cuerpos que expresan: identidades impresas en los huesos», 29 de junio de 2021. En este encuentro tratamos diferentes aspectos desde la bioarqueología y la osteoarqueología, acercándonos desde esta perspectiva a la identidad de las mujeres desde su cultura material desde la época prehistórica hasta la actualidad. De este seminario me gustó especialmente la aportación de Lourdes Herrasti y su tratamiento sobre las mujeres represaliadas en la guerra civil española. Disponible en: <https://www.youtube.com/watch?v=dt2y6MEAeXY>.

Capítulo 2

Siempre que tengo que hablar de bioarqueología, siempre que escribo algo sobre el tema, siempre, siempre, siempre acudo a mi compañera y amiga Marta Díaz-Zorita, una de las máximas exponentes de este ámbito disciplinar en Europa. A ella me dirigí cuando necesitaba artículos que explicaran las metodologías que ahora aplicamos a la cultura material, y en este caso especialmente a los cuerpos. Espero haber conseguido que entiendas para lo que sirven estos métodos a veces tremendamente complejos. Me gustaría reseñar que este campo, el de la bioarqueología, está liderado principalmente por mujeres.

Buikstra, Jane E.; DeWitte, Sharon N.; Agarwal, Sabrina C.; Baker, Brenda J. *et al.*, «Twenty-first century bioarchaeology: Taking stock and moving forward», *Yearbook of Biological Anthropology*, 178 (74) (2022), pp. 54-114.

Knudson, Kelly J. y Stojanowski, Christopher M., «New directions in bioarchaeology: Recent contributions to the study of human social identities», *Journal of Archaeological Research*, 16 (2008), pp. 397-432.

Sofaer, Joanna R., *The body as material culture: A theoretical osteoarchaeology*, Cambridge University Press, Cambridge, 2006.

Capítulo 3

Le estoy muy agradecida a Elizabeth Semmelhack, directora del Bata Shoe Museum de Toronto, por la información que me ha proporcionado para este capítulo. Como te he contado, es un museo fascinante dedicado a los zapatos desde todas las perspectivas y maneras; programan conferencias, exposiciones, actividades didácticas, etc. Cuando empecé a trabajar con el tema de los tacones, encontré algunas de las publicaciones de Elizabeth. Entonces, la busqué en redes sociales y la localicé en Instagram (@elizabethsemmelhack), le escribí un mensaje explicándole quién era y para qué quería la información sobre el origen de los tacones y ella muy amablemente me mandó los capítulos del libro dedicados a ese tema.

Semmelhack, Elizabeth, *Out of the box: The rise of sneaker culture*, Rizzoli Electa, 2015.
—, *Shoes: The meaning of style*, Reaktion Books, 2019.
—, *The world at your feet*, Rizzoli International, 2024.

Los ejemplos históricos y arqueológicos que he utilizado los puedes conocer mejor en estas publicaciones:

Bergera, Elizabeth; Yang, Liping y Yec, Wa, «Foot binding in a Ming dynasty cemetery near Xi'an, China», *International Journal of Paleopathology*, 24 (2019), pp. 79-88.
Bossen, Laurel y Bound, Gates, *Feet, young hands tracking*

the demise of footbinding in Village China, Standford University Press, 2017.

Toplak, Matthias S. y Kerk, Lukas, «Body modification on Viking Age Gotland filed teeth and artificially modified skulls as embodiment of social identities», *Current swedish archaeology*, 31 (2023), pp. 79-111.

Capítulo 4

Para este capítulo que trata sobre la intensa relación entre el cuerpo, las mujeres y la representación de la identidad colectiva me parecía interesante reflexionar sobre el ejemplo de las poblaciones gumuz y dats'in de Etiopía como eje central de mi argumento. Por estas razones acudí a mi compañera y amiga Almudena Hernando, que ha estudiado a estas mujeres, ha conversado con ellas y se ha preocupado por entender qué significan para ellas (y por ende para estas comunidades) las cuentas de colores y las escarificaciones que las definen cultural y estéticamente. Almudena Hernando, catedrática de Prehistoria de la Universidad Complutense de Madrid, es una de las personas que más y mejor ha pensado sobre la identidad, en el pasado y en el presente.

Aranda, Gonzalo; Montón Subias, Sandra y Sánchez Romero, Marga, *La cultura de El Argar*, Comares, Granada, 2021.

Hernando, Almudena, «Cuerpo, cultura material y género entre los Gumuz y Dats'in (Etiopía)», *Complutum*, 28 (2) (2017), pp. 445-460.

—, *La fantasía de la individualidad sobre la construcción sociohistórica del sujeto moderno*, Traficantes de Sueños, 2018.

—, «Subordinación de género entre los gumuz y dats'in de Etiopía. Matrimonio, cuerpo y cultura material», *Cultura material e historia de las mujeres* (coords. Ángela Muñoz y Marta del Moral), Comares, Granada, 2020, pp. 3-40.

Murillo Barroso, María de las Mercedes, «La metalurgia: la revolución del metal», *Origen: Cuadernos Atapuerca*, 15, 2020.

—, *La corriente de la historia (y la contradicción de lo que somos)*, Traficantes de Sueños, 2022.

Capítulo 5

Sandra Montón, compañera de la Universitat Pompeu Fabra, lleva años trabajando en su proyecto «ABERIGUA. Arqueología en las islas Marianas», en el que investiga cómo fue el contacto cultural en Guam y las islas Marianas (Micronesia) durante la colonia española entre 1668 y 1898. Especialmente, las consecuencias que tuvieron las misiones jesuíticas sobre las poblaciones nativas chamorras (Guam, Pacífico occidental). Para hablar del cuerpo y del concepto de desnudo, que no significa lo mismo para todas las poblaciones del mundo, conversé con Enrique Moral de Eusebio, uno de los miembros de su equipo, que ha llevado a cabo un análisis pormenorizado sobre esta temática tanto en su tesis doctoral como en varios artículos. Gracias, Enrique, por dedicar tiempo a leer el capítulo y hacer comentarios muy pertinentes al respecto.

Foucault, Michel, *Nacimiento de la biopolítica: Curso del College de France (1978-1979)*, Akal, 2009.

Montón, Sandra, y Moral de Eusebio, Enrique, «A body is worth a thousand words: Early colonial dress-scapes in Guam», *Historical Archaeology*, 55 (2) (2021), pp. 269-289.

—, «El proyecto Aberigua: el estudio de la materialidad colonial en las islas Marianas», *Quinientos años de un océano llamado Pacífico* (eds. R. Rodríguez-Ponga y M. A. Barbero), Dykinson, Madrid, 2023, pp. 239-259.

Moral de Eusebio, Enrique, «La dominación sexual de las Islas Marianas (1521-1769)», *España y las Islas Marianas. Una historia compartida* (coords. Carlos Madrid Álvarez-Piñer, David Atienza de Frutos y Carlos Martínez Shaw), UNED, Madrid, 2022, pp. 143-166.

—, «Sexual (mis) encounters in the Mariana Islands. Tracing sexuality in spanish policies and chamoru responses to contact and colonization, 1521-1769», tesis doctoral, Universitat Pompeu Fabra, 2022.

Viola Recasens, Andreu, «Do Kamo: el redescubrimiento de un clásico de la antropología», *Do Kamo. La persona y el mito en el mundo melanesio*, Maurice Leenhardt, Paidós, Barcelona, 1997.

Capítulo 6

El capítulo sobre las caras del Turuñuelo es uno de los que tenía claros desde el principio. Me pareció fascinante el descubrimiento de esas representaciones, igual que me lo parece el yacimiento. Para tener una visión más cercana a ese lugar y a esos rostros, charlé con Esther Rodríguez González, codirectora de las excavaciones junto a Sebastián Celestino Pérez. Esther me puso al día de las últimas novedades y me contó qué significan para ella esas caras. Gracias, Esther. El Museo Arqueológico Nacional ha dedicado la primera exposición de su nuevo proyecto Sala de Novedades Arqueológicas a estas caras con la muestra «Rostros del Turuñuelo. Los relieves de Casas del Turuñuelo. Guareña, Badajoz», 12 de noviembre de 2024-2 de febrero de 2025.

La exposición se ha complementado con una mesa redonda dedicada a esos rostros en la que se trataron temas como las circunstancias del hallazgo, las líneas de investigación que se plantean en el yacimiento, las diversas analíticas realizadas a las piezas o las soluciones propuestas en el Museo Arqueológico Provincial de Badajoz para la instalación museográfica que las acogerá.

Las caras me llevaron al maquillaje, al uso del maquillaje en la prehistoria y en la actualidad. A los ejemplos del pasado que menciono en la bibliografía quise sumar la opinión de @Marikowskaya, una bloguera y editora de belleza a la que conocí por Instagram a raíz de la publicación de mi primer libro. En su cuenta, con más de 260.000 seguidoras, explica tendencias, compras, trucos y tutoriales sobre maquillaje que yo observo fascinada, primero porque es estupenda, y segundo porque me declaro a mí misma incompetente en estos asuntos. Gracias, Mari Carmen, por tu complicidad.

Eskandari, Nasir; De Carlo, Eugenio; Zorzi, Federico; Dall'Acqua, Stefano; Furlan, Claudio; Artioli, Gilberto y Vidale, Massimo, «A Bronze Age lip-paint from southeastern Iran», *Scientific Reports*, 14 (2024).

Hillson, S. W.; Franciscus, Robert G.; Holliday, Trenton y Trinkaus, Erik, «The ages and death», *Early modern human evolution in Central Europe. The People of Dolní Věstonice and Pavlov* (eds. E. Trinkaus y J. Svoboda), Oxford University Press, Oxford, 2006, pp. 31-45.

Nerudová, Zdeňka; Vaníčková, Eva; Tvrdý, Zdeněk; Ramba, Jiří; Bílek, Ondřej y Kostrhun, Petr, «The woman from the Dolní Věstonice 3 burial: a new view of the face using modern technologies», *Archaeological and Anthropological Sciences*, 11 (2019), pp. 2527-2538.

Rodríguez, Esther y Celestino, Sebastián, «Las estancias de los dioses: la habitación 100 del yacimiento de Casas del Turuñuelo (Guareña, Badajoz)», *Cuadernos de Prehistoria y Arqueología de la Universidad Autónoma de Madrid*, 43 (2017), pp. 179-194.

—, «Primeras evidencias de un banquete: análisis arquitectónico y material de la estancia S-1 del yacimiento de Casas del Turuñuelo (Guareña, Badajoz)», *Cuadernos de Prehistoria y Arqueología de la Universidad Autónoma de Madrid*, 45 (2019), pp. 179-202.

Trinkaus, Erik; Hilson, S. W.; Franciscus, Robert G. y Holliday, Trenton, «Skeletal and dental paleopathology», *Early modern human evolution in Central Europe. The People of Dolní Věstonice and Pavlov* (eds. E. Trinkaus y J. Svoboda), Oxford University Press, Oxford, 2006, pp. 419-458.

Capítulo 7

Sí, es verdad, me conecté al evento mundial en el que Pantone anunció el color del año (https://www.pantone.com/eu/es/). Si visitas su página web podrás entender la magnitud y las implicaciones de la elección de este color a muchos niveles. Precisamente para hablar del color, llamé a dos amigas que lo usan en sus trabajos de formas muy distintas. La primera, Lola Moral, colorista gráfica y artista multidisciplinar y responsable de aplicar el color, por ejemplo, en la obra conjunta con el ilustrador Sergio García para el metro de París con motivo de los Juegos Olímpicos; los once paneles de la obra *Générations* son una auténtica maravilla. Son muchas las portadas de la revista *The New Yorker* a las que Lola ha dado color (@odiestudio). Y además es una artista que utiliza la cerámica, el textil, el grabado y la estampación

(@lolamoralestudio). Gracias por transmitirme qué significa para ti el color.

La segunda amiga es María Francés (@mariafrancesoficial), consultora de imagen, que trabaja con personas de todos los ámbitos profesionales en temas de comunicación y liderazgo sobre la imagen que proyectan o quieren proyectar. Me gusta que entre las palabras que usa para definir lo que hace estén *autenticidad*, *confianza* y *valores*. Uno de los muchos instrumentos que usa es precisamente la colorimetría, así que le pregunté por ello. Gracias, María.

Para los ejemplos prehistóricos:

Catelli, Eliana, «La Prehistoria del color: función y significado del ocre en el Paleolítico Superior y Mesolítico del suroeste de Europa», tesis doctoral, Universidad de Cantabria, 2018.

López Padilla, Juan A.; De Miguel Ibáñez, M.ª Paz; Arnay de la Rosa, Matilde; Galindo, Luis; Roldán, Clodoaldo y Murcia, Sonia, «Ocre y cinabrio en el registro funerario de El Argar», *Trabajos de prehistoria*, 69 (2) (2012), pp. 273-292.

Martín-Socas, Dimas; Camalich Massieu, María Dolores; Caro, José Luis y Rodríguez-Santos, F. Javier, «The beginning of the Neolithic in Andalusia», *Quaternary International*, 470 (2018), pp. 451-471.

Petersen, Erik Brinch; Jønsson, Jens Henrik; Juel, Christian y Kjaer, Anders, «Diversity of mesolithic Vedbaek», *Acta Archaeologica*, 86 (2015).

Roebroeksa, Wil; Siera, Mark J.; Nielsen, Trine Kellberg; De Loeckera, Dimitri; Parés, Josep Maria; Arpsd, Charles E. S. y Müchere, Herman J., «Use of red ochre by early Neandertals», *PNAS*, 109 (6) (2012), pp. 1889-1894.

Shveygert, Ekaterina, «Uso de los pigmentos en el Paleolítico Superior Inicial en el sur de Siberia», *Salduie: Estudios de prehistoria y arqueología*, 20 (2020), pp. 245-254.

Straus, Lawrence G.; González Morales, Manuel R.; Carretero, José Miguel y Marín-Arroyo, Ana Belén, «"The Red Lady of El Miron". Lower Magdalenian life and death in Oldest Dryas Cantabrian Spain: an overview», *Journal of Archaeological Science*, 60 (2015), pp. 134-137.

Capítulo 8

Yo no pienso en el Imperio romano todos los días, como se ve que algunos hacen, pero si pienso en Roma, la primera persona que se me viene a la cabeza es mi amigo Néstor Marqués (@antiguaroma), así que siempre que quiero referirme a algún asunto romano, le pregunto. Ya te he comentado que no me atrevo a tratar otros temas que no incumban a las poblaciones prehistóricas a no ser que apliquen metodología arqueológica, y, aun así, no me quedo tranquila hasta que alguien con más sapiencia que yo en esos temas le eche una miradita. Gracias, Néstor, por compartir tu sabiduría conmigo.

Hablar de adornos y de joyas me lleva a contactar con Eloísa Avilés (@elogiarte), una premiada diseñadora de joyas y bisutería que tiene a gala no hacer dos piezas iguales, una emprendedora a la que le pregunté qué la lleva a crear y a elegir ese formato para expresarse. Un abrazo bien fuerte, Eloísa, tú sabes por qué.

Para los ejemplos prehistóricos:

Baysal, Emma L. y Yelözer, Sera, «Searching for the individual: Characterising knowledge transfer and skill in Prehistoric personal ornament making», *Journal of Archaeological Method and Theory*, 30 (2023), pp. 172-202.

Kneisel, Jutta, «New chronological research of the late Bronze Age in Scandinavia Danish», *Journal of Archaeology*, 2 (2) (2013), pp. 95-111.

Kodaş, Ergül; Baysal, Emma L. y Özkan, Kazım, «Bodily boundaries transgressed: corporal alteration through ornamentation in the Pre-Pottery Neolithic at Boncuklu Tarla, Türkiye», *Antiquity*, 98 (398) (2024), pp. 323-342.

Macrobio Teodosio, A. y Mesa Sanz, J. F., *Saturnales*, Akal, Madrid, 2009.

Stig Sørensen, Marie Louise, «Reading dress: The construction of social categories and identities in Bronze Age Europe», *Journal of European Archaeology*, 5 (1) (1997), pp. 93-114.

—, y Rebay-Salisbury, Katharina, «Landscapes of the body: Burials of the Middle Bronze Age in Hungary», *European Journal of Archaeology*, 11 (2008), pp. 49-74.

Capítulo 9

Para el capítulo dedicado al cuerpo y los sentidos he escogido el ejemplo de los exvotos iberos, y para hablarme de ellos nadie mejor que mi compañera de Pastwomen Carmen Rueda, profesora de la Universidad de Jaén e investigadora del Instituto Universitario de Investigación en Arqueología ibera de la misma universidad. Desde hace años analiza meticulosamente los cuerpos que están representados en los exvotos y los pone en el contexto del lugar en el que se encuentran, del paisaje en el que se sitúan, de los rituales que manifiestan y de las personas a las que representan. Hace un trabajo excepcional, o al menos a mí me lo parece. Y siempre está ahí para lo que necesites. Gracias, Carmela. Además, tanto ella como otro querido amigo, el catedrático de prehistoria de esa misma universidad Arturo Ruiz Rodríguez, me dejaron leer uno de sus artículos antes de que fuese publicado, una información que ha sido clave para componer este capítulo.

Esteban, César; Rísquez, Carmen y Rueda, Carmen, «Una hierofanía solar en el santuario ibérico de Castellar (Jaén)», *Archivo Español de Arqueología*, 87 (2014), pp. 91-107.

Ruiz, Arturo; Molinos, Manuel; Fernández, Rosa; Pérez, Manuel y Rueda, Carmen, «El Santuario de la Puerta del Sol de Puente Tablas (Jaén)», *La dama, el príncipe, el héroe y la diosa* (eds. Arturo Ruiz y Manuel Molinos), catálogo de la exposición, Junta de Andalucía, 2017, pp. 155-168.

Rueda, Carmen y Ruiz, Arturo, «Paisajes ritualizados: la producción, movilidad y depósito de exvotos de bronce en los santuarios del sureste ibérico», *Trabajo sagrado 2. Contextos de producción en espacios de culto del Mediterráneo del I milenio a. C.* (eds. Ana Navarro, Carmen Rueda, Lorenzo Nigro, Ida Oggiano y Eduardo Ferrer), Spal Monografías, Universidad de Sevilla, Sevilla.

Si quieres conocer más cosas sobre el gesto de los exvotos iberos, puedes ver un precioso vídeo titulado «Cuerpos, gestos y emociones en la ritualidad femenina: el lenguaje de los bronces ibéricos» que hizo el Instituto Universitario de Investigación en Arqueología y apoyamos desde proyecto «Bodytales», y que muestra a mujeres ataviadas como las antiguas iberas, recreando la gestualidad y ritualidad de exvotos femeninos iberos de los santuarios de Cástulo. Es una maravilla, no dejes de verlo. Disponible en: <https://www.youtube.com/watch?v=sfoOJbUYTLs&t=8s>.

Capítulo 10

El capítulo sobre la maternidad parte de la rabia que me produjo un titular. Siempre simplificando nuestras experiencias. Con explicaciones cicateras sobre nuestros cuerpos y sobre nuestra maternidad. En contraposición, nosotras cada vez hablamos más de la maternidad en la prehistoria, cada vez con más conocimiento, y eso está muy bien. Probablemente una de las investigadoras que más ha contribuido a esta generación de conocimiento es M.ª Paz de Miguel, profesora asociada en la Universidad de Alicante en el área de Prehistoria y matrona en el hospital Virgen de los Lirios de Alcoy. A ella le pregunto siempre por las dudas que me genera el registro arqueológico vinculado a la maternidad.

Augias, Anais; Prot, E.; Etchemendigaray, Christine; Gourevitch, Danielle; Nogel Jaeger, Julie; Herve, C. y Charlier, Phillipe, «Post-mortem fetal expulsion: Forensic anthropology lessons from the archaeological field», *La revue de médecine légale*, 6 (2015), pp. 132-136.

Delgado, Ana y Rivera, Aurora, «Death in birth: Pregnancy, maternal death and funerary practices in the phoenician and punic world», *Motherhood and Infancies in the Mediterranean in Antiquity* (eds. Marga Sánchez Romero y Rosa M.ª Cid), Oxbow, 2018, pp. 54-70.

Ferrer, Meritxell, «Looking after dead infants: the materialisation of care in Sicilian child burials (10th-7th centuries BC)», *Motherhood and Infancies in the Mediterranean in Antiquity* (eds. Marga Sánchez Romero y Rosa M.ª Cid), Oxbow, 2018, pp. 71-86.

Gilmore, Helen F. y Halcrow, Siân E., «Sense or sensationalism? Approaches to explaining high perinatal mortality in the past», *Tracing Childhood: Bioarchaeological*

Investigations of Early Lives in Antiquity (eds. J. L. Thompson, M. P. Alfonso-Durruty y J. J. Crandall), University Press of Florida, 2014, pp. 123-138.

Gowland, Rebecca y Halcrow, Siân (eds.), *The mother-infant nexus in anthropology. Small beginnings, significant outcomes*, Springer, 2020.

Lieverse, Angela R.; Bazaliiskii, Vladimir Ivanovich y Weber, Andrzej W., «Death by twins: a remarkable case of dystocic childbirth in Early Neolithic Siberia», *Antiquity*, 89 (2015), pp. 23-38.

Lull, Vicente; Micó, Rafael; Rihuete, Cristina; Risch, Roberto; Celdrán, Eva; Fregeiro, M.ª Inés; Oliart, Camila y Velasco, C., *La Almoloya (Pliego, Murcia)*, Ruta Argárica. Guías Arqueológicas, 2, 2015.

Rebay-Salisbury, Katharina, «Bronze Age beginnings: The conceptualization of motherhood in prehistoric Europe», *Motherhood in Antiquity* (eds. Dana Cooper y Claire Phelan), Palgrave McMilan, 2017, pp. 169-196.

Salvi, Donatella; Sarigu, Marco; Pusceddu, Valeria y Zamora, José Ángel, «Sepolture tardo puniche dal lotto 7 di tuvixeddu: due storie di Bambini mai nati e alcune osservazioni epigrafiche», *Quaderni*, 27 (2016), pp. 347-367.

Waltenberger, Lukas; Pany-Kucera, Doris; Rebay-Salisbury, Katharina y Mitteroecker, Philipp, «The association of parturition scars and pelvic shape: A geometric morphometric study», *American Journal of Physical Anthropology*, 174 (2021), pp. 519-531.

Capítulo 11

En este capítulo vuelvo a hablar de la caza porque, como has visto, sigue escociendo que digamos que las mujeres cazan. Agradezco a Sindy Takanashi que me invitara al pódcast «Queridas hermanas». Sindy es productora y directora de Agencia de Genyas y una de las divulgadoras de contenido feminista más seguidas en redes sociales. Y sabe mucho de lo que habla. En una entrevista a la revista *Artículo 14* comenta que ella misma sufrió distintos tipos de violencia sexual y que eso le hizo querer concienciar sobre la importancia de eliminar el machismo de la sociedad y el empoderamiento de la mujer. Disponible en: <https://www.articulo14.es/sociedad/quien-es-sindy-takanashi-divulgadora-feminista-al-mando-de-agencia-de-genyas-20241025.html>. Desde luego su «Queridas hermanas» lo consigue. Almudena Hernando y yo participamos en el versículo 8 de su cuarta temporada.

Las referencias que hago a la mayor capacidad de resistencia de las mujeres en la carrera las extraigo de algunas de las publicaciones que tienes a continuación en el listado, pero para entender bien esos artículos consulté a Guillermo Peris, profesor titular de informática en la Universitat Jaume I de Castellón y bioinformático en el grupo «Biología de retrotransposones» del centro de genómica y oncología GENYO de Granada. Se dedica al estudio de los elementos genéticos móviles y microARN, así como su influencia en tumores y enfermedades. Nadie mejor que él para explicarme esto. Gracias, Guille.

Anderson, Abigail; Chilczuk, Sophia; Nelson, Kaylie; Ruther, Roxanne y Wall-Scheffler, Cara, «The Myth of Man the Hunter: Women's contribution to the hunt across ethnographic contexts», *PLoS ONE*, 19 (8) (2024).

Bebber, Michelle R.; Buchanan, Briggs; Eren, Metin I.; Walker, Robert S. y Zirkle, Dexter, «Atlatl use equalizes female and male projectile weapon velocity», *Scientific Reports*, 13 (2023).

Haas, Randall; Watson, James; Buonasera, Tammy; Southon, John; Chen, Jennifer C.; Noe, Sarah; Smith, Kevin; Viviano, Carlos; Eerkens, Llave Jelmer y Parker, Glendon, «Female hunters of the early Americas», *Sciences Advances*, 6 (2020).

Lacy, Sarah y Ocobock, Cara, «Forget 'Man the Hunter'; physiological and archaeological evidence rewrites assumptions about a gendered division of labor in prehistoric times», *The Conversation*, disponible en: <https://theconversation.com/forget-man-the-hunter-physiological-and-archaeological-evidence-rewrites-assumptions-about-a-gendered-division-of-labor-in-prehistoric-times-214347>.

The state of ultra running 2020, International Association of Ultrarunners (IAU). Disponible en: <https://runrepeat.com/state-of-ultra-running>.

Capítulo 12

Lo confieso. Este capítulo está configurado para arropar el ejemplo de la mujer de los dientes azules del convento de Dalheim, en Alemania. Una de las especialistas que participó en la investigación de manera más intensa fue Christina Warinner. Christina dirige el grupo de Arqueogenética del Instituto Max Planck de Antropología Evolutiva y es profesora asociada de Antropología en la Universidad de Harvard. Hace unos años, en noviembre de 2021, la invitamos a participar en el seminario internacional «El patrimonio arqueológico y su socialización. Nuevos retos y propuestas para la educación en igualdad en el ámbito museístico», que celebramos en la Universidad Autónoma de Madrid. Le pedimos que nos hablara sobre la necesidad de invertir en ciencia responsable e inclusiva, en la necesidad de accesibilidad, divulgación y educación. Y nos contó que cuando hizo el descubrimiento del lapislázuli en los dientes y prepararon el artículo científico, las revistas científicas se lo rechazaban con el argumento de que el ejemplo tenía escaso interés. ¿Una mujer iluminando manuscritos en época medieval? Menuda tontuna. Así que ella decidió ofrecer el hallazgo a la prensa, que por supuesto entendió el calibre del descubrimiento, y la noticia se hizo viral. En este caso no fue la publicación científica la que motivó el artículo en prensa, sino al revés. A las pocas semanas ya estaba en *Science Advances*. Según cuenta, eso la llevó a reflexionar sobre la capacidad de divulgación que tenemos en arqueología y la necesidad de hacerla inclusiva.

Los ejemplos arqueológicos están en:

Díaz-Navarro, Sonia; García-González, Rebeca; Cirotto, Nico y Haber, María, «New insight into prehistoric craft specialisation. Tooth-tool use in the Chalcolithic burial site of Camino del Molino, Murcia, SE Spain», *Journal of Archaeological Science: Reports*, 50 (2023).

Estalrrich, Almudena y Rosas, Antonio, «Division of labor by sex and age in Neandertals: an approach through the study of activity-related dental wear», *Journal of Human Evolution*, 80 (2015).

Jover Maestre, Francisco Javier; López Padilla, Juan Antonio y Basso Rial, Ricardo E., «Significance of textile production the Argaric Culture (Spain)», *Interweaving traditions: clothing and textiles in Bronze and Iron Age Iberia* (eds. Beatriz Marín-Aguilera y Margarita Gleba), *Saguntum*, 20 (2020), pp. 83-96.

Lozano, Marina; Jiménez-Brobeil, Sylvia A.; Willman, John C.; Sánchez-Barba, Lydia P.; Molina, Fernando y Rubio, Ángel, «Argaric craftswomen: Sex-based division of labor in the Bronze Age southeastern Iberia», *Journal of Archaeological Science*, 127 (2021).

Radini, Anita; Tromp, Monica; Beach, Alison I.; Tong, Emma; Speller, Camilla; McCormick, Michael; Dudgeon, John; Collins, Matthew J.; Rühli, F.; Kröger, Roland y Warinner, Christina, «Medieval women's early involvement in manuscript production suggested by lapis lazuli identification in dental calculus», *Science Advances*, 5 (2019).

Capítulo 13

En este capítulo volví a recurrir a dos colegas que ya te he presentado. Por un lado, Néstor Marqués me ilustró sobre los sucesos acaecidos en Herculano durante la erupción del Vesubio. De este tema existe mucha literatura y muchas fuentes muy distintas, y siempre está bien preguntar a quien ha estudiado los temas a fondo, y créetelo: Pompeya y Herculano no tienen secretos para Néstor. Por otro lado, Marta Díaz-Zorita me aconsejó sobre algunos de los ejemplos con bibliografía y con el análisis de las metodologías utilizadas en cada caso.

Reitsema, Laurie J. y Vercellotti, Giuseppe, «Stable isotope evidence for sex- and status-based variations in diet and life history at medieval trino vercellese, Italy», *American Journal of Physical Anthropology*, 148 (2012), pp. 589-600.

Rey, Léonie; Rottier, Stéphane; Santos, Frédéric y Goude, Gwenaëlle, «Sex and age-related social organization in the Neolithic: A promising survey from the Paris Basin», *Journal of Archaeological Science: Reports*, 38 (2021).

Soncin, Silvia; Talbot, Helen M.; Fernandes, Ricardo; Harris, Alison; Tersch, Matthew von; Robson, Harry K.; Bakker, Jan K.; Richter, Kristine K.; Alexander, Michelle; Ellis, Steven; Thompson, Gill; Amoretti, Valeria; Osanna, Massimo; Caso, Marina; Sirano, Francesco; Fattore, Luciano; Colonese, Andre C.; Garnsey, Peter; Bondioli, Luca y Craig, Oliver, «High-resolution dietary reconstruction of victims of the 79 CE Vesuvius eruption at Herculaneum by compound-specific isotope analysis», *Science Adv*ances, 7 (35) (2021).

Capítulo 14

Para la redacción del capítulo 14 ha sido inestimable la ayuda del catedrático de Prehistoria de la Universidad de Granada Gonzalo Aranda, que lleva años construyendo conocimiento sobre los restos encontrados en distintas necrópolis, como la de Panoría. Él y Marta Díaz-Zorita, junto a las investigadoras Lara Milesi, Miriam Vílchez, Paula Becerra y Sonia Robles, están revolucionando el estudio de las poblaciones megalíticas del sureste de la península ibérica desde la bioarqueología, ya que ofrecen una información tremendamente novedosa sobre los comportamientos sociales de estas comunidades y cómo los expresan a través de los rituales funerarios.

Cassidy, Lara M.; Maoldúin, Ros Ó.; Kador, Thomas; Lynch, Ann; Jones, Carleton; Woodman, Peter C.; Murphy, Eileen; Ramsey, Greer; Dowd, Marion; Noonan, Alice; Campbell, Ciarán; Jones, Eppie R.; Mattiangeli, Valeria y Bradley, Daniel G., «A dynastic elite in monumental neolithic society», *Nature*, 582 (2020).

Díaz-Zorita Bonilla, Marta; Aranda Jiménez, Gonzalo; Sánchez Romero, Margarita; Fregel, Rosa; Rebay-Salisbury, Katharina; Kanz, Fabian; Vílchez Suárez, Miriam; Robles Carrasco, Sonia; Becerra Fuello, Paula; Ordónez, Alejandra C.; Wolf, Michael; González Serrano, Javier y Milesi García, Lara, «Female sex bias in Iberian megalithic societies through bioarchaeology, aDNA and proteomics», *Science Reports*, 14 (2024).

Fowler, Chris; Olalde, Iñigo; Cummings, Vicki; Armit, Ian; Büster, Lindsey; Cuthbert, Sarah; Rohland, Nadin; Cheronet, Olivia; Pinhasi, Ron y Reich, David, «A high-resolution picture of kinship practices in an Early Neolithic tomb», *Nature*, 601 (2022), pp. 584-587.

Haaka, Wolfgang; Brandta, Guido; De Jongb, Hylke N.; Meyera, Christian; Ganslmeierc, Robert; Heyd, Volker; Hawkesworth, Chris; Pikeb, Alistair W. G., Mellerc, Harald y Alta, Kurt W., «Ancient DNA, Strontium isotopes, and osteological analyses shed light on social and kinship organization of the Later Stone Age», *PNAS*, 105 (47) (2008), pp. 18226-18231.

Johnson, Kent M. y Paul, Kathleen S., «Bioarchaeology and kinship: Integrating theory, social relatedness, and biology in ancient family research», *Journal of Archaeological Research*, 24 (2016), pp. 75-123.

Jones, Eppie R.; Mattiangeli, Valeria y Bradley, Daniel G., «A dynastic elite in monumental Neolithic society», *Nature*, 582 (2020).

Rivollat, Maïté; Thomas, Aline; Ghesquière, Emmanuel; Rohrlach, Adam Benjamin; Spath, Ellen; Pemonge, Marie-Hélène; Haak, Wolfgang; Chambon, Philippe y Deguilloux, Marie-France, «Ancient DNA gives new insights into a Norman Neolithic monumental cemetery dedicated to male elites», *Proceeding of the National Academy Sciences U.S.A.*, 119 (18) (2022).

Sánchez-Quinto, Federico; Malmström, Helena; Frasera, Magdalena; Girdland-Flink, Linus; Svensson, Emma M.; Simões, Robert; Hollfelder, Nina; Burenhult, Göran; Noble, Gordon; Britton, Kate; Talamo, Sahra;

Curtis, Neil; Brzobohata, Hana; Sumberova, Radka; Götherström, Anders; Storå, Jan y Jakobsson, Mattias, «Megalithic tombs in western and northern Neolithic Europe were linked to a kindred society», *Proceeding of the National Academy Sciences. U.S.A.*, 116 (19) (2019), pp. 9469-9474.

Villalba-Mouco, Vanessa; Oliart, Camila; Rihuete, Cristina; Rohrlach, Adam B.; Fregeiro, María Inés; Childebayeva, Ainash; Ringbauer, Harald; Olalde, Iñigo; Celdrán, Eva; Puello, Catherine; Valério, Miguel; Krause, Johannes; Lull, Vicente; Micó, Rafael; Risch, Roberto y Haak, Wolfgang, «Kinship practices in the early state El Argar society from Bronze Age», *Iberia Scientific Reports*, 12 (2022).

Vincenti, Giorgia; Molinaro, Ludovica; Mansur, Seyed; Sajjadi, Seyed; Moradi, Hossein; Pagani, Luca y Fabbri, Pier Francesco, «Female biased adult sex ratio in the Bronze Age cemetery of Shahr-i Sokhta (Iran) as an indicator of long distance trade and matrilocality», *American Journal of Biological Anthropology*, 183 (4) (2024).

Capítulo 15

Al mismo equipo de Panoría, encabezado por Gonzalo Aranda, le agradezco sus comentarios y sus consejos para la elaboración de este capítulo, que forma parte de las investigaciones sobre composición de cuerpos y trasiego de huesos que están llevando a cabo en este momento.

Hanna, Jayd; Bouwman, Abigail S.; Brown, Keri A.; Parker Pearson, Mike y Brown, Terence A., «Ancient DNA typing shows that a Bronze Age mummy is a composite of different skeletons», *Journal of Archaeological Science*, 39 (2012), pp. 2774-2779.

Parker Pearson, Mike; Mulville, Jacqui; Smith, Helen y Marshall, Peter, *Cladh Hallan: roundhouses and the dead in the hebridean bronze age and iron age*, Oxbow Books, 2021.

Veselka, Barbara; Reich, David; Capuzzo, Giacomo; Olalde, Iñigo; Callan, Kimberly; Zalzala, Fatma; Altena, Eveline; Goffette, Quentin; Ringbauer, Harald; Velde, Henk van der; Polet, Caroline; Toussaint, Michel; Snoeck, Christophe y Cattelain, Laureline, «Assembling ancestors: the manipulation of Neolithic and Gallo-Roman skeletal remains at Pommerœul, Belgium», *Antiquity*, 98 (402) (2024), pp. 1576-1591.

Capítulo 16

En el capítulo dedicado a las operaciones prehistóricas me ha asesorado Sonia Díaz-Navarro, investigadora que realizó su tesis en la Universidad de Valladolid bajo el título «Caracterización antropológica de una comunidad calcolítica mediterránea. El enterramiento colectivo de Camino del Molino (Caravaca de la Cruz, Murcia)» en 2023. El de Camino del Molino es un yacimiento muy trabajado junto a la profesora de la Universidad de Murcia María Haber Uriarte y del que te he hablado en varias ocasiones en este libro, porque está proporcionando una información espectacular. En el siguiente capítulo te lo cuento también. Pero además es ella la que con otras investigadoras e investigadores de la Universidad de Valladolid, como Cristina Tejedor o Manolo Rojo, han documentado la operación de oído en el dolmen de El Pendón (Reinoso, Burgos). Gracias, Sonia, por ser tan paciente conmigo.

Díaz-Navarro, Sonia, «A new case of prehistoric trepanation and scalping in the Iberian Peninsula: The tomb of

La Saga (Cáseda, Navarre)», *International Journal of Osteoarchaeology*, 31 (2021), pp. 88-98.

—, y Tejedor, Cristina; Arcusa, Héctor; Pastor, Juan Francisco; Santos, Jaime; Sánchez, Israel; Gibaja-Bao, Juan Francisco; García-González, Rebeca y Rojo Guerra, Manuel, «The first otologic surgery in a skull from El Pendón site (Reinoso, Northern Spain)», *Scientific Reports*, 12 (2022).

Isidro, Albert; Burdeus, Joan Manel; Loscos, Sergi; Bara, Javier; Bosch, Josep y Gallart, Anna, «Surgical treatment for an uncommon headache: A gap of 4800 years», *Cephalalgia*, 37 (11) (2017), pp. 1098-1101.

Maloney, Tim Ryan; Dilkes-Hall, Ella; Vlok, Melandri; Oktaviana, Adhi Agus; Setiawan, Pindi; Arie, Andika; Priyatno, Drajat; Ririmasse, Marlon; Geria, Made; Effendy, Muslimin A. R.; Istiawan, Budi; Triwijaya, Falentinus; Adhityatama, Shinatria; Moffat, Ian; Joannes-Boyau, Renaud; Brumm, Adam y Aubert, Maxime, «Surgical amputation of a limb 31,000 years ago in Borneo», *Nature*, 609 (2022), pp. 547-551.

Capítulo 17

Berkson, Gershon, «Intellectual and physical disabilities in Prehistory and Early Civilization», *Mental Retardation*, 42 (3) (2004), pp. 195-208.

Coqueugniot, Helene; Dutour, Olivier; Arensburg, Baruch; Duday, Henri; Vandermeersch, Bernard y Tillier, Anne-Marie, «Earliest cranio-encephalic trauma from the levantine Middle Palaeolithic: 3D reappraisal of the Qafzeh 11 skull, consequences of pediatric brain damage on individual life condition and social care», *PLoS ONE*, 9 (7) (2014).

Díaz-Navarro, Sonia; Haber-Uriarte, María; Avilés-Fernández, A. y Lomba, Joaquín, «Las displasias esqueléticas en la prehistoria. El caso del sujeto 169 de Camino del Molino (Caravaca de la Cruz, Murcia)», *La Antropología Física en la Era de la Genómica. Actas del XX Congreso de la Sociedad Española de Antropología Física* (eds. Assumpció Malgosa y M.ª Pilar Aluja), Universitat Autònoma de Barcelona, 2018, pp. 123-139.

Hublin, Jean-Jacques, «The prehistory of compassion», *PNAS*, 106 (16) (2009), pp. 6429-6430.

Oxenham, Marc F.; Tilley, Lorna; Matsumura, Hirofumi; Nguyen, Lan Cuong; Thuy, Kim; Dung, Kim; Domett, Kate y Huffer, Damien, «Paralysis and severe disability requiring intensive care in Neolithic Asia», *Anthropological Science*, 117 (2) (2009), pp. 107-112.

Rohrlach, Adam Benjamin; Rivollat, Maïté; De Miguel, Patxuka; Moilanen, Ulla; Liira, Anne-Mari; Teixeira, João C.; Roca, Xavier; Armendáriz, Javier; Boyadzhiev, Kamen; Boyadzhiev, Yavor; Llamas, Bastien; Tiliakou, Anthi; Mötsch, Angela; Tuke, Jonathan; Prevedorou, Eleni-Anna; Polychronakou-Sgouritsa, Naya; Buikstra, Jane; Onkamo, Päivi; Stockhammer, Philipp W.; Heyne, Henrike O.; Lemke, Johannes R.; Risch, Roberto; Schiffels, Stephan; Krause, Johannes; Haak, Wolfgang y Prüfer, Kay, «Cases of trisomy 21 and trisomy 18 among historic and prehistoric individuals discovered from ancient DNA», *Nature Communications*, 15 (2024).

Tilley, Lorna y Oxenham, Marc F., «Survival against the odds: Modeling the social implications of care provision to seriously disabled individuals», *International Journal of Paleopathology*, 1 (2011), pp. 35-42.

Capítulo 18

Para el capítulo dedicado al cuerpo abstracto he contado con el consejo de la catedrática de Prehistoria de la Universidad Complutense de Madrid Primitiva Bueno. Ella es, sin duda, una de las máximas estudiosas de las producciones culturales y simbólicas de la prehistoria reciente en nuestro país, principalmente del mundo megalítico. Gracias, Mimi, por leer este capítulo e ilustrarme sobre algunas cuestiones. Además, agradezco a Dimas Martín y Dolores Camalich, catedrático y catedrática de la Universidad de La Laguna, la información referente a la figurilla de El Torcal, y a Marili Simón, profesora en la Universidad de Sevilla, la de la figurilla de la Cueva de la Pileta.

Bueno, Primitiva; De Balbin, Rodrigo; Barroso, Rosa; Carrera, Fernando y Hunt, Marcos, «El arte y la plástica en el tholos de Montelirio», *Montelirio. Un gran monumento megalítico de la Edad del Cobre* (eds. Álvaro Fernández Flores, Leonardo García Sanjuán y Marta Díaz-Zorita Bonilla), Consejería de Cultura, Sevilla, pp. 365-405.

—, y Soler, Jorge, *¿Ídolos? Hijas del Sol. Pequeñas imágenes humanas en el tiempo de las grandes piedras. Iberia, IV-III milenio a. C.*, Palas Atenea, 2024.

Simón Vallejo, M.ª Dolores y Macías Tejada, Sara, «'Mujeres' de la Cueva de La Pileta. Ideomorfos femeninos calcolíticos del sur de Iberia», *Conexiones Culturales y Patrimonio Prehistórico*, Archaeopress, Oxford, pp. 141-150.

Capítulo 19

Dos amigas muy distintas me han aconsejado en este capítulo dedicado a la vestimenta. En primer lugar, Elena Aznar (@arqueohilandera), arqueóloga especialista en industria textil. Elena entiende como nadie la complejidad de fabricar hilos y tejidos, ya que ella misma ha aprendido a hacerlo para poder comprender el funcionamiento y la estructura de los telares prehistóricos —que ya te digo yo que no son nada fáciles—, y poder replicarlos para hacer arqueología experimental en la actualidad. Por otra parte, mi amiga Elsa (@elvestidordeelsa) es una emprendedora que procura lo que otras muchas amigas que seguro tienes a tu alrededor: inventarse y reinventarse cada día para sacar adelante su negocio con talento y, sobre todo, mucho trabajo. A las dos les agradezco el que pensaran sobre qué significa la producción textil, el proceso de confección para ellas, desde sus trabajos cotidianos. Igualmente agradezco a Andrés Martínez Rodríguez, director del Museo Arqueológico Municipal de Lorca sus comentarios e información sobre los textiles de Cueva Sagrada.

Alfaro, Carmen, «Informe sobre los restos textiles, de cestería y de cuero procedentes de Cueva Sagrada I (Lorca, Murcia)», *El Cerro de la Virgen de la Salud (Lorca)* (ed. J. J. Eiroa), Consejería de Educación y Cultura, Murcia, 2005, pp. 229-246.

Basso Rial, Ricardo E., «La producción textil en la sociedad argárica», *Dinastías. Los primeros reinos de la Europa prehistórica*, MARQ, pp. 158-161.

—, y Jover Maestre, Francisco Javier y López Padilla, Juan A., «Tejidos, cestería y enterramientos infantiles durante la Edad del Bronce: la cueva n.º 9 de Monte Bolón (Elda, Alicante, España) como paradigma», *Arqueología Iberoamericana*, 49 (2022), pp. 9-15.

—, «Los tejidos de El Argar: hacia una caracterización técnica y contextual de las evidencias textiles de la Edad del Bronce en el Sudeste de la península ibérica», *Cuader-*

nos de Prehistoria y Arqueología de la Universidad Autónoma de Madrid, 49 (2) (2023), pp. 97-129.

Garcia-Ventura, Agnès, «Asalariadas y emprendedoras: mujeres trabajadoras del sector textil en la antigua Mesopotamia», *Los trabajos de las mujeres en el mundo antiguo. Cuidado y mantenimiento de la vida* (eds. Ana Delgado Hervás y Marina Picazo Gurina), ICAC, Tarragona, pp. 57-66.

Grömer, Karina, *The art of prehistoric textile. Making the development of craft traditions and clothing in Central Europe*, Veröffentlichungen der Prähistorischen Abteilung (VPA) 5, Natural History Museum Vienna, 2016.

Kristiansen, Kristian y Stig Sorensen, Marie Louise, «Wool in the Bronze Age: Concluding reflections», *The textile revolution in Bronze Age Europe* (eds. Serena Sabatini y Sophie Bergerbrant), Cambridge University Press, 2019, pp. 317-330.

Martínez-Sánchez, Rafael M.; Bretones, María Dolores; Martínez, María J.; López, Inmaculada; Maroto, Rosa; Román, Carmen M.; Henríquez, Pedro; Gleba, Margarita; Cubas, Miriam; Dorado, Alberto; Bermúdez, Rafael; Aljama, Abén; Lara, Gloria M.ª y Vera, Juan Carlos, «Peñacalera (Obejo, Córdoba). Biografía de un contexto sepulcral con restos orgánicos de la Edad del Cobre», *Zephyrus*, XCII (2023), pp. 15-38.

Martínez-Sevilla, Francisco; Herrero-Otal, Maria; Martín-Seijo, María; Santana, Jonathan; Lozano, José A.; Maicas, Ruth; Cubas, Miriam; Homs, Anna; Martínez, Rafael M.; Bertin, Ingrid; Barroso, Rosa; Bueno, Primitiva; De Balbín, Rodrigo; Palomo, Antoni; Álvarez-Valero, Antonio M.; Peña-Chocarro, Leonor; Murillo-Barroso, Mercedes; Fernández, Eva; Altamirano, Manuel; Pardo, Rubén; Iriarte, Mercedes; Carrasco, Javier L.; Alfaro, Carmen y Piqué, Raquel, «The earliest basketry in southern Europe: Hunter gatherer and farmer plant-based technology in Cueva de los Murciélagos (Albuñol)», *Science Advances*, 9 (2023).

Molina, Fernando; Rodríguez-Ariza, M.ª Oliva; Jiménez, Silvia y Botella, Miguel, «La sepultura 121 del yacimiento argárico de El Castellón Alto (Galera, Granada)», *Trabajos de Prehistoria*, 60 (1) (2003), pp. 153-158.

Tranberg Hansen, Karen, «The world in dress: Anthropological Perspectives on Clothing, Fashion, and Culture», *Annual Review of Anthropology*, 33 (2004), pp. 369-392.

Capítulo 20

Mi amiga Clara Peñalver lleva muchos tatuajes, y no he podido dejar de pensar en ella mientras elaboraba el capítulo sobre estas mujeres tatuadas. Ella escribió en 2018 bajo el seudónimo Leo Quiroga el libro *Tatuados. El mundo del tatuaje: de la transgresión a la tendencia*, un libro en el que hace un recorrido por la historia del tatuaje. Si te interesa puedes leerlo o escuchar el pódcast «El tatuaje a ciegas» que realizó para CaixaForum, disponible en: <https://caixaforumplus.org/c/el-tatuaje-a-ciegas>. Le pedí que me contara algo tan personal como el porqué de los suyos.

Austin, Anne y Arnette, Marie-Lys, «Of ink and clay: Tattooed mummified human remains and female figurines from Deir el-Medina», *The Journal of Egyptian Archaeology*, 108 (1-2) (2022), pp. 63-80.

Watson, Traci, «Sacred tattoos found on Egyptian mummy. Unusual designs include eyes, flowers and animals», *Nature*, 533 (2016), p. 155.

Zhang, Fan; Ning, Chao; Scott, Ashley; Fu, Qiaomei; Bjørn, Rasmus; Li, Wenying; Wei, Dong; Wang, Wenjun; Fan, Linyuan; Abuduresule, Idilisi; Hu, Xingjun;

Ruan, Qiurong; Niyazi, Alipujiang; Dong, Guanghui; Cao, Peng; Liu, Feng; Dai, Qingyan; Feng, Xiaotian; Yang, Ruowei; Tang, Zihua; Ma, Pengcheng; Li, Chunxiang; Gao, Shizhu; Xu, Yang; Wu, Sihao; Wen, Shaoqing; Zhu, Hong; Zhou, Hui; Robbeets, Martine; Kumar, Vikas; Krause, Johannes; Warinner, Christina; Jeong, Choongwon y Cui, Yinqiu, «The genomic origins of the Bronze Age Tarim Basin mummies», *Nature*, 599 (2021).

Acerca de la mujer de los tatuajes de Ukok no he encontrado más que referencias en artículos de prensa, aunque la investigación que se está llevando a cabo queda reflejada en algunos documentales como «The mystery of Siberia's 2,500-year-old 'Ice Maiden'», disponible en: <https://www.bbc.com/reel/video/p0b5vtbj/the-mystery-of-siberia-s-2-500-year-old-ice-maiden->.

Capítulo 21

Reflexionar sobre el género es complejo. Me preocupa mucho pensar que los debates actuales nos distraen con otras cosas mientras se nos escapa que la mayor fuente de persistencia de la desigualdad entre mujeres y hombres en la actualidad son precisamente las identidades y relaciones que hemos construido a través de las definiciones de género. Cada sociedad hace la suya y manifiesta la suya, pero en (casi) todas significa relaciones de poder. Si no pensamos seriamente en esto, será difícil acabar con lo estructural de las desigualdades.

Anders, Alessandra y Nagy, Emese Gy, «Making the invisible visible. Expressing gender in mortuary practices in north-eastern Hungary in the 5th millennium BCE», *Gender transformations in prehistoric and archaic societies. Scales of transformations in prehistoric and archaic societies* (eds. Julia Koch y W. Kirleis), Leiden, 2019, pp. 183-203.

Gaydarska, Bisserka; Rebay-Salisbury, Katharina; Ramírez Valiente, Paz; Fries, Jana Esther; Hofmann, Daniela; Augereau, Anne; Chapman, John; Mina, Maria; Pape, Eleonore; Ialongo, Nicola; Nordholz, Daniela; Bickle, Penny; Haughton, Mark; Robb, John y Harris, Oliver, «To gender or not to gender? Exploring gender variations through time and space», *European Journal of Archaeology*, 26 (3) (2023), pp. 271-298.

Oliart, Camila y Rihuete, Cristina, «Mujeres gestantes, fetos y neonatos en tumbas prehistóricas de la Edad del Bronce argárica», *Actas XVI Congreso Nacional e Internacional de Paleopatología* (eds. Agustí Herrada y Tona Majó), 2024, pp. 47-54.

Pape, Eleonore y Ialongo, Nicola, «Error or minority? The identification of non-binary gender in prehistoric burials in Central Europe», *Cambridge Archaeological Journal*, 34 (1) (2023), pp. 43-63.

Rebay-Salisbury, Katharina; Bortel, Patricia; Janker, Lukas; Bas, Marlon; Pany-Kucera, Doris; Salisbury, Roderick B.; Gerner, Christopher y Kanz, Fabian, «Gendered burial practices of early Bronze Age children align with peptide-based sex identification: A case study from Franzhausen I, Austria», *Journal of Archaeological Science*, 139 (2022).

Villalba-Mouco, Vanessa; Oliart, Camila; Rihuete-Herrada, Cristina *et al.*, «Genomic transformation and social organization during the Copper Age-Bronze Age transition in southern Iberia», *Science Advances*, 7 (2021).

Capítulo 22

Agradezco mucho la conversación que mantuve con Eduardo Vijande sobre este capítulo, en especial acerca del hallazgo de los cuerpos enterrados juntos de la necrópolis de Campo de Hockey. Eduardo es profesor de la Universidad de Cádiz y director de las excavaciones de este sitio tan particular. Con él hablé de los nombres que les ponemos a los restos humanos que encontramos en las sepulturas, de la simplificación que en muchas ocasiones supone y del necesario trabajo de reelaboración de discursos. No sabemos si las dos personas enterradas estaban enamoradas, lo que sí sabemos es que se están dando un abrazo. Pues trabajemos con ello, no las enseñemos el 14 de febrero, celebrémoslas el 21 de enero, Día Internacional del Abrazo. Y ojo, abracemos a quien desee ser abrazado, que mucha gente quiere su espacio vital exento. Gracias, Eduardo, por contestar wasaps un domingo a horas intempestivas.

Aranda, Gonzalo; Montón, Sandra y Sánchez Romero, Marga, *La cultura de El Argar*, Comares, 2021.

Brami, Maxime; Zedda, Nicoletta; Diekmann, Yoan; Blöcher, Jens; Brou, Laurent; Valotteau, François; Burger, Joachim y Le Brun-Ricalens, Foni, «Investigating the prehistory of Luxembourg using ancient genomes», *Antiquity*, 97 (2023).

Meyer, Christian; Ganslmeier, Robert; Dresely, Veit y Alt, Kurt W., «New approaches to the reconstruction of kinship and social structure based on bioarchaeological analysis of neolithic multiple and collective graves», *Theoretical and methodological considerations in Central European neolithic archaeology* (eds. Jan Kolář y František Trampota), BAR International Series 2325, 2012.

Vijande-Vila, Eduardo, «El poblado de Campo de Hockey (San Fernando, Cádiz): resultados preliminares y líneas de investigación futuras para el conocimiento de las formaciones sociales tribales en la bahía de Cádiz (tránsito V-IV milenios a. n. e.)», *Revista Atlántica-Mediterránea de Prehistoria y Arqueología Social*, 11 (2009), pp. 265-284.

—, y Díaz-Zorita Bonilla, Marta; Morell-Rovira, Berta *et al.*, «At the beginnings of the funerary Megalithism in Iberia at Campo de Hockey necropolis», *Scientific Report*, 12 (2022).

Zedda, Nicoletta; Meheux, Katie; Blöcher, Jens; Diekmann, Yoan; Gorelik, Alexander V.; Kalle, Martin; Klein, Kevin; Titze, Anna-Lena; Winkelbach, Laura; Naish, Elise; Brou, Laurent; Valotteau, François; Le Brun-Ricalens, Foni; Burger, Joachim y Brami, Maxime, «Biological and substitute parents in Beaker period adult-child graves», *Scientific Reports*, 13 (2023).

Capítulo 23

Paloma González Marcén me puso sobre la pista de las maravillosas *ama* japonesas y agradezco mucho a Julia Muñoz Guarinos y a su codirectora de tesis, Rebeca González, que leyeran mis notas sobre la lectura de su trabajo. Julia ha hecho una magnífica tesis, titulada «Estudio comparativo del periodo de vida fértil a través del análisis de los restos esqueléticos y dentales en poblaciones actuales y su aplicación a los fósiles pleistocenos de la Sima de los Huesos (Sierra de Atapuerca, Burgos)», que se defendió hace unos meses, en 2024, en la Universidad de Burgos. La labor que están llevando a cabo para reconocer menarquia, menstruación y menopausia en poblaciones arqueológicas es fantástica. Si te interesa este tema, las puedes ver y escuchar en uno de los programas de «Aprende desde Atapuerca» dedicado a los ciclos reproductivos de la mujer en la prehistoria, disponible en: <https://www.youtube.com/watch?v=OjVWRxqVxeo>.

Appleby, Jo, «Bodies, burials and ageing: Accessing the temporality of old age in prehistoric societies», *Oxford Journal of Archaeology*, 30 (3) (2011), pp. 231-246.

—, «Grandparents in the Bronze Age?», *AmS-Skrifter*, 26 (2019), pp. 49-60.

—, «Ageing and disease risk factors: A new paleoepidemiological methodology for understanding disease in the past», *International Journal of Paleopathology*, 44 (2024), pp. 33-45.

Kato, Kumi, «Gender and sustainability - exploring ways of knowing - an ecohumanities perspective», *Journal of Sustainable Tourism*, 27 (7) (2019), pp. 939-956.

O'Connor, Sue; Samper-Carro, Sofia C.; Hawkins, Stuart; Kealy, Shimona; Louys, Julien y Wood, Rachel, «Fishing in life and death: Pleistocene fish-hooks from a burial context on Alor Island, Indonesia», *Antiquity*, 91 (360) (2017), pp. 1451-1468.

Samper-Carro, Sofia C.; O'Connor, Sue; Kealy, Shimona y Shipton, Ceri, «Talking dead. New burials from Tron Bon Lei (Alor Island, Indonesia) inform on the evolution of mortuary practices from the terminal Pleistocene to the Holocene in Southeast Asia», *PLoS ONE*, 17 (8) (2022).

Twigg, Julia, «The body, gender, and age: Feminist insights in social gerontology», *Journal of Aging Studies*, 18 (2004), pp. 59-73.

Welinder, Sue, «The archaeology of old age», *Current Swedish Archaeology*, 9 (1) (2001), pp. 163-178.

Capítulo 24

También fue Paloma González Marcén quien me puso sobre la pista de la conocida como Lady Mungo, en Australia. Conocer el caso me llevó a reflexionar acerca de la tan traída y llevada descolonización de los museos. Así que llamé a mi amigo Andrés Gutiérrez Usillos, director del Museo de América, para preguntarle cómo ve él estas circunstancias. Si te digo mi opinión, creo que no puede haber nadie mejor que Andrés para entender las particularidades de esta problemática. Es un profesional de larga y reconocida trayectoria en museos, responsable primero del desarrollo de proyectos e investigación y posteriormente del Departamento de América Precolombina en el propio Museo de América, donde ha desarrollado distintos proyectos de investigación y comisariado exposiciones como «Trans. Diversidad de identidades y roles de género» (2017) o «La hija del virrey. El mundo femenino novohispano del siglo xvii» (2018). Es una persona preocupada por la diversidad y consciente de la misión de los museos; activa y comprometida, justo lo que hace falta.

Allbrook, Malcolm y McGrath, Ann, «Collaborative histories of the Willandra lakes: Deepening histories and the deep past», *long history, deep time: Deepening histories of place* (eds. Anne McGrath y Mary Anne Jebb), ANU Press, Canberra, 2015, pp. 241-252.

Smith, Mike, *The archaeology of Australia's deserts*, Cambridge University Press, Cambridge, 2013.

Sobre Lady Mungo puedes encontrar información de referencia también en estas páginas web:

National Museum of Australia. Mungo Lady: <https://www.nma.gov.au/defining-moments/resources/mungo-lady>.

Parque Nacional del Lago Mungo: <https://www.nationalparks.nsw.gov.au/visit-a-park/parks/mungo-national-park>.

Región de los Lagos Willandra, incluida en la lista de Patrimonio de la Humanidad por la Unesco: <https://whc.unesco.org/es/list/167>.

The Australian Dictionary of Biography: <https://adb.anu.edu.au/biography/mungo-lady-27703>.

Por último, si quieres seguir explorando los debates sobre descolonización, poblaciones aborígenes y derechos territoriales y culturales, te aconsejo una forma muy didáctica de hacerlo. Puedes ver la intervención de Susana Escudero y Guillermo Peris sobre Pueblo Bonito, en Naukas 2024, disponible en: <https://www.youtube.com/watch?v=bGhu7tio_Vw>.

Capítulo 25

El tema de la violencia no es fácil; no es fácil extrapolar las cuestiones contemporáneas a la prehistoria, como tampoco es fácil, que conste, acabar con la idea de una prehistoria violenta. Que sí, que yo dedico un capítulo a la violencia, a la violencia sobre los cuerpos de las mujeres. Que nos gusta una buena masacre para reivindicar que somos violentos por naturaleza. A pesar de que sin negarlas en ningún caso, las pruebas de muertes violentas en la prehistoria se quedan en nada cuando las comparamos con los cientos de sepulturas que no muestran ejercicio de la violencia sobre los cuerpos. No queremos entender que las violencias estructurales son mucho más sutiles. Para hablar de violencia de género, contacté con mi compañera de sociología en la Universidad de Granada Carmen Ruiz Repullo, especialista en las violencias sexuales y de género en adolescentes. Me preocupaba no ser exquisita en los términos y conceptos utilizados, poca broma con esto. Gracias, Carmen, por tus consejos y, sobre todo, por el trabajo tan relevante que haces todos los días.

Alt, Kurt W.; Tejedor, Cristina; Nicklisch, Nicole; Roth, David *et al.*, «A massacre of early Neolithic farmers in the high Pyrenees at Els Trocs, Spain», *Scientific Reports*, 10 (2020).

Aranda, Gonzalo; Montón, Sandra y Sánchez Romero, Marga, *La cultura de El Argar*, Comares, 2021.

Fernández-Crespo, Teresa; Ordoño, Javier; Llanos, Armando y Schulting, Rick J., «Make a desert and call it peace: massacre at the Iberian Iron Age village of La Hoya», *Antiquity*, 94 (377) (2020), pp. 1245-1262.

«Glosario sobre violencia contra las mujeres», disponible en: <https://violenciagenero.igualdad.gob.es/wp-content/uploads/glosariolf.pdf>.

Hernando, Almudena, *La fantasía de la individualidad sobre la construcción sociohistórica del sujeto moderno*, Traficantes de Sueños, 2018.

Capítulo 26

Quería que el capítulo sobre Eloísa fuese el último. Me sobrecoge y me enorgullece a partes iguales el trabajo que está haciendo el equipo del proyecto «Barranco de Víznar, Lugar de Memoria» de la Universidad de Granada, un proyecto financiado en sus distintas campañas por el Ministerio de la Presidencia, Relaciones con las Cortes y Memoria Democrática y la Junta de Andalucía, con la colaboración de la Asociación Granadina para la Recuperación de la Memoria Histórica. Con una enorme generosidad, el equipo me proporcionó el dosier con la información sobre Eloísa, me invitaron a participar en el acto de entrega de sus restos y me dejaron leer antes de ser publicado el artículo «Una aproximación a la represión de la mujer en el sur de la península. Primeros avances de los trabajos realizados en el Barranco de Víznar (Granada)», cuya autoría corresponde a Laura Gutiérrez Mesa, Erik Borja Miranda, Pablo Olivo García, Antonio Luque Alba, Juan Francisco Coto Molina, José Ángel Merino Chica, Eulalia Díaz i Ramoneda, Félix Bizarro Carmona, Francisco de Asís Carrión Jiménez, Rafael Cid García, Aila Pinyol Sánchez, Daniel García Quiroga y mi querido compañero de departamento y motor de este proyecto Francisco Carrión Méndez. Este equipo, junto con otros que desarrollan su labor en otros lugares de nuestro país, está devolviendo la dignidad perdida a muchas personas. Gracias.

Muñoz-Encinar, Laura, «Unearthing gendered repression: an analysis of the violence suffered by women during the civil war and Franco's dictatorship in Southwestern Spain», *World Archaeology*, 51 (5) (2019), pp. 759-777.

Rosón, María; Pol, Ana; Garbayo-Maeztu, Maite; Lanchares Bardají, Rocío y Platero, Lucas, *Las rapadas. Memoria de la represión franquista contra las mujeres* (coords. Antonio Lafuente y Francisco Ferrándiz). *Hacer Memoria* es una colección de guías prácticas orientadas a personas de edad adolescente, promovida por la Secretaría de Estado de Memoria Democrática, 2023, disponible en: <https://feministas.org/IMG/pdf/las_rapadas.pdf>.

Solé, Queralt y Gallego, Laia, «Repressed bodies as a research topic: Archaeology, memory and political uses», *Journal of Contemporary Archaeology*, 7 (2) (2020), pp. 149-150.

Epílogo

Frei, Karin Margarita; Skals, Irene; Gleba, Margarita y Lyngstrøm, Henriette, «The Huldremose Iron Age textiles, Denmark: an attempt to define their provenance applying the strontium isotope system», *Journal of Archaeological Science*, 36 (2009), pp. 1965-1971.

—, y Mannering, Ulla; Price, T. Douglas y Iversen, Rasmus Birch, «Strontium isotope investigations of the Haraldskær Woman - a complex record of various tissues», *ArcheoSciences, Revue d'archéométrie*, 39 (2015).

Gleba, Margarita y Mannering, Ulla, «A thread to the past: the Huldremose Woman revisited», *Archaeological Textiles Newsletter*, 50 (2010).

También puedes consultar la página web del Museo Nacional de Dinamarca para saber más sobre la mujer encontrada en Huldremose: <https://en.natmus.dk/historical-knowledge/denmark/prehistoric-period-until-1050-ad/the-early-iron-age/the-woman-from-huldremose/>.